文革時期中國農村的集體殺戮

三十・三十書系

文革時期中國農村的集體殺戮

蘇陽 著
宋熙 譯

中文大學出版社

■ 三十 · 三十書系
《文革時期中國農村的集體殺戮》
蘇陽 著
宋熙 譯

國際統一書號(ISBN)：978-962-996-576-1

本書根據Cambridge University Press 2012年出版之 *Collective Killings in Rural China during the Cultural Revolution* 翻譯而成。

2017年第一版
2019年第三次印刷

出版：中文大學出版社
香港 新界 沙田 · 香港中文大學
傳真：+852 2603 7355
電郵：cup@cuhk.edu.hk
網址：www.chineseupress.com

■ 30/30 SERIES
Collective Killings in Rural China during the Cultural Revolution (in Chinese)
By Yang Su
Translated by Song Xi

ISBN: 978-962-996-576-1

This translation of *Collective Killings in Rural China during the Cultural Revolution* is published by arrangement with Cambridge University Press.

First Edition 2017
Third Printing 2019

Published by The Chinese University Press
The Chinese University of Hong Kong
Sha Tin, N.T., Hong Kong
Fax: +852 2603 7355
E-mail: cup@cuhk.edu.hk
Website: www.chineseupress.com

Printed in Hong Kong

群峰並峙　峰峰相映

《三十・三十書系》編者按

在中國人的觀念裏，「三十年為一世，而道更也」。中華人民共和國建國迄今六十餘年，已歷兩世，人們開始談論前三十年與後三十年，或強調其間的斷裂性及變革意旨，或著眼其整體性和連續性。這一談論以至爭論當然不是清談，背後指向的乃是中國未來十年、二十年、三十年以至更長遠的道路選擇。

《三十・三十書系》，旨在利用香港中文大學出版社獨立開放的學術出版平台，使不同學術背景、不同立場、不同方法的有關共和國六十年的研究，皆可在各自的知識場域充分完整地展開。期待群峰並峙，自然形成充滿張力的對話和問辯，而峰峰相映，帶來更為遼闊和超越的認識景觀。

《三十・三十書系》自2013年起，首批已推出四種著作：

郭于華《受苦人的講述：驥村歷史與一種文明的邏輯》、高王淩《中國農民反行為研究（1950–1980）》、高默波《高家村：共和國農村生活素描》與郭益耀《中國農業的不穩定性（1931–1991）：氣候、技術、制度》。

這四本書探討的都是集體化時期的農村、農民和農業，卻呈現出截然不同的時代圖景。頗有意味的是，作者的背景、研究方法不盡相同，作品之間的立場和結論甚至相互衝突，但當它們在同一平台上呈現時，恰恰拼合出一個豐富而多元的光譜；作品之間的衝突和砥礪，使這光譜更接近《三十．三十書系》所期待的學術景觀：群峰並峙，峰峰相映。

在此基礎上，《三十．三十書系》的第二批著作試圖將關注擴展至全球視野下的中國學，利用香港中文大學出版社獨特的雙語出版平台，聚焦世界範圍內的共和國研究。由此推出六部著作：

蘇陽《文革時期中國農村的集體殺戮》、安舟(Joel Andreas)《紅色工程師的崛起：清華大學與中國技術官僚階級的起源》、丹尼爾·里斯(Daniel Leese)《崇拜毛：文化大革命中的言辭崇拜與儀式崇拜》、白思鼎(Thomas P. Bernstein)與李華鈺編《中國學習蘇聯(1949年至今)》、文浩(Felix Wemheuer)《饑荒政治：毛時代中國與蘇聯的比較研究》及彭麗君《複製的藝術：文革期間的文化生產及實踐》。

延續「群峰並峙」的基本理念，這批作品試圖突破傳統研究對象的局限、地域分隔造成的研究盲點和學科間的專業壁壘，呈現一個更開闊而富有生機的中國研究圖景。從書名就可看出，與第一批中國學者關於農村集體化的論述不同，第二批著作探討了共和國史中更豐富的細分領域與主題，如集體殺戮、技術官僚、領袖崇拜、中蘇關係、大饑荒、文革期間的文化生產模式等。此外，無論從作者的地域背景還是研究的學科分野來説，這六種作品都更加多元。三本書的作者來自美國，其中蘇陽和安舟是社會學學者，白思鼎和李華鈺則是政治學家；兩位德國學者里斯和文浩的研究方法更偏重歷史學；彭麗君則是來自香港的文化研究學者。每部著作都帶著各自學科內的優秀傳統和全新視角，為中國研究注入更多樣的可能。

儘管這六種著作頗不相同，但它們都代表了各自領域內具有前瞻性、成長性的研究方向，這正是《三十．三十書系》所看重與尋找的特質——全球視野下關於共和國六十年的前沿研究。

蘇陽在《文革時期中國農村的集體殺戮》中收集了大量地方檔案、政府公開文件和一手訪談，首次提出極具解釋力的「社區模型」，深入了西方主流種族屠殺研究使用的「國家政策模型」所無法觸及到的細緻層面。研究因其揭示史實與建構理論兩方面的傑出成就，獲得2012年美國社會學學會Barrington Moore最佳著作獎。

安舟的《紅色工程師的崛起》，首次關注到對中國當代歷史具有重要意義的技術官僚階級。該研究詳細展示了這個新興階級如何產生、發展並最終成為共產黨核心領導力量的過程。這一過程引發了中國權力格局的變化，也在融合了農民革命家與知識精英這兩個傳統階級之後，帶來了截然不同的領導思路和風格。

里斯的《崇拜毛》和白思鼎、李華鈺編的《中國學習蘇聯》都是首本將相關題材作為專題研究並進行了充分且多角度探討的作品。《崇拜毛》揭示了個人崇拜的力量如何被毛澤東、其他黨內領袖、軍隊等多方利用與引導，並從中共黨內與基層民眾兩方面追溯了那段政治動亂下的個人崇拜史。而《中國學習蘇聯》則幾乎覆蓋了該題材所有方面的討論，以最新資料和多元視角詳細分析了蘇聯模式對中國政治、經濟、軍事、文教、科技等方面長期的、潛移默化的影響。

文浩的《饑荒政治》體現了近年來歷史研究中的一種新興路徑：將中國史放在世界史中重新審視。大躍進導致大饑荒的現象並非中國特有，蘇聯在1931–1933年間也發生了同類的「大躍進饑荒」。作者將饑荒放在農業帝國進行社會主義革命這個大背景下分析，深化了對共產主義國家發展進程的理解。

彭麗君的《複製的藝術》則為研究文革中的文化生態提供了新的解釋工具——社會模仿。通過「模仿」這一概念，作者將文化、社會、政治串連起來，解釋了毛時期的文化複製行為如何助長人們對權力的服從，如何重構了獨特的時代文化。

在兩批十種著作之後，《三十・三十書系》的第三批已在準備之中，兼收中、英文著作及譯著。本社一貫注重學術翻譯，對譯著的翻譯品質要求與對原著的學術要求共同構成學術評審的指標。因讀者對象不同，中文出版品將以《三十．三十書系》標識出版，英文專著則以單行本面世。

「廣大出胸襟，悠久見生成」是香港中文大學的大學精神所在。以此精神為感召，本書系將繼續向不同的學術立場開放，向多樣的研究理路開放，向未來三十年開放，歡迎學界同仁賜稿、薦稿、批評、襄助。

有關《三十．三十書系》，電郵請致：cup-edit@cuhk.edu.hk

香港中文大學出版社編輯部

2016年12月

致從前和現在的老師們

目 錄

插圖目錄

表格目錄

中文版序

與對瞭解那段歷史的渴望形成對照，從中文讀者的角度來看，對文革的研究作品處在稀缺的狀態。比較容易上手的書，往往都是通史類或者個人回憶錄方面的。對一個專題或者一個地方的研究，相對就少。[1]這種貧困，固然有我們熟知的政治原因；由於技術層面和商業層面的原因，通過港臺出版文革研究也面臨困難。

這個困難是翻譯。海外從事文革研究的學者不少，作品其實也豐富。但是對中文讀者來說，有語言的阻隔。誰來翻譯呢？誰既有歷史社科知識，又有良好的文字功底，更重要的是能拿得出時間來？翻譯一本書需要的時間和心血，恐怕與寫一本不相上下。出版社拿不出翻譯費，因為出版學術書本來就賠錢。由於在發行和推銷上的限制，關於文革的書也如此。所以這本書今年跟中文讀者見面，一是歸功於譯者宋熙的學術興趣，二是歸功於香港中文大學出版社的識見。可惜還有很多文革英文專著，一直還留在英文世界。讓我提到若干，既表達我的尊敬，也提供一個背景來理解拙著的內容和風格。

在研究文革的英文著述中，我最推崇若干描述地方文革的專著。魏昂德 (Andrew Walder) 的《張春橋與上海的一月革命》把上海市委的人物寫得栩栩如生。精英糾葛連動群眾派系，地方衝突領軍全國風潮，從而引發了影響深遠的上海奪權事件。李鴻永 (Hong Yung Lee) 的《中國文化大革命的政治》，也出版於1978年，以北京和廣州的紅衛兵為描述主體，映像了全國城市文革的脈搏。該書提出的試圖解釋派系形成的理論問題，一直激發著經久不衰的爭論。同一個年代出版的還有駱思典(Stanley Rosen)的《紅衛兵派系和廣州文革》(1984)，聚焦廣州中學生運動。九十年代出版的有王紹光的武漢研究《超凡領袖的挫敗》(1995)和裴宜理(Elizabeth Perry)與李迅合著的上海《無產階級力量》(1997)；堪稱這一傳統中兩部最為詳實精彩之作。前者有王紹光親歷武漢對當事人的大量採訪，後者有李迅掌握的上海工會歷史檔案。最近新出版的有魏昂德的北京紅衛兵研究《分裂的造反》(2009)，是這批經典的最新奉獻。作者多年搜索積累，對關於北京紅衛兵的文字記載可謂皓首窮經。[2]

如果通史往往流於宏大而空泛，上述這些書則細述人物、地點、時間、事件，讀起來近似章回小説。如果個人回憶錄的視角過於偏窄，這些書則聚會了諸多力量的交織，呈現大中型規模的政治社會互動全景。比如，裴宜理和李迅的上海故事，諸多細節中包含了普通黨員王洪文的崛起。1966年6月的一天，王在上棉17廠貼出平生第一張大字報，這一行動給他個人、上海以及整個國家帶來了深遠影響。[3]又比如，王紹光詳細記述武漢保守派和造反派的形成，進而探討造反派內部的溫和派和激進派的分野。關鍵人物和關鍵細節很豐富。王這樣記述著名武漢「七·二〇」事件前夜：

> 破曉時分，約200個保守派組織成員衝入東湖賓館，當面質詢謝富治和陳再道。因為謝富治與王力的表現有所不同，一直以來對百萬雄師和武漢軍區沒有什麼批評，所以開始群眾代表跟謝談判進行得較順利。雙方同意下一步由王力和謝富治接見保守組織，群眾因此撤出賓館。但是當王力走出他的房間，混亂再起，又有由8201和8199部隊士兵為主的幾百名保守派群眾衝進賓館。起先他們中一些人誤把陳再道當作王力，用步槍槍托打他。等搞清楚了誰是王力之後，開始圍攻王力。此時鍾漢華跪在地上，哀求他們放開王力。[4]

這些書所昭示歷史意義和理論意義，也是通史和回憶錄所不及的。尋常書寫，往往局限於解讀領袖，記載悲劇，或者譴責制度。可是文革之為文革，因為有千千萬萬的人自願自覺地、豪邁激昂地參與。為什麼這麼多人會去做現在看來幾乎是不可思議的事情，給他人和自己帶來種種損失和傷害？上述這些書，直接或者間接，提出並且試圖回答這個問題。裏面的主要人物不是毛澤東、江青等等最高層，而是曹軼歐、潘國平、聶元梓這些中層人物以及千萬下層群眾。文革既是毛澤東的運動，也是普通人的運動。普通人的所做所為和行為邏輯，具有深遠的歷史意義和理論意義。

拙著是沿承上述著作的傳統寫出來的——它是關於地方文革（以廣東和廣西為主），它講述遠離北京的故事，它有人物和故事情節，它的理論焦點也是普通人的行為。但是跟上述各書相比，拙著有幾點不同。第一，上面各書講述的文革都是發生在城市，而這本書寫的是農村。第二，雖然我也寫到了文革的各個階段，但是我的重點是在1967–1968各級革命委員會成立前後，對所謂「四類分子」的屠殺。第三，如果說上述名著的文體是地方文革的小通史，而拙著的文體則是集中於一個專題而進行的。地點上以兩廣為主，又不局限於兩省；時間上以文革為主，又追述文革前毛體制的形成過程。

對大規模的屠殺，早先已經有鄭義的《紅色紀念碑》、香港《開放雜誌》上章成對道縣一案的詳細報道，還有對北京大興縣紅八月大屠殺的記載，以及對發生在雲南、內蒙等地類似事件的報道。[5]我的工作，一是用一千五百多本縣誌所提供的數據與事實更大範圍地看這個現象的普遍性。我的研究進一步支持了鄭義等先前作者的報道，並確定它是一個相當普遍的現象。在本書英文版出版後，由宋永毅主編、於2016年出版的關於廣西文革官方調查報告新資料，更加確定了這個悲劇的存在、廣度和深度。[6]二是進入田野，通過對受害人和當事人進行訪談，理解當時出現這個奇特現象的社會條件。為什麼普通村民在沒有人強制的情況下，自願自覺地去濫殺無辜？簡單的回答是階級鬥爭。但是，什麼是階級鬥爭？階級敵人的概念是如何來的？拙著重新構建了從1949後的解放和土改到文革高潮的歷史，記述村民怎麼建構「他者」群體，怎麼爭當積極分子，怎麼看待約束殺人行為的法律，怎麼把和平時期的一個鄉鎮、一個村莊理解為戰時環境，進而可以把鄰里當做「敵人」。

半個世紀後的今天，中國還不是一個以法治國的國家。公民還會在司法程序之外受到以國家公權名義施行的拘捕、暴力和裁決。廣大公民一般都不會去質問國家給予的這些罪名是不是可以成立，而是盲目地為國家引導的群眾行為喝彩。如果毛澤東時代的帽子是「地主分子」、「走資派」、「當權派」，當代的「壞人」有了新的名堂——撥亂反正時的「三種人」、嚴打運動中的「流氓」、唱紅打黑裏的「黑」、懲治腐敗裏的「貪官」。此外還有各種各樣的「分子」。每當新的一輪開始，人民欣然支持，沒有要求國家把涉及人身自由的暴力行為納入法律軌道。所以文革的迴響從未在政治和社會生活中消失。都說文革是因為愚昧造成的，如果沒有深入的研究，我們恐怕永遠不會明白愚昧在什麼地方。偉大的喬治·艾略特這樣説過：

> 常言説知識就是力量，殊不知愚昧也是力量。知識去慢慢建造，愚昧來頃刻毀滅。知識的力量在於真，在於謹慎，在於辨別，在於分開或然和必然；愚昧則是一個亂衝亂撞的瞎眼巨人，玩弄文明的基石於股掌，恣意而為，把歡樂之所埋葬於深淵。[7]

此書翻譯歷時二年有多，是譯者宋熙利用她的業餘時間完成的。我感激之餘，也為其精神感動。我沒有能夠對譯稿進行校對；這一定給譯者和編輯增添了很多細微而繁雜的工作。感謝中大出版社的甘琦、林穎、林驍和其他編輯的辛勞。感謝香港中文大學中國研究服務中心熊景明老師給我與中大出版社牽線。

為了保護被採訪人的匿名性，書中對被採訪的對象以及他們所在的地名，用假名。對已經見諸出版物文獻的人名地名，則用真名。第一章和第九章有些十分鋪排的理論討論，對學術圈外的讀者來說可能顯得生僻抽象，可以跳過不讀。

蘇陽

2016年於美國加州爾灣

註釋

1 在此處說到「稀缺狀態」，只是相對而言。筆者在文革研究中深深得益於中文作品。我對廣州文革的理解，參考了海楓所著《廣州地區文革述略》和劉國凱所著多卷《人民文革叢書》。廣西方面，官方出版過《廣西文革大事年表》、《南寧市文化大革命大事記》等等一些詳細調查報告，在加州大學洛杉磯分校圖書館有藏。對我寫書有直接幫助的還有下文要提及的鄭義和章成等等。幫助我瞭解文革其他方面的中文著作甚多，只能略舉幾個作者：印紅標、唐少杰、徐友漁、馬繼森、宋永毅、王友琴、王年一等等。

2 Andrew Walder, *Chang Ch'un-ch'iao and Shanghai's January Revolution* (Ann Arbor, Michigan: Center for Chinese Studies of the University of Michigan, 1978). Hong Yung Lee, *The Politics of the Chinese Cultural Revolution: A Case Study* (Berkeley, California: University of California Press, 1978). Stanley Rosen, *Red Guard Factionalism and the Cultural Revolution in Guangzhou (Canton)* (Boulder: Westview Press, 1982). Wang Shaoguang, *Failure of Charisma: The Cultural Revolution in Wuhan* (Hong Kong: Oxford University Press, 1995). Elizabeth J. Perry and Li Xun, *Proletarian Power: Shanghai in the Cultural Revolution* (Boulder, Colorado: Westview Press, 1997). Andrew Walder, *Fractured Rebellion: The Beijing Red Guard Movement* (Cambridge MA: Harvard University, 2009). 上述各書中只有王紹光的武漢研究被翻譯在香港出版；中文書名為《超凡領袖的挫敗：文化大革命在武漢》（香港：香港中文大學出版社，2009）。

3 Perry and Li, *Proletarian Power*, p. 45. 中文是蘇陽的翻譯。

4 Wang, *Failure of Charisma*, p.154. 中文是蘇陽的翻譯。

5 鄭義：〈兩個文革雛議〉，《華夏文摘》增刊，1997年第83期，頁1–14，www.cnd.org，2003年8月23登入。鄭義：《紅色紀念碑》（臺北：華實文化公司，1993）。鄭義：〈廣西吃人狂潮真相：流亡中給妻子的第八封信〉，

《華夏文摘》增刊，1993年第15期，www.cnd.org，2003年8月23登入。章成：〈道縣大屠殺〉，《開放雜誌》，2001年7、8、9、12月四期連載。遇羅文：〈北京大興縣慘案調查〉，載宋永毅主編：《文革大屠殺》(香港：《開放雜誌》社，2002)。張連和：〈五進馬村勸停殺〉，載者永平主編：《那個年代中的我們》(呼和浩特：炎黃出版社，1998)。宋永毅主編：《文革大屠殺》(香港：《開放雜誌》社，2002)。

6 宋永毅主編：《廣西文革機密檔案資料》(36卷)(紐約：國史出版社，2016)。

7 George Eliot, *Daniel Deronda* (New York, NY: Alfred A Knopf, Inc., 1999), p. 246. 中文是蘇陽的翻譯。

前言與致謝

這本書呈現和詮釋了人類歷史中由極度殘酷而造成極度苦難的篇章。雖然這一篇章發生在中國，其背後的教訓卻並不止於此地。在寫作本書的過程中，恰逢發生在達爾富爾地區的暴行引起國際社會的憤怒，[1] 而各方干預此事的意圖也達到高點之時：國際刑事法庭對蘇丹總統巴希爾(Omar al-Bashir)提出種族滅絕罪的指控。儘管一些學者和人權團體指出，對總統的指控可能進一步疏遠與蘇丹政府的關係，而後者的合作卻是解決此事不可或缺的一環，這一做法對於事件進程的影響如何，惟有留給後世研判。[2] 聯合國在1948年就已經通過關於防止和懲治種族滅絕罪的公約，但對於違反公約行為進行干預的做法卻並不多見。[3]

根據斯考特·施特勞斯(Scott Straus)的定義，集體殺戮(collective killing)、屠殺(mass killing)或者種族滅絕(genocide)，這些概念都是指「大規模發生的且複雜的社會現象」。這一理解視角需要我們不僅僅關注「流氓國家」制定的「種族滅絕政策」本身(如果確實存在的話)。我試圖從本書涉及的中國案例中汲取的啟示也正是如此。在不發生政權更替的情況下，更有效解決問題的方法可能是使事件中的政府參與進來而不是疏遠它。畢竟，執政政府才是最有能力對相關社會力量施加影響的一方。施特勞斯在其關於盧旺達種族滅絕研究的突破性作品中這樣寫到：「研究種族滅絕歸根到底是探討普通人為什麼會將路人、鄰居、朋友、所愛之人，甚至自己的孩子當作必須置於死地的『敵人』的問題。」[4] 然而，法律上和政治上的權宜之計，往往是將種族滅絕的責任歸咎於相關國家的領導人，但這卻無助於得出讓研究者滿意的答案。將「普通人」轉變成行兇者背後的邏輯需要認知並改變。究竟為什麼會發生「舉全村子之力」，或「全社區之力」進行集體殺戮呢？

這個研究計劃的種子早在幼年時已植入我的腦中。1970年代毛澤東時代接近尾聲時，我尚在讀小學，懵懂地接受著當時的政治教育。但也並不是所有的政治灌輸都讓我覺得信服。在一次次血雨腥風的批鬥大會中，審判臺上上演著羞辱和毆打的場面，我卻會忘記要把這些批鬥目標當作「階級敵人」來仇恨，而是會把他們當作普通人：一個鄰居、一位同學的父親，或者是誰的祖母。喧囂過去，死靜的夜晚降臨的時候，這些受害者的身影在我腦中盤旋，揮之不去。更讓我覺得困擾的是，大人們好似沒有類似的煩惱。在集體所有的稻田裏勞作時，他們會閑聊起前一天的批鬥會。他們總得出這樣的結論：一個有批鬥對象的大會更值得參與。其中暴力的成分貌似讓大人們覺得刺激。類似的對話讓我產生了很多困惑，因為說這些話的人之於我，不是熟人就是些據我所知平日裏親切有禮的人們。這些少年時代的記憶形成一個問題：普通人如何會喪失對於弱者的同情心？這份同情心存在於一個孩子的性情之中，本是人與生俱來的天性。

到了1980年代，一個由中國知識分子推動的覺醒時期，已經成年的我們也明顯意識到了政治制度出了差錯。覺醒的高點便是1989年的天安門事件，那是我們要與毛時代徹底決裂而下的賭注。不過，直到在中美兩地的社會學系修讀研究生課程後，我才開始掌握學術的思考工具，以理解那些難以理解的過去。思考的起點便是彼得·柏格（Peter Berger）和盧克曼（Thomas Luckmann）提出的「現實的社會構建」。[5] 我這才意識到，毛時代那些讓我困惑的村民與當時還是孩子的我，對現實有著不同的理解。至於他們眼中的現實是如何被構建的，則還有待探索。

我受到的學術訓練使我成為了一名研究社會運動的學者，我選擇了中國文革時期的群眾運動作為博士論文的題目。作為斯坦福大學魏昂德教授指導的大型項目的一部分，我獲得了從縣誌中收集數據的機會。我得以注意到在毛時代的廣東和廣西，集體殺戮是大規模存在的現象，卻幾乎不為學者們所知。博士畢業並獲得教職後，魏昂德教授建議我將博士論文中關於集體殺戮的章節擴充為一部書稿。鑒於這個想法，我與大衛．斯諾（David Snow）在加州大學爾灣分校共同執教了一門有關種族滅絕和屠殺的研究生討論課程。在翻閱了相關文獻後，我確信中國的案例可以為這個領域現有的研究和理論添磚加瓦，並且極有可能對政策制定提供新的教益。與此同時，我前往中國展開田野調查，訪問當時的倖存者和見證者。在這數年間，我還獲得了關鍵性的政府文件：有些來自給我提供情報和資訊的人，有些則是被流亡中的異己者公諸於眾的。我希望這本書為我村子裏的、全中國的以及更大範圍的受害者們發出哪怕是一絲微弱的聲音。同時，我也希望那些對人類的苦痛有著孩子般同情的讀者能在字裏行間獲得新知和啟迪。

致　謝

畢業後寫作第一本書的過程堪比再寫一篇博士論文。不僅受益於過去導師的指引才得以確定本書的主題，我還得到了曾經指導過我的約翰．麥肯錫（John McCarthy）和道格．麥克亞當（Doug McAdam）兩位教授的鼓勵和言語上時不時的激勵。這幾位學者在學業早期對我的訓練以及他們長久的支持為本書打下了基礎。更重要的是，我還找到了一位新導師，埃德溫．阿門塔（Edwin Amenta），一位供職於加州大學爾灣分校的資深同事。在我的整個寫作過程中，阿門塔教授扮演著指導者、執行者、讀者和編輯的多重角色。沒有他在旁幫助，這本書將永遠不可能完成。埃德溫閱讀並編輯了所有九個章節中的每一行字。如果本書讀上去讓人感覺似乎出自於一位以英語為母語的作者之手，那全都要歸功於他。無論我何時將新完成的章節電郵給他，他總會中斷假期，與他的家人一起審閱一本正在製作中的書。作為一位成就斐然的學者和三本書的作者，在本書的整個出版過程中，埃德溫還不斷給我指導。對於他不懈的支持，我的感激之情無以言表。古話有云：大恩不言謝。有鑒於此，謹將本書獻給上述幾位老師們，以及其他所有在各個求學階段曾給予我指導的老師，包括陳佛光、陳堅、楊小連和楊元祥這四位多年前曾送我踏上通往廣闊世界的旅程的鄉村教師。

加州大學爾灣分校社會學系為新晉教員提供了一個支持性且益於發展的環境。系主任王豐繼承了他的前任朱迪·諾里斯(Judy Stepan-Norris)和卡爾文·摩利爾(Calvin Morrill)的做法，採取了特殊的方法來確保我們有時間投入研究，而免於被一些讓人分心的事情干擾。王豐、大衛·斯諾以及卡爾文·摩利爾與我共進了許多佐以建議和指導的午餐。感謝他們振奮了我的精神並使我變得更加睿智。我同樣要感謝來自系裏其他同事的友誼，特別是斯坦·貝利(Stan Bailey)、妮娜·班德吉(Nina Bandelj)、大衛·弗蘭克(David Frank)、廣中安娜(Ann Hironaka)、李智英(Jennifer Lee)、大衛·邁耶(David Meyer)、安德魯·諾依莫(Andrew Noymer)、弗朗西斯卡·波萊塔(Francesca Polletta)、埃文·舍弗(Evan Schofer)，以及朱迪·諾里斯。我尤其要對王豐給予我的同僚之誼、兄弟之情和慷慨大方致以深深的感激。

感謝我在廣西和廣東進行田野調查時，為我提供資料以及從中牽線搭橋的各位。雖然無法在這裏列出他們真實的姓名讓人感到遺憾，但我希望本書的內容足以回報他們熱情的幫助和道出實情的勇氣。我還要感謝香港中文大學中國研究服務中心給予我的支持。在為本書收集材料期間，熊景明主任領導下的中心所提供的服務之專業和便利，可以說在我合作過的機構中數一數二。

感謝劍橋大學出版社的路·貝特曼(Lew Bateman)和劍橋學術叢書抗爭政治系列的共同編輯伊利沙白·伍德(Elisabeth Wood)的洞見和協助。楊國斌、匿名審稿人以及伍德教授在他們為出版社寫的審稿意見中，對本書提出了深入的批評和建議。這些意見使得書稿得以成為一本更為完善的書。賀欣、馬俊陵、道格·麥克亞當、大衛·斯諾、魏昂德以及趙鼎新都讀過早期的書稿並提供了寶貴的評論。

賀欣分享了毛時代中國法律制度的專業知識。第六章「解體法律」

受益於他的貢獻。宋永毅與我共享了一些他收集的材料。蔣汀和馮仕政協助我完成了田野筆記。蔡泳製作了書中的地圖。我還想提及來自下述諸位的支持和幫助，他們是：托馬斯・伯斯坦(Thomas Burstein)、艾米・格拉布(Amy Grubb)、蘇靖、劉軍強、李海寧、李秋蘭、李仁慶、練四瑛以及馬增盛。

感謝蘇雙雙、蘇九九、章明辰的啟發和激勵。對這些孩子的珍視加深了我對本書研究議題在情感維度的理解，同時也每天提醒著我去瞭解相似的人類悲劇起源的緊迫性。最後，我要對馬俊陵致以我最深的感激之情；感謝她在本書完成過程中以及其他方方面面給予我的信心、做出的犧牲，更重要的是，付出的愛。

本書得到如下授權：

劍橋大學出版社允許我複製 "The Cultural Revolution in the Countryside: Scope, Timing and Human Impact," by Andrew Walder and Yang Su, *China Quarterly* 173, no. 3 (March 2003), pp. 74–99一文中的部分表格。

斯坦福大學出版社允許我複製 "Mass Killings in the Cultural Revolution: A Study of Three Provinces," by Yang Su, in Joseph Esherick, Paul Pickowicz, and Andrew Walder (eds.), *China's Cultural Revolution as History* (Stanford, CA: Stanford University Press, 2006), pp. 96–123一書中的部分表格。

註 釋

1 指的是蘇丹在達爾富爾地區針對非阿拉伯族群的迫害，乃至種族清洗、大屠殺。

2 針對該指控強而有力的批評，參見Julie Flint and Alex de Waal, "Justice Off Course in Darfur," *Washington Post*, A15, June 28, 1998. 更為詳細的討論請參見下列博客：www.ssrc.org/blogs/darfur/ocampo-v-bashir, 2009年5月23日登入。

3 Samatha Power, *"A Problem from Hell": America and The Age of Genocide* (New York: Harper Perennial, 3rd ed., 2003).

4 Scott Straus, *The Order of Genocide: Race, Power and War in Rwanda* (Ithaca, NY: Cornell University Press, 2006), p. 2.

5 Peter L. Berger and Thomas Luckmann, *The Social Construction of Reality: A Treatise on Sociology of Knowledge* (Garden City, NY: Anchor Books, 1967).

第1章

殺汝鄰居

1967年秋天，中秋節前後，沙凱初被村裏的民兵團團圍住，這些人都是他的鄰居。他在一場湖南小江村鄉鎮廣場上舉行的批鬥大會上遭到批判和羞辱。第二天清晨，他連同其他五位批鬥對象被押送到人民公社總部。沙凱初哀求讓他向更高層的官員彙報自己的情況：「我為國家打過仗，請不要忘了我做過的貢獻……」

37歲的沙凱初是三個孩子的父親，從二十多歲開始就是家裏的頂梁柱。他的父親，因地主身分在1952年的土地改革運動（下稱「土改」）中被殺。沙凱初加入過中國志願軍參加過朝鮮戰爭。退伍後，在村裏開拖拉機。這次被揪出來的原因並不是因為他犯了什麼罪，而只是因為他是地主的兒子。在遭到逮捕的前幾天，家人求他躲起來避避風頭，因為其他幾個村子傳言已有人被殺。沙凱初對自己的過去感到自豪，這使得他有相當的自信不必這麼做，畢竟他是為國家做過貢獻的人。

沙凱初自認為，比起其他五位同行的地主後代們，他的處境比較安全，但他錯了。村領導和民兵決定在距離目的地不到四里（一里相當於0.5千米）的路邊處死包括他在內的所有人。他是被鄭孟旭用棍子打死的。沙凱初與鄭孟旭並非互不認識的陌生人。土改以來，沙家與鄭家就是鄰居。鄭家現在住的房子是沙家的，充公後便分給了鄭家，當時鄭孟旭是來自另一個村的遊手好閑的流浪漢。鄭孟旭對殺了沙凱初這件事絲毫未感到歉意。當他回到村裏的時候，還高興地大喊：「太好了！太好了！」。[1]

可悲的是，沙凱初、與他同時受害的五個人以及執行死刑的鄰居的故事絕非特例。在文革期間，農村地區有成千上萬的人像沙凱初一樣，被他們如同鄭孟旭一樣的鄰居殺害，少則40萬，多則可能達到300萬人。[2]這些受害者唯一的罪名是他們身上「階級敵人」的政治標籤。不是軍隊、紅衛兵或者系統性的官僚機器在進行種族滅絕，而是鄰居殺鄰居。廣場上那些暴虐橫行的日子使得哀傷的河流至今仍然在這些村莊中流淌。

沙凱初死後將近四十年，我走訪了他的堂兄弟沙凱平和夫人李女士。兩位都已近八十歲。他們住在加州郊外的大學城一個沐浴在陽光之中、享受著海風吹拂的社區。他們的兒子在加州大學爾灣分校任教，住所是由大學提供的。沙凱初的死發生在三十八年前，在此時距離他們遙遠的中國，但當我與沙先生夫婦一起坐在他們的後院聊起這件事時，他們聲音裏的真切與急迫讓我著實嚇了一跳。李太太得以倖存完全是鑽了政治身分分類標準的「空子」：雖然她是地主的女兒，但隨夫家被劃分為「中農」。[3]

檔案記錄以及田野調查中的訪談清楚表明類似湖南小江村的事件也曾在廣東省和廣西省發生過。我將這類事件稱為「集體殺戮」(collective killings)。在文革期間，劃分階級成分和定性家庭出身所造成的歧視為大規模處決提供了正當性。1967年的夏末湖南曾經歷屠殺；廣西的大屠殺一直延續到1968年末。這裏，我引述《廣西文革大事年表》中的例子。這本書在1995年正式出版，是依據文革後由政府主持進行的調查內容編寫而成的。

- 1967年10月2–4日，全州縣：76個四類分子及其子女在村中被殺。
- 1967年11月，容縣：69人在黎村被殺。
- 1968年4月30日，寧明縣：108人在一次圍剿中被殺。
- 1968年7月24日，賓陽縣：全縣每個公社都成批殺了人，從7月26日到8月6日的11天裏，全縣被打死3,681人。
- 1968年8月18日，鳳山縣：1,331人被殺。

集體殺戮的謎團

馬斯(Peter Maass)在他的《愛汝鄰居》(*Love Thy Neighbor*)一書中寫到1990年代早期南斯拉夫戰爭期間波斯尼亞的種族大清洗：「波斯尼亞發生的這一事件，最引我深思的是它提出的關於人性的問題——他們怎麼能做如此禽獸不如的事情？一個人怎麼能在早上起床後跑去槍殺他的鄰居，可能再順便強姦他的妻子？他們怎麼能忘記，十誡中愛汝鄰居的戒律，就像它不存在一樣？」[4]在中國採訪其他見證者和倖存者時，我反覆感受到如同沙先生夫婦聲音裏的那種真切和急迫。他們的故事一直讓我動容，使我努力想去理解是什麼構成了這種不尋常的人性，並且希望建構出適當的研究問題以解答這個融合了歷史性和社會性的疑問。

這種殺人行為第一個不尋常的維度是對受害者的選擇。他們被殺的原因不是因為犯下任何罪行或者他們目前的階級地位，而是由於家庭出身。他們大多是地主或者富農的後代。當沙凱初的家庭在土改中被定性為地主階級時，他還是個孩子，不可能犯下「剝削」窮人的罪行。況且他的父親已經因為這個罪名被殺了。文革期間，「地主」和「富農」的階級劃分並不反映當時的經濟狀況，因為早在十五年之前所有地主和富農的土地已經被充公並進行了重新分配。這些地主和富農的後代也並沒有對政府進行任何形式的反抗：他們被剝奪了所有的政治權利並遭到監視。所以，集體殺戮受害者的選擇讓人想起種族滅絕和大屠殺：受害者以及他們的家庭成員之所以被殺是因為親屬關係。

第二個不尋常的維度是殺人行為十足的原始性。殺人工具一般就地取材且粗陋，最常用的便是農具。殺害沙凱初和其他五個受害者時，行刑者們只有一把來福槍，且他們並不想浪費子彈。最後，六人中的五個是被硬木大棒打死的。在東山公社，劉香元和他的兩個孩子被行兇者推下懸崖。[5]類似這樣原始粗陋的殺人方法似乎相當普遍。廣東和廣西客家縣的知情者最常使用「bol」這個詞來形容在那段時間的殺人行為，在客家方言裏這個詞意為「悶聲重擊」。童年時代，我曾看過殺水牛。年老的水牛先被趕到陷阱裏困住，然後一群男人會上前用巨大的錘子「bol」水牛直至它失去知覺。那是一個恐怖至極的場面。

人們也會對受害者和行兇者之間的親密程度感到驚訝，這也是第三個不尋常的維度：事件發生在熟悉的鄰里之間，往往是朋友和熟人之中。在湖南個案中，加害者鄭孟旭住在受害者沙凱初的隔壁。在廣西個案中，被害人劉香元在被命令與他的孩子一起跳崖之前，還用「天輝」稱呼加害者黃天輝。[6]實行處決的地方，比如河岸和街邊，更是相當日常且為人熟悉的地點。[7]原始粗陋的殺人工具再加上加害者被害者之間的親密關係彰顯了這樣的事實：行兇者是一般平民，而不是制度化的國家代理人，比如士兵、警察或者專業的行刑者。國家代理人因其制度性的角色而殺人，而一般平民殺人則是由於個人原因。借用戈德哈根（Daniel Goldhagen）讓人難忘的說法，行兇者都是毛澤東「心甘情願的劊子手」。[8]文革中那些充滿恐怖氣氛、異乎尋常的日子裏，村莊和鄉鎮變作一個又一個讓殺人者可以在各自社區的名義下施加暴行的場所，而其他人則默不作聲地冷眼旁觀。

第四個不尋常的維度是殺害鄰居的行為成了一種公共事業。在正常的社區，行兇者在殺人之後往往會踏上亡命之旅，逃離犯罪現場以免被抓。而在政治謀殺中，需要逃亡的卻是潛在的受害者。為了逃脱，我的兩位受訪者就採取過特殊的方法：一個在荒野中躲了幾個月，另一個則設法讓自己鋃鐺入獄。[9]在小江村的個案中，鄭孟旭興高采烈地宣佈他殺死鄰居的消息。他甚至煞有介事地站在街上，脖子上掛著來福槍，將殺人的事反覆地廣而告之。對殺人行為的宣揚對於殺人者和旁觀者來説一樣意味深長。這説明殺戮是代表著整個社區的意志去執行的。那些悲劇通常會在外流傳幾天甚至幾個月。

不管如何，這些不尋常的維度與歷史上其他集體性的、公開的鄰居謀殺鄰居事件的情況相類似。對美國讀者來説，其中最為臭名昭著的可能是1692年的塞勒姆審巫案（Salem witch-hunts）。家庭背景良好的十幾歲的青少年和家庭主婦們，在明知該種指控會造成關聯方被判處死刑的情況下，還是公開指控她們的鄰居是「巫婆」或「巫師」。在幾個月的時間裏，經過不斷的指控、審判、監禁，22人或被絞死或被石堆壓死，其中包括教會成員、一位成功的商人和一位牧師。[10]1941年的一個夏日，波蘭耶德瓦布內（Jedwabne）的村莊，發生了半個村子的人將另外半村人殺害的慘劇：死者包括1,600個男人、女人和孩子，全村的猶太人中只有七個倖免於難。在這一事件中，成為受害者的標準無疑只有一個：猶太血統。這一事件發生在二次大戰期間，德國納粹屠殺了六百萬猶太人。然而，不是在毒氣室，也並非在由士兵行刑的殺人戰場，耶德瓦布內事件發生在一個關係親密的社區。[11]1994年的盧旺達大屠殺（Rwanda genocide）沒有用到先進的武器，也沒有出現專業人員。在山坡上，在甘蔗地裏，普通的胡圖族人拿著大砍刀殺向住在他們隔壁或者去同一間教堂的圖西族友鄰。一百天之內，八十萬圖西族人被殺。[12]

居於所有這些事件核心的，是參與屠殺的社區都是自願的。上述所有集體性的謀殺事件都是在社區的名義下展開的。過往的相關研究傾向於通過聚焦行兇者，分析他們的動機、心理和資源來探究集體謀殺（即種族滅絕和大屠殺）這個議題。[13]而認識到一個自願性社區的存在，可以將研究範圍從行兇者擴展到旁觀者，甚至整個社區。當整個社區進行殺戮時，被針對的目標要麼是被定義為不可饒恕的罪犯，要麼就是敵人。即使社區中的大多數人並不是殺人行為的直接實施者，這個社區都參與了定義——或者用一個社會運動的術語：框架建構（framing）——的過程。[14]

自願實施集體殺戮的社區存在於國家制度的脈絡之中。國家因其壟斷暴力的本質，也具有維持秩序的性質。所以，大規模的殺人行為可以被看作是國家支持、國家默許、國家無法阻止其發生，或者是上述三者共同作用的結果。在一種極端的情況下，屠殺行為背後有來自國家的支持。舉例來說，在1793年夏天，法國大革命受到三股勢力的威脅，即內部敵人、陰謀反叛者以及外國勢力。新成立的政府通過法律實行大規模屠殺。恐怖統治持續了十個月，將近四萬人被殺，這很顯然是一次獲得國家支持的集體恐怖事件。[15]

而從另一個極端檢視，屠殺則可能是國家無能的結果。明證便是在美國，對黑人動用私刑的事件通常都發生在那些「目無法紀」「無法無天」的社區。典型的私刑事件包含著政府執法部門和實施私刑的暴民之間的一系列互動。國家在這種情況下通常應該扮演保護黑人受害者的角色，而實際上卻表現得十分軟弱。私刑主事者可以越過縣治安官以及他的代表綁架犯人，並當著眾人的面將其處決。[16]

中國的集體殺戮處於這兩個極端之間。一方面，它們高度組織化且在國家的名義下進行。另一方面，這些行為由普通的、有著高度自主性的市民實施。本書中，我將回答如下問題：為什麼如此極端的殺人形式會發生在該時該地？來自國家的支持如何誘使普通市民成為殺人者？中央或者省政府是否下達了任何滅絕性政策？或者，這一現象是否只是地方上的自主發揮？這是否代表，國家力量對於其最難以涉及的社會領域無法進行控制？總而言之，殺人方式的原始性以及高度的組織性之間的矛盾值得注意。

國家政策模型的局限

大量殺害平民是個由來已久的現象。[17]第二次世界大戰中發生的猶太人大屠殺（the Holocaust）則使其進一步概念化。在此期間，希特勒和納粹政權殺害了超過六百萬猶太人。1948年聯合國通過了《防止及懲治危害種族罪公約》（*Convention on the Prevention and Punishment of the Crime of Genocide*），參與起草《公約》的萊姆金律師（Raphael Lemkin）以及其他的公約起草者將種族滅絕定義為主權國家清除一個種族或者民族團體的行為，他們當時一定對猶太人大屠殺仍然記憶猶新。[18]其他有關種族滅絕的概念同樣強調中央政府政策、國家主導的屠殺以及制度化的國家殺人者。之後學者將此概念的意涵擴大，使受害者非因種族、民族和宗教原因產生的案例也可以被納入其中。瓦倫蒂諾（Benjamin Valentino）則使用「屠殺」(mass killing)概念並將它定義為「有意圖地大量殺害非戰斗人員」。[19]其他類似的概念如政治屠殺(politicide)、屠殺平民(democide)、階級屠殺(classicide)，被用來描述發生在共產主義國家中的殺戮。[20]

儘管存在著大量的爭議和無盡的辯論，聯合國公約對構成種族滅絕的基本要素的認定沿用至今，其中之一是滅絕主義的政策意圖持續存在於國家中央層級的決策之中。與這一要素相關聯，屠殺是由運作正常的國家官僚體系組織與安排的。希爾伯格(Raul Hilberg)在他的三卷本經典著作《歐洲猶太人的毀滅》(*The Destruction of the European Jews*)之中這樣寫道：

> 成熟機構的運轉仰賴既定的程序。官僚的日常工作便是對一系列經過反覆嘗試和測試的方案的使用。這些方案不僅為其自身所熟悉，且如其所知，也會得到其上級、同事與下屬的接受。且即使在非同尋常的情況下，也會沿用常規的做法。(二戰時德國的)財政部長通過財產徵收程序，建立奧斯威辛集中營；德國的鐵路部門按運送每位被驅逐者的公里數對應的單程火車票的價格，將轉移猶太人的費用記在秘密警察的帳上。[21]

與之相似，阿倫特(Hannah Arendt)著名的概念「平庸之惡」(banality of evil)讓國家政策模型(state-policy model)在知識分子之中變得赫赫有名。[22]國家政策模型指的是種族滅絕和大屠殺被作為國家政策，由國家公職人員通過官僚體系運作執行。這一模型是學者們研究其他有關種族滅絕和大屠殺案例的基本模型。

在種族滅絕和大屠殺的制度模型的基礎上，一些學者探究人們之所以會「順從」地接受如此邪惡任務的原因。凱爾曼(Herbert Kelman)和漢密爾頓(V. Lee Hamilton)將美萊村屠殺(My Lai Massacre)作為他們實證研究的支點，並將可能引發「順從的罪行」的權威體系進行了概念化。美萊村屠殺發生在1968年3月16日，美軍在越南廣義省美萊村屠殺了347至504名越南平民，其中多數是婦女和兒童。作者將這場屠殺定義為「制裁性的屠殺」，意指其存在命令結構以及軍事服從。兩位作者認為，實施屠殺的士兵之所以會按如此殘忍的命令行事，是因為存在權威體系以及在此之前常規化和非人化的過程。[23]

國家政策模型在近期的比較研究中依然保持著強勁的影響力。哈夫(Barbara Harrf)和格爾(Ted Gurr)關於政治暴力的大型研究計劃——《危險的少數》就是以民族國家為分析單位。他們用以判斷一個個案是否屬於種族絕滅或政治屠殺的主要標準是中央政府在其政策中的意圖。[24]瓦倫蒂諾同樣指出大屠殺主要是一小部分處於權威地位的精英進行策略性選擇的結果。他使用定性的方法比較不同的大屠殺個案的研究，其分析單位也是民族國家。[25]

但是，國家政策模型卻阻礙了學界對於集體殺戮的探究。為了證明這些屠殺與相關國家政策之間的聯繫，國家與行兇者之間的關係成了唯一的研究重點。由於屠殺被當作是國家政策所決定的，於是該政策與滅絕主義的結果之間的社會過程便不被研究者們重視，好像一旦制定了政策，所有的事情都會自動按政策指示進行一樣。這類研究往往也對解釋發生在同一國家各個社區之間屠殺的差異性不感興趣。

且如同其他研究所顯示的那樣，國家政策模型的實證基礎欠缺説服力。在人類歷史成千上萬的平民大屠殺的個案之中，大概只有猶太人大屠殺可以與這個模型真正地吻合。絕大多數的平民大屠殺個案則欠缺模型中一些基本的組成部分，比如集中下達命令以及殺人者為公職人員這一點。近期一些學者甚至認為，即便是在猶太人大屠殺的案例中，國家政策模型的解釋也忽略了事件的一些重要部分。其一，歷史學家發現很難找到可以證明所謂的最終解決方案的文獻資料。猶太人大屠殺在多大程度上是由自上而下的命令所導致的，這一點並不明確。[26]其二，行兇者的行為比他們的證詞中所試圖宣稱的，更加基於其個人的信念和能動性。最近，比如戈德哈根(Daniel Goldhagen)和曼(Michael Mann)這樣的學者就聚焦於行兇者們反猶太人的意識形態以及所有個人的、非被其官僚身分和國家政策方向所影響的行動。[27]他們論證的核心是行兇者或許是國家官僚機構的一員，但他們在屠殺行動中卻呈現出自我構建的認同感。

第二組從國家政策模型轉向的研究，包括對於近期發生的種族滅絕和大屠殺案例的詳細描述。在1994年的盧旺達案例中，殺人者是來自各行各業的胡圖族人，而非組織有序的國家軍隊，也不是可在全國範圍內調配的民兵。古勒維奇(Philip Gourevitch)的研究發現，唯一可以將處於國家不同部分的人組織起來的方法是透過廣播站。[28]施特勞斯(Scott Straus)則發現在許多地方社區，舊的政府行政組織被一個新成立的、自行構建的、監督著種族滅絕行動的民兵領導層替代，每個村莊暴力行動的嚴重性各不相同。[29]在柬埔寨1970年代發生的個案中，即使在上級明確下達了停止的命令後，屠殺仍在繼續。[30]耶德瓦布內事件是波蘭村民所為，當時的報告稱，只有兩名蓋世太保在村落的邊緣駐守。[31]

對國家政策模型提出挑戰的第三類學術研究包括關於人類非人行為的情境性的心理學研究。這一支的研究以及思考包括經常被引用的穆扎弗·謝里夫(Muzafer Sherif)、米爾格倫(Stanley Milgram)和阿希(S.E. Asch)的實驗，以及津巴多(Philip Zimbardo)的斯坦福監獄實驗。[32]一些人將實驗的結果解讀為個人對權威的服從(比如在米爾格倫實驗中實施者的指示)，或者制度性的壓力(比如在監獄實驗中的角色扮演)。但是，羅斯(Lee Ross)和尼斯比特(Richard Nisbett)近期的研究針對這些結果提出了一個更有力的解釋，即「信息」的問題。在特殊的情境中，個人從他們的同伴中獲取提示，並會做出在其他情況下不可想像的舉動。這就是情境(situation)的力量。我會在下一節中主張，大屠殺的發生可能是受到以下三種情況中的一種或者多種的暗示所致：(1)一個需要即刻採取行動的迫近的威脅；(2)目標被認為是低人一等的，或者是危險的敵人；(3)明白殺人的行為將不會受到懲罰。[33]

社區模型

我提出另一個模型，即社區模型(the community model)。該模型與國家政策模型有三點根本性的不同。首先，我將滅絕主義的屠殺看作是在特殊情境中出現的事件，而不是預先策劃或者計劃的結果。無論實行滅絕的國家政策是否存在，我都將它當作一個經驗問題而不是預設或者前提。更重要的是，我不倚賴於一個「總體規劃」來解釋集體殺戮。即使存在總體規劃，殺人行為也有可能不會大規模地發生；而即使沒有總體規劃，它們也有可能會發生。在緊急的情境下，行動者，包括行兇者、旁觀者以及受害者都被賦予了麥克亞當(Doug McAdam)、塔羅(Sidney Tarrow)和蒂利(Charles Tilly)所謂的「新構建的身分」，[34]這也適用於那些效命於國家的人(比如領袖、官僚、監獄長和民兵)以及那些與國家無正式關係的人。身為國家機器的一分子並不是進行滅絕主義屠殺行為的唯一解釋。

其次，如同支持國家政策模型的學者一樣，我認為國家是模型中基本的要素，但是我主張國家的影響力通常是間接的。國家政府可能涉足造成滅絕性的屠殺事件的動員過程，然而在多數情況下，指控它實行種族屠殺的政策則顯得牽強。政府可能助長了仇恨並且將部分人歸類為或邪惡或危險的，甚至兩者皆是；這一標籤可以是「猶太人」、「敵對分子」、「異教徒」、「階級敵人」，或者「恐怖分子」。政府還可以組織，或者至少默許報復性的私刑組織的存在。它能夠削弱法律體系，並使其維護正義的功能淪為人民暴力。最後，政府能夠在和平時期構建起戰爭情境，讓國內的團體形成敵對關係。政府可以不同程度地參與上述一個或者多個動員過程，並在宏觀層次上協助營造出有利於進行滅絕性的屠殺的氛圍。這種情況下的國家的概念與國家政策模型中的相關概念形成對比。後者中，國家直接下達命令，並通過國家官僚機器執行政策。認識到國家產生的間接效應可以使我們檢視國家政策與地方具體情況之間的互動關係。只有這樣，我們才能解釋在同一國家不同地區發生的集體殺戮之間的差異。

第三，我的分析單位是社區(community)而不是國家。我強調次國家層次的單位社區，比如省、市、鄉鎮以及村。之所以如此處理，背後的理論基於簡單的事實，那就是經歷大屠殺的國家內部地理上的差異：一些社區沒受干擾，一些略受影響，另一些則遭受嚴重的折磨。這是因為大規模屠殺平民需要地方行動者進行相當程度的動員。地方的客觀條件使社區在定義「敵人」以及如何展開屠殺上存在區別。一個發生大屠殺的社區是由行兇者、受害者以及旁觀者構成的。社區內的動員製造出的情境使得極端分子能掌握最大份額的組織能力，從而成為行兇者，包括授權者、組織者以及兇手(詳見第五章)；而社區中其餘的人，受害者以及旁觀者，則被剝奪了抵抗甚至是抗議的權利。社區成員中的大多數，即旁觀者，在何種程度上採取支持或者默許的態度是一個經驗性的問題。然而，在絕大多數的個案中，即使這部分人反對殺人行為，他們也缺乏可以表達自己反對意見的公共平臺。簡而言之，行兇者「綁架」了社區的意志並在其名義下展開殺人行動。滅絕性的屠殺並不僅僅是領導者或者行兇者決策的結果，它是所有社區成員，包括行兇者、受害者和旁觀者，對情境的集體定義導致的後果。所以我們的關注點應該從領導者或者行兇者個人轉移到作為整體的社區上。即是說，我們應該探究如下兩個問題：社區如何將情境設定為大規模殺人行為具有合法性的戰爭狀態？以及社區是如何喪失法律和道德約束的？

另一個與傳統的研究概念上的差異是，我使用集體殺戮(collective killing)這一概念，而不是種族滅絕(genocide)或大屠殺(mass killing)。這一概念與種族滅絕以及大屠殺有三個共同的基本前提。首先，成為受害者的標準並非個人行為而是作為一個群體的一員。其次，殺人行為必須是故意的，以區別於原本沒有殺人意圖的侵害行為。舉例來說，刑訊逼供也可以造成相當數量的死亡。第三，受害者的數量必須達到一定標準。這一方面與第一個關於個人的群體屬性的前提密切相關：個人之所以會被圍捕起來是因為他們屬於一個特定的群體，並因為這個屬性而形成了受害者的集合。我用「集體性的」(collective)替換「大規模的」(mass)，因為我的分析單位，如縣級，比作為整體的國家要小。集體殺戮可以在較小區域內發生，而未達到瓦倫蒂諾定下的標準，即「在五年或者更長的時間內至少五萬人死於蓄意謀殺」。[35]有了這一更為細緻的定義方法，便可以比較縣、鄉鎮和村之中發生的集體殺戮。

社區模型認為五個相互關聯的進程對於集體殺戮的發生至關重要。第一個進程：「集體性的族群分類」(collective ethnic categorization)，這是由一個社區的歷史、傳統以及文化塑造的。[36]在任何既定的社區，都存在大量的分類其成員的方法：按階級、宗教、膚色、語言、宗族家系等等。但是，早前衝突的歷史時常使得其中一種分類方法變得異常顯著，並且可以輕易地成為引起新衝突的重要問題所在。在動員的時候，這種分類方法成為構建新的集體認同時潛在的文化上的根源。歐洲反猶太人的歷史影響以及盧旺達的胡圖族與圖西族早前的衝突就是兩個例證。但是與那些主張將既有的分裂情況分門別類以「解釋」大屠殺的作品的觀點相反，近期的研究準確地指出，群體之間的分裂情況是個欠缺說服力的解釋變量。群體間的分裂在世界各地相當的普遍，而發生大屠殺的情況卻極少。實際上，只有透過在此描述的其他進程，界定群體的歷史影響才能導致大屠殺。

為了解釋中國的集體殺戮，我追溯了南方省份漫長的移民歷史，並且特別注意到基於姓氏譜系或者家庭宗族而形成的群體認同。我指出由於生態條件的差異，身分觀念在一些社區比另一些要更為顯著。中國個案中的「集體性分類」有三點特別值得注意。首先群體的界線在漢族人口之中，而不是在民族群體或者少數民族群體之間。其次，這些界線成為將群體之外的成員想像為潛在的暴力對象的起點。而為了競爭社區資源而產生的暴力性的宗族衝突越發加深了這一印象。第三，群體的界限有「民族」的維度，因為衝突中敵對的雙方是按血緣關係而不是個人行為來鑒別的。這一傳統令復仇或者懲罰延伸到整個家庭或者宗族。

第二個進程產生了社區中潛在的受害者。雖然沒有來自中央的命令指定潛在的受害者，國家卻長期實行縱容歧視和虐待的政策。這些政策，用海倫·費恩(Helen Fein)的話來說，將一部分人置於「普遍的義務」之外。[37]在中國的個案中，土改和後繼的一系列運動製造出了一個弱勢階級，即「四類分子」(地主分子、富農分子、反革命分子和壞分子)，他們成了最為狂熱的環境中的攻擊目標。

第三個進程產生了社區中潛在的殺人者。瓦倫蒂諾認為進行屠殺是一些面對政治或者軍事困境的高層領導理性的、策略性的決定。[38]未得到解答的問題是，即便有高層領導的決定，它又是如何轉化成基層致人死命的行動的？在沒有訓練有素的軍隊執行命令的情況下，地方社區中的市民又是如何變成冷血殺手的？我尋求解答的方法是不討論遠離社區的高層領導，而是聚焦社區中行動者的策略傾向。中國集體殺戮的個案中，行動者包括縣、鄉鎮和村的幹部以及在他們領導之下的民兵。如果說「打倒階級敵人」是當時一般性的政策，卻只有那些積極的狂熱分子才進行滅絕性的屠殺。地方行動者的策略選擇受到怕被認為政治錯誤，或者事業升遷上的野心的驅使。正是這些策略選擇解釋了為什麼有些社區發生了集體殺戮而另一些卻沒有。

第四個進程是社區中法律限制的解體。如果滅絕性屠殺是一個自上而下的全國性的政策，就像得到公認的納粹德國的個案，那麼討論法律議題就沒有實際意義了。因為殺人者並不預期會受到懲罰，殺人的責任完全歸咎於政策的制定者。而當不存在這類政策的時候，行兇者不懼怕來自國家的懲罰就值得研究了。這裏提出三種可能性。首先，領導者和國家可能缺乏執行現行法律的意願，因為殺人者製造出的政治恐怖有助於完成當時的政治任務。這一可能性與瓦倫蒂諾的策略模型的主張一致。該模型指出高層領導有意識地利用著恐怖。其次，領導者和國家可能沒有執行現行法律的能力。因此，發生在地方社區中的集體殺戮可能是由國家失靈而不是國家支持所致。我認為，這一可能性經常出現，特別是在一國與外敵交戰或者經歷內部混亂的時候。第三，不對違法殺人行為進行處罰可能只是行兇者的一個錯誤認知而非現實情形，這一認知基於傳達至社區的資訊線索。我認為在中國個案中，法律限制的解體是這三個可能性的綜合作用所致，其中後兩者起了更大的作用。

第五個進程是通過在和平時期的社區裏構建戰爭狀態致使道德限制的解體。一般來説，殺人行為只有在針對無可救藥的罪犯（即在一個法律與懲罰的設定之下）或者敵軍（即在一個戰場上）時才具有道德上的正當性。如前文所討論的，集體殺戮的受害者並不是因為他們的行為而是他們的身分才會遭殃。即是説，他們並非因為是罪犯才被殺，而是被當作敵人、戰時裏通外國分子，或者叛亂游擊隊成員。廣為人知的個案包括亞美尼亞種族大屠殺（信奉基督教的亞美尼亞人被指控援助外部敵人）、盧旺達大屠殺（圖西族平民被指控協助以邊境地區為根據地的圖西游擊隊）以及二戰時日本在中國實行的「三光」（燒光、殺光、搶光）政策（平民被指控為共產黨游擊隊提供庇護）。1967至1968年，中國的城市裏持續不斷地發生街鬥，製造出了一種戰時的國內環境。而農村地區的四類分子則被刻畫成城市抵抗的階級基礎。

雖然我使用社區模型這個説法，我並沒有忽略在這五個進程中極為重要的來自國家政策和制度的力量。事實上，後四個進程描述了國家制度如何在地方社區中建立基礎。之所以稱之為「社區模型」是因為它不同於採用自上而下研究視角的「國家政策模型」，並且我們需要一個對地方情況更具洞察力的新視角。在國家層次上的政治制度可以強有力地使地方社區參與到每個進程之中，但其回應是表面的還是實質性的則取決於各地的情況。

經過如此理論化之後，社區模型解釋了兩類變化：時間上的（temporal），以及橫斷式的（cross-sectional）。根據上述進程來記錄歷史可以解釋，為什麼在同樣的政治制度下，集體殺戮發生在一個特定的時間點，而沒有在此之前或者之後的大多數時間裏發生。在中國的個案中，雖然毛的統治自始至終都充滿暴力，然而不僅針對階級敵人、連家庭成員也成為目標的集體殺戮僅僅發生在1967和1968年。我對發生在1966年文革中的一系列事件，包括此前17年的政治運動的觀察記錄使得這個問題的答案變得清晰。

雖然五個進程中的前四項醞釀已久，但直到1967、1968年它們才在一些農村公社匯集起來，戰爭狀態的構建鼓譟著即將臨近的威脅。任何一個進程如果單獨出現都不會導致集體殺戮；然而它們卻一起出現並相互發生著作用。要預測一個社區是否會發生集體殺戮，所有進程缺一不可。這一推論過程受到斯梅爾瑟(Neil Smelser)關於集體行為的「增值模式」的啟發。這一討論同時遵循馬茲安(Florence Mazian)提出的一系列導致種族滅絕的增值或者積累性互動的因素。[39]近期，學者展示了這一研究邏輯在預測動員結果上的用處。舉例來說，阿門塔(Edwin Amenta)和其他一些學者發現地方上各種條件的積累效應可以被用來解釋為什麼州政府在1930年代採納聯邦的老年人政策。可瑞司(Daniel Cress)和斯諾(David Snow)的研究顯示無家可歸者集體行動的結果因一系列因素的組合效應而各有不同。[40]

對這些進程的描述也為解釋橫斷面差異提供了基礎。在這些差異中較顯著的一點是集體殺戮始終是只發生在農村的現象，而廣西和廣東是迄今為止發現的最為血腥的地區，但即使在這兩個地區內部，各地是否會發生屠殺以及個中程度也有著顯著的差異。五個進程解釋了屠殺的時機，並為分析橫斷面差異建立了合理的根據。比如說，我的研究顯示五個進程在農村社區的發展程度遠高於城市。

關於橫斷面差異的關鍵性問題是為什麼廣東和廣西，兩個本書重點研究的省份，死於集體殺戮的人數是全國最高的？導致集體殺戮的五個進程之中，有三項這兩個省份與其他省份都保持一致：劃分階級敵人、激勵潛在行兇者的積極性以及解體法律。但這兩個省份在其他兩項進程中與眾不同。比起中國其他地方，獨特的移民歷史使得生活在這兩省的人浸淫在濃重的宗族認同和相互競爭的文化之中。這一點為其餘各進程發揮其影響力提供了特別強大的基礎。在這兩個省份，另一個更為突出的因素是戰爭狀態的構建顯著且深入。派系間的暴力事件在廣東和廣西延續時間尤其長。黨中央對於遲遲無法建立革命委員會不滿。為了結束暴力局面並加速新的省政府權威的建立，國家的高層領導認可並強化了處於領導地位的派系編出的詆毀對手的陰謀論。於是抓出莫須有的陰謀製造者以及他們疑似的支持者的運動異常地殘暴。

解釋這些省級差異也需要考慮時間元素。在中國的其他地方，革命委員會已經被建立了起來，構建戰爭狀態獲得的共鳴較少，反響也較小。在廣東和廣西，文革中異常的政治軌跡可能加劇了這些進程。因為其邊境省份的戰略位置，黨中央允許廣東和廣西，以及另外三個省份，保留文革之前的領導人。這使得這兩個省份的群眾代表性較弱並且特別傾向於實行鎮壓。

通過解釋為什麼發生在廣西和廣東的屠殺會如此的駭人聽聞，可以為分析這兩個省份不同縣之間屠殺事件殘酷程度的差異打下基礎。即使在一個省內部，集體殺戮也存在著巨大的不同。我提出的社區模型中的一系列因素可以解釋這些不同。通過關注建立在宗族對抗之上的顯著的集體認同，我比較了發生在那些有著深厚宗族對抗傳統的社區與其他社區之間的集體殺戮。戰爭狀態的構建，作為導致屠殺的進程之一，解釋了為什麼一個地處偏遠的社區更容易發生集體殺戮。虛假的威脅在一個信息閉塞的社區中更容易形成。同樣的，正經歷派系鬥爭的縣更容易對中央構建的戰爭狀態產生共鳴，並且明顯會發生更多的殺人事件。

動員還是崩潰，抑或兩者皆是？

集體殺戮這個詞語部分是依照集體行動的概念來構建的；確實，集體殺戮可以被看作是一種特殊形式的集體行動。集體行動是應即性的且具有情境性的，麥克亞當、塔羅和蒂利則使用「逾越界限」一詞，以與常規的「制內的」政治相對應。[41]社區模型將集體殺戮與恒常的官僚運作區別開來，就像集體行動可以與常規的政治活動區別開一樣。對社會運動文獻熟悉的讀者會在社區模型的討論中發現兩者的相似之處。上文提到的五個進程呼應社會運動文獻中的四個主要的理論視角：集體認同（collective identity）、資源動員（resource mobilization）、政治機會結構(political opportunity structure)以及框架建構(framing)。[42]我的社區模型從中獲益良多。然而，這一研究也對社會運動理論提出了批評並進行了新的綜述。現在的運動理論傾向於將集體行動，包括它的特點和後果，闡釋成策略性動員的結果。但是，集體行動的性質本質——在這個例子裏，一個公共場所中的滅絕性屠殺——通常既可能是有意動員的結果，也可能是動員組織出現結構性崩潰所產生的預料之外的結果。

我對於既已存在的群體認同和受害者的出身的探究受益於集體認同的研究文獻。集體認同中有兩個維度尤其重要：群體界限(斷層線)以及顯著性。學者提出有三類主要的自變量：闡釋的文化框架；結構性因素，比如日常的互動網絡以及正式的組織從屬；以及情境性因素，比如關鍵性事件。[43]這個概念框架指引著我探究「可殺之人」這個類別的起源以及其他社區成員的集體認同。

我關於行兇者(包括組織者和殺人者)如何誕生的討論受到由蒂利、麥肯錫(John McCarthy)和扎德(Mayer Zald)率先提出的資源動員模型的啟發，這個模型強調政治組織以及動員結構。同時，我也跟循他們關於行動者進行策略性選擇的理論論述起點。[44]在黨國機器裏擔任一官半職或者與它關係親近的行動者有能力召集批鬥大會，包括那些當眾使用極端暴力的大會。既已存在的流動階梯塑造著他們對事業發展的考慮，並刺激他們在政治事務上表現活躍，包括加害他們的同伴。

關於法律限制與集體殺戮關係的討論則受益於麥克亞當、塔羅、扎德和其他人提出的政治機會結構理論。尤其是機會結構的兩個維度，即體制的開放性以及國家鎮壓的強度，與我的論述相關。[45]開放性方面，毛時代的社會，以階級鬥爭為綱，本質上就崇尚暴力。批鬥大會上的肉體虐待是政治生活的主要內容，但滅絕性的屠殺並不為這一體制所支持。它的出現，則證明了國家能力受損後無力阻止屠殺發生。對於制度性邏輯的進一步考察，顯示了製造階級敵人並非是為了將他們滅絕，而是讓社區有文章可做。在階級的語境下，敵對階級的存在為處理其他政治衝突提供了現實基礎。在高調的屠殺事件中，政府派出軍隊壓制屠殺，但是並非每次都能獲得成功。

最後，關於製造假象式的戰爭狀態的討論參考了包括斯諾和甘姆森(William Gamson)在內的學者提出的框架分析理論。[46]面對發生在城市裏持續不退的大規模衝突，領導者們將問題歸結為階級鬥爭，一個在毛的中國被廣為接受的主框架。為了找到快速的解決之道，領導者們通過編造陰謀的網絡，將這個主框架轉換成關於戰爭的框架。但是，領導者們只完成了框架化的三個關鍵性任務中的兩個，即分析和歸因，而將第三個任務，框架建構行動交給了地方幹部。一些社區認為責任應當歸咎於那些被貼了標籤的個人與家庭，並將集體殺戮當作具有正當性的行為。

社區模型的建立是以社會運動的文獻為基礎的，但要解釋中國的集體殺戮事件必須要超越這些理論。策略性動員，即這些理論的核心原則[47]只能解釋一半的故事；另一半則關於動員組織內部的結構性崩潰。集體殺戮源自動員和崩潰之間產生的矛盾。動員理論，就像麥克亞當承認的，可以更好地解釋社會運動的產生，但在解釋其發展和結果時卻略顯乏力。[48]研究集體行動的學者最關心的是在同一時間有多少人在場，即是說，為何有可能協調集體。集體殺戮的研究者則需要解釋為什麼公眾集會以如此極端的人類活動方式呈現。換句話說，是否出現集會並不重要，重要的是需要解釋這一集會為何會導致大屠殺。在策略的語境下，傳統的模型成功地預測了集體行動的出現：建構身分、積聚資源、尋找機會以及建構問題。至於集體行動的特徵，這些模型則無法提供很多解釋。比如說，這些模型如何將以暴力行動收尾的集會與那些和平結束的集會區分開來？策略性動員能夠解釋動員機器中的異常情況嗎？而集體行動事件的特徵常常是由這些異常情況決定的。

關於集體暴力的文獻雖多，但對這個議題卻沒有進行徹底的討論，因為在近十多年，這個領域為單一的策略範式所主導。[49]實際上，在那些為研究定下基調的先驅之中，甘姆森和麥克亞當幾乎將抗爭策略當作破壞性的同義詞，在大多數的案例中抗爭策略即意為暴力。[50]而更早前的心理崩潰模型已不再適用，因為大量的證據顯示，暴徒融入主流社會結構的程度與平和的參與者所差無幾。[51] 邁克菲爾(Clark McPhail)等學者則證明了暴力通常是由一小群庇護「目的的黑暗面」的人製造的。[52] 通過使用相似的動員模型，關於集體暴力的研究逐漸被納入廣義的集體行動的研究之中。在魯爾(James Rule)對新一代研究的綜述中，他對集體行動和「公民暴力」甚至沒有進行區分。[53]

我認為雖然動員本身為集體暴力的產生提供了土壤，然而之所以會演變成極端異常的事態，是由於動員的過程無法控制異常情況的出現。就如同一個抗議者強佔舞臺，從發言者的手上搶過麥克風。這樣的舉動被解釋為保安措施的疏忽比組織者有意識的決定更為妥當。麥克亞當認為1960年代後期在美國城市中掀起的暴亂浪潮是最後一輪的「策略創新」，但是卻鮮有證據可以證明這些策略規劃是由運動的領袖所倡導的。[54] 一旦動員組織被啟動，它的組成元素既不一定具有統一性也不會輕易地臣服於領導中央的控制。

上述觀點與中國文化大革命的案例密切相關。在文革的案例中，我認為動員組織是由龐大的黨國人事系統以及群眾積極分子組成的巨大網絡。中央、省、縣、鄉鎮和村各層級領導的利益不僅互相衝突，同樣重要的是，他們無法與處於其他層級的領導進行清晰的交流。考慮到統一和協調，上層的領導對下層的行動者實施兩種控制，即組織上的控制和信息上的控制。[55] 一些地方社區對助長階級鬥爭和戰爭狀態的框架牢記在心，這是成功的信息控制。然而，他們卻沒有對預防極端暴力的出現提前部署相應的懲罰措施，而這便要依靠組織控制。而且，在文革正酣的時候，兩種控制形式互相矛盾，對戰爭狀態的叫囂削弱了強調法律與秩序的組織程序。實際上，文革結束十年之後，屠殺中的行兇者才受到懲罰。[56] 殺人者不一定是那些游離於國家機器之外的人，恰恰相反，在一定程度上，這些人與黨國關係密切，他們更有可能認同著黨中央的框架。所以，下文所述的崩潰意指結構上而非心理上的。[57] 簡而言之，社區模型處於策略動員和結構崩潰之間。從國家的角度來看，集體殺戮既得到國家支持，又反映出國家運作的失敗，是在這兩個因素的共同作用下的結果。

這裏的論證對傳統的解釋滅絕性屠殺的國家政策模型進行了兩方面的評論。首先，在傳統模型裏，常規政治中的政策需要經過慎重的審議。而與此相反，我認為屠殺是在制度性政治之外的領域內出現的事件。國家組織確實在其中扮演了關鍵性角色，但是集體殺戮的發生代表異常的動員運動中的一個時刻，其中涉及的社會行動者未曾在官僚機構中擔任職位。集體殺戮並不是由最初有滅絕主義意圖的政策導致的，而是由普通公民解讀政策的程度所造成的。即使國家政策中並沒有滅絕主義的意圖，非滅絕性的政策也會導致滅絕性的結果，雖然可能是非直接性的結果。

其次，通過指出結構性崩潰導致滅絕性殺戮的這一維度，我否定了運作良好的國家機器會帶來既定的政策結果的預設。相反，即使國家沒有制定滅絕性的政策目標，集體殺戮仍可能發生。換句話説，集體殺戮可能不是一個強大的官僚機器理性運作的結果，而是體制內生的組織病變所致。研究組織行為的學者一直提醒我們組織的「鬆散化」(即偏離正式規則的組織行為)的現象，這一現象在大多數發達的工業化社會中普遍存在。[58]我將這一洞見運用到我們對於所謂「紅色」官僚國家的分析中。

文革研究的新視角

除了對集體殺戮進行社會學分析，我還提出了獨特的歷史敘述。現有對文革中群眾運動的研究存在三個偏差。首先，它將關注焦點放在文革最初的兩年，即1966和1967年。[59]關於紅衛兵派系鬥爭的早期文獻，通過提出有趣且有爭論性的研究問題為後繼的研究設定了議題。學者們對早期造反派背後利益團體的分類進行過激烈的辯論，並一再檢視其適用性。[60]其次，現有的研究聚焦發生在城市地區的事件，一些學者甚至錯誤地認為：文革明顯是一個發生在城市中的現象。[61]第三，研究偏重於關注群眾運動背後的利益和理念，以至於對這些行動產生的社會效果的分析不足。[62]這三個研究偏差使現有的文獻低估了文革中群眾運動的暴力性。1967年後農村中發生過的事件中，更為驚人的是個人產生的影響，這一維度幾乎沒有得到記錄，它對於理解毛時代的社會的啟示也沒有得到探討。[63]本書的目的即是填補這一空白。

官方將文革定義為：發生在1966年至1976年這十年間的動亂。然而，大規模的群眾運動以及地方官僚體系的重建集中在1966年至1969年這段時間。[64]本書便僅僅關注這初始的四年，並將這段時間劃分為三個階段。1966年早期，政治運動首先在文化和教育部門展開。最初的一波群眾運動，即紅衛兵運動，發生在大城市中的高中和大學；批鬥的目標包括老師、作家、其他知識分子以及那些在之前的運動中被揭發出有所謂「政治問題」的人。然而到了1966年後期，黨和政府的官員被指實施了「資產階級反動路線」，於是在其後更長的時間裏，他們成為了主要的批鬥目標。當時社會上普遍認為，這些人廣泛地存在於整個政治體系中，上至中央下至最底層的行政機構，從大學、工廠到農村公社。很快，群眾運動在社會的每個角落蔓延開來。到了1967年1月，群眾組織獲得了原來由地方黨國行政組織控制的職權以及組織資源。圍繞新領導權的衝突開啟了一段前所未有的政治動亂時期。

1967年1月底，文革進入第二階段，全國各地的群眾組成各類派系，彼此敵對，並爭奪由失寵的「當權者」騰出來的黨政大權。在每一個地區，這個過程都類似於一個沒完沒了的選舉爭議，只是結果不是由選票而是由群眾運動來決定。要顯示個人實力，便要在街頭發起集體行動。張貼大字報、組織武鬥大會、遊行和示威則成了日常生活的一部分。當衝突逐漸升級，各派系開始互相破壞對方的活動。群眾派系組織起民兵團體。他們配備有武器並築起街壘，進行城市巷戰。街鬥造成的死傷成了司空見慣的事。面對混亂的局面，毛澤東和黨中央恢復秩序的想法堅決，即使動用武力也在所不惜。

1967年後期及1968年早期，新政府（即革命委員會）的成立標誌著文革第三階段的開始。新政府大約維持了兩年。在一些地方，新政府是派系鬥爭的結果，而在另一些地方，新的地方領導則是由中央強行指定的。中央鼓勵各省通過支持一個群眾派系來對抗另一個。本書涉及的大多數集體殺戮並不發生在第二階段派系街鬥的最高潮時期，而是在解除動員和重構秩序的第三階段。文革至1968年底開始式微，新成立的政府有效地瓦解了群眾組織。隨著城市中心開始恢復秩序，席捲各地方社區的集體殺戮浪潮也進入尾聲。

在第一和第二階段，農村地區的參與度不如城市中心地區。[65]農民幾乎沒有向上流動的希望，所以無論誰當權對於他們的意義都差不多。在最初的階段農村地區相對平靜。[66]然而到了第三階段，國家幹部和他們在農村的代理人強迫農民作為旁觀者和武鬥的參與者加入鬥爭。這一政策利用了長久以來關於階級鬥爭的宣傳，而反動的階級基礎是所謂殘留在農村地區的有產階級。「四類分子」成為了受害者，而那些與國家幹部有關係的人加入了地方民兵組織，執行嚴刑拷打和行刑。這一政策上的變化使得農村地區數十萬人被殺害。

在接下去的章節中這個觀點將逐漸變得清晰，1966年至1969年期間，群眾運動和暴力是由三個因素，即國家動員、國家失敗以及群眾發起，共同作用所導致的結果。特別是，集體殺戮根源於一個自願參與的社區與由國家引導的戰時宣傳之間的互動。當下流行的歷史觀明確區分了「動員和造反」時期以及其後的「恢復」時期，我的上述觀點則對其形成挑戰。恩格(Jonathan Unger)等學者認為，群眾運動的早期發展得益於既有的社會分裂，是自發性的；而後期發生的迫害則是政府鎮壓的結果。[67]我的數據顯示開始於1967年後期的極端的暴力行為並不能簡單的歸結為政府鎮壓。

經歷集體殺戮的省份不僅僅是廣西和廣東。在其他地區也有備受關注的案例，包括北京、湖南、內蒙古、雲南以及青海。[68]但是，有證據顯示如果以文革中的死亡人數作為標準，這兩個省份的情況位於最嚴重之列。由於它們是處於冷戰前線的地區，與越南(當時正與美國開戰)

和香港(英國殖民地)接壤。毛澤東和黨中央為廣西和廣東設計了與眾不同的政策。在大多數的省份，中央支持一個造反派系並在此基礎上徹底重組省政府。然而在廣東和廣西，中央支持的省領導是身兼省軍區司令一職的兩位黨委書記，他們依靠親政府的群眾派系來組織新政府。

這一做法製造出了一道特殊的政治風景，新政府和它的群眾代理人獲得了不容置疑的權力。國家的迫害機制，在整個運動中沒有受到動搖。新政府可以任意使用它覺得合適的迫害方式，包括難以言喻的恐怖。同時，在城市中心，比如南寧和廣州，造反派的人數和其他省份一樣驚人。因為直到文革晚期，毛澤東和黨中央一直都採取模棱兩可的態度裁斷發生在親政府和反政府派系之間的衝突。即使在新的省革命委員會成立之後，街頭鬥爭仍然困擾著這兩座省會城市。為了解體城市中心的群眾組織同時平息武裝衝突，黨中央和省領導激化了長期存在的有關階級鬥爭的論述。混亂被認為是遍佈各處的反革命陰謀網絡的傑作。地方幹部通過圍捕村中的四類分子把這些政策變成「現實」。圍捕的依據是莫須有的罪名或者指控他們為階級敵人中的一員，需要對城市中的混亂負責。集體殺戮於是接踵而來。

普通村民變成殺害鄰居的兇手，這無疑是異乎尋常的，大概只會發生在異乎尋常的時間點。但是這種轉變背後的邏輯卻是1949年革命以後逐漸形成的。換句話說，普通的歷史時期中積累起的原因導致了特殊時間點出現的結果。在本書的研究中，我將集體殺戮置於毛澤東統治下的中國這一整段歷史時期中進行考察。理解集體殺戮也會增進我們對於整個毛時代的認識。此外，使用極端暴力手段結束社會危機也非毛政權獨有的做法。通過探究中國歷史上這一特殊時刻也有助於瞭解在其他地方相似時間點發生的特殊情況。

遵循博耶(Paul Boyer)和尼森鮑姆(Stephen Nissenbaum)的理論，我用特殊事件來解讀歷史時代。在他們1974年的經典著作《瘋狂的薩勒姆：巫術的社會起源》中提到：「我們試圖利用『普通』的歷史以及特殊的時間點這兩者之間的互動，理解創造出這些特殊時刻的時代。換句話説，我們對1692年發生的重要事件的探究就好像一個在夜裏利用閃電的陌路人：當一個地方碰巧被照亮的時候，最好還是看一看此處風景的輪廓。」[69]本書希望用1967年和1968年在中國農村發生的事件來照亮毛時代的中國。

研究設計以及資料來源

我關注兩種類型的變量：時間維度上以及地域維度上。換句話説，我想探究為什麼集體殺戮發生在1967年和1968年而非其他年份，以及為什麼它會發生在一些社區而非另一些。時間維度上的發展會在歷史敘述中涉及，這部分將從1950年代的土改開始説起。毛政權雖然有著暴力性的本質，也發生過幾次群眾處決，但直到文革第二年才發生了滅絕性的殺戮。在農村地區，針對四類分子的暴力欺凌始於土改。從那時開始，體制開始對組織者和行兇者予以政治上的獎勵和事業上的願景。不過，直到文革時期，地方政府進行了徹底的改造，特別是製造出等同於內戰的狀態之後，暴力行為才升級成了屠殺，甚至被害者的家人也受到了牽連。這是長期制度實踐和可使該實踐加速惡化的情境因素共同作用的結果。

如上文提及的，之前的研究將國家作為一個整體，且僅在這一層次檢視集體殺戮。而我的研究設計定位在發生了最為嚴重的集體殺戮的地域。[70]我解釋了為什麼在統一的全國性政策之下，一些社區的死亡數字高得驚人，另一些則未受影響。可以明確的是，涉及到集體殺戮這個議題，全國的情況並不一致。在廣東和廣西，集體殺戮很普遍。而在湖北，根據縣誌的記載，基本上沒有發生滅絕性屠殺事件。因此我把湖北作為對比省份。我認為之所以會形成這樣的差異是因為文革群眾運動的發展軌跡在這兩類省份中迥然不同。集體殺戮主要發生在縣以下鄉鎮和村一級行政區域，而非大城市或者城鎮。在縣一級，廣東和廣西大約只有一半的縣經歷了集體殺戮。而從縣的內部來看，集體殺戮集中發生在少數的鄉鎮和村(大多數的公社得以倖免)。這些地域上的模式，以及組織者和殺人者均為受害者的鄰居而非身穿制服的士兵這一事實，對「國家政策模型」的觀點提出了質疑，卻支持了我的「社區模型」。在隨後的幾個章節中，我使用縣級數據來驗證一系列衍生自這兩個理論模型的假設。比如，如果國家政策模型的觀點是正確的，在那些共產黨員密度更大，離政治中心越近的縣，發生集體殺戮的可能性應該更高。(然而，我的分析發現真實情況與此恰恰相反。)

本書以檔案研究和訪談資料為寫作的基礎，使用的證明材料主要有三個來源。首先是縣誌中對於歷史事件的系統記錄(雖然較少)。我收集了超過了1,500個縣中發生的不同形式的文革暴力行為。我還使用了廣東、廣西和湖北三省182個縣的資料以進一步研究1967年至1968年間發生的集體殺戮事件。縣誌是由官方編纂和出版的，其中的記錄無可爭辯地說明集體殺戮在廣東和廣西是一個普遍的現象。

一系列流傳在外的內部報告，充實了有關廣東和廣西集體殺戮的數據。它們大多未經出版。就像正式出版的縣誌中收錄的資料一樣，這些內部文件中提到的信息最初來自於文革後的調查。如果說縣誌中關於暴行的描述受限於報道方式，內部文件中的描述則極為詳盡。集體殺戮的記錄中包括有受害者、受害地點、行兇者以及殺人方式的詳細信息。這些記錄不僅顯示縣誌中的相關內容大大低估了暴力的規模，同時也有助我們瞭解屠殺事件的機制。

第三個數據來源是我在2006年和2007年進行的訪談。我三次走訪了這兩個省份，與約30位來自廣西M縣、C縣以及廣東X縣和W縣的受訪者見面。受訪者中有過去的縣領導、縣誌編纂者、黨員、民兵以及出身於地主家庭的倖存者。我提出的問題並不僅針對他們在1960年代文革期間的經歷，而是鼓勵他們回憶自1949年以來的人生歷程。他們的故事提供了從土改至文革，農民公社情況的背景資料。[71]

全書內容概述

我用兩章的篇幅描述文革時期發生的集體殺戮。在中間的章節，我會進行詳盡全面的歷史性綜述，以闡明導致集體殺戮的五個進程。這些中間的章節涉及一個相當長的時期，遠及文革前兩千年的秦朝。但是論述會很快談及集體殺戮發生的前夕，更多的筆墨將放在描述1949年之後毛政權的情況，以及1966年文革開始之後的歲月。

在第二章(記錄)中，我依據縣誌中的數據和內部文件中的內容確定了集體殺戮的規模。從1967年的10月開始，手無寸鐵的平民——大部分是四類分子以及他們的家人——被當眾行刑，這造成了數十萬的死亡。我首先通過縣誌記錄來評估集體殺戮的規模，這部分記錄比其他可參考的資料中的相關內容少。然後我會引用內部文件，其中提供了更加全面的描述。我也會指出有關迫害的資料是如何編纂而成的。1978年底召開十一屆三中全會之後，與全國的其他地方一樣，廣東和廣西開始徹底調查文革中的「冤、假、錯」案。死亡數字經過精心計算以相吻合，倖存者的家屬獲得賠償，該承擔責任的人受到懲罰。雖然調查的大部分內容沒有被寫入縣誌，但許多幸而留存下來的內部文件證明了屠殺的規模。通過比對兩種文件，我揭示了一系列有關事實的疑問，主要關於受害者是在何時何地被發現的。在一些省份和地域，屠殺波及面更廣。

第三章(社區與文化)中，我介紹了四個縣的倖存者和見證者。在為聯合國的一個農村發展項目訪談了地方官員之後，我得以編列了一張訪談者的名單，可以通過口述史的方式去記錄他們在那些恐怖歲月裏的經歷。我還檢視了傳統宗族的特性：它們的歷史淵源以及現時的重要性。漢族內部的次民族族群之間漫長的競爭歷史塑造了宗族認同，這種認同也是個人對非我族類懷有敵意這一情況的文化基礎。宗族競爭以及長久以來形成的暴力文化是1949年後地方上助長政治暴力的條件，村民們原本包裹著「糖衣」的、長期形成的族群仇恨，與新的關於階級的宣傳相結合。我的數據顯示宗族競爭性文化的強烈程度很好地解釋了在文革期間不同少數族群發生集體殺戮的差異。

在第四章(階級敵人)，我研究了1949年後對階級敵人的社會構建以及其後的政治運動。證據指出煽動性的階級言論與群眾動員之間的關聯。一般觀點認為共產主義國家中的迫害是階級滅絕的意識形態導致的結果，即階級屠殺。與此相反，第四章表明集體殺戮是人為製造出的階級分野的結果。

第五章(毛時代的普通人)中，我定義了組織者、殺人者和授權者，並探究了他們的動機。我還研究了農村公社中的社會動員機制。政治績效體系的重要性導致過度順從，於是地方官員和民兵領導將實施集體殺戮作為一種策略性的選擇。毛時代政治體制的組織病象致使處於上層的政治權威無法遏制下層日益激進化的傾向。

在第六章(解體法律)，我研究了農村公社中法律限制的崩潰。通常殺人的權力在國家手中，但是在一些政治運動中，國家和群眾的邊界變得模糊。這個傾向重構了社會秩序，從罪與罰的常規轉變成生與死的階級鬥爭。我檢視了中華人民共和國成立早年從法治向「動員體制」轉變的過程。進而考察了與文革中的群眾運動有關的、那些拆解再重組地方政府的事件。屠殺正是發生在法律真空，同時階級鬥爭正酣的情況下。

第七章(建構戰爭)中，我記錄了1967年至1968年間戰時的氛圍如何在廣西和廣東兩省彌漫。這一發展解除了農村公社在實施殺戮上的道德限制。在城市中心區域，國家政策為了終結大規模武裝衝突採用了一種戰爭語言，即號召人們攻擊假想的敵人。而在農村地區，當地方幹部組織屠殺四類分子的時候，這種號召卻被當作現實：四類分子只因其階級基礎，便被認為是可疑的陰謀團體並進行著反動的行為。

在第八章(殺戮的方式)，我描述了集體殺戮的模式。我提及為什麼屠殺總在農村發生，為什麼廣西和廣東會成為最為血腥的省份以及為什麼在湖北沒有發生屠殺事件。由此，我分析了縣一級屠殺的模式。我利用三個省份縣級的系統性數據，加上縣誌中的信息，發展出一組變量來測量縣的人口、社會和政治特徵。所以，我能夠仔細觀察並記錄集體殺戮事件社會地理上的情況，而最終呈現出的模式回答了重要的問題。比如，屠殺是更容易發生在城市中心還是那些偏遠地區？一個地區黨員的密度是否對屠殺事件有影響？

在第九章（理解眾目睽睽下的暴行），即尾章中，我對前述章節進行了總結並論及毛澤東時代中國的人際關係。最後我論述了這一歷史事件對於我們在廣義上理解種族滅絕和大屠殺理論的啟示。

注 釋

1 與沙凱平夫婦的私人訪談。為保護資料提供者，書中使用的均為假名，只有在相關人名、地名已經發表或在官方記錄中可以查到時，我保留了其真實名稱。

2 Andrew Walder and Yang Su, "The Cultural Revolution in the Countryside: Scope, Timing and Human Impact," *The China Quarterly* 173 (2003), pp. 75–99.

3 我在中國進行田野調查時，並沒有得到小江村屠殺情況的官方數據。但是1994年出版的《江華縣誌》中有一個關於1967年「非法殺人」情況的條目，顯示這些事件造成全縣共743人死亡。其中很可能包括6名小江村的村民。與其他縣誌一樣，《江華縣誌》由地方政府編纂出版。我會在第二章中更詳細地介紹縣誌的情況。

4 Peter Maass, *Love Thy Neighbor: A Story of War* (London: Papermac, 1996), p. 14.

5 《廣西文革大事年表》，未發表文件。

6 同上。

7 與杜政義的私人訪談，2006。

8 Daniel Jonah Goldhagen, *Hitler's Willing Executioners: Ordinary Germans and the Holocaust* (London: Little, Brown and Co., 1996).

9 與杜政義和杜建強的私人訪談。

10 Marion Lena Starkey, *The Devil in Massachusetts: A Modern Enquiry into the Salem Witch Trials* (Garden City, NY: Doubleday & Co., 1969); Paul S. Boyer and Stephen Nissenbaum, *Salem Possessed: The Social Origin of Witchcraft* (Cambridge, MA: Harvard University Press, 1974); Mary Beth Norton, *In the Devil's Snare: The Salem Witchcraft Crisis of 1692* (New York: Alfred A. Knopf, 2002).

11 Jan Tomasz Gross, *Neighbors: The Destruction of the Jewish Community in Jedwabne,*

Poland (Princeton, NJ, and Oxford, England: Princeton University Press, 2001). 確切的數字在後來的記錄中出現爭議，一份由波蘭歷史學家的報告更是提出了強有力的質疑。參見Antony Polonsky and Joanna B. Michlic, *The Neighbors Respond: The Controversy over the Jedwabne Massacre in Poland* (Princeton, NJ, and Oxford, England: Princeton University Press, 2004).

12 Philip Gourevitch, *We Wish to Inform You That Tomorrow We Will Be Killed with Our Families: Stories from Rwanda* (New York: Farrar, Straus and Giroux, 1998).

13 Michael Mann, *The Dark Side of Democracy: Explaining Ethnic Cleansing* (New York: Cambridge University Press, 2005).

14 後文將會詳細解說。

15 David Andress, *The Terror: The Merciless War for Freedom in Revolutionary France* (New York: Farrar, Straus and Giroux, 2006); David Andress, *The Terror: Civil War in the French Revolution* (London: Abacus, 2006). 不過這個例子或許並不那麼清晰。一些學者認為屠殺是因各股競爭性勢力互相刺激，使各方都更加激進化所致。

16 儘管有這一系列的互動，但極少人會認為私刑的存在可以簡單歸結為國家失靈。相反，國家在多方面都可被視為幫兇。它支持南方白人佔領所有的政府和法院職位，對其代理人的「無能」視而不見，也沒有對行兇者施壓以遏制私刑的再次發生。參見James R. McGovern, *Anatomy of a Lynching* (Baton Rouge: University of Louisiana Press, 1982); Fitzhugh W. Brundge, *Lynching in the New South: Georgia and Virginia, 1880–1930* (Urbana: University of Illinois Press, 1993).

17 恰克（Frank Chalk）和喬納森（Kurt Jonassohn）對自人類歷史早期開始，歷代屠殺平民現象進行了詳細的描述。Frank Robert Chalk and Kurt Jonassohn, *The History and Sociology of Genocide: Analyses and Case Studies* (New Haven, CT: Yale University Press, 1990). 另參考Mann, *The Dark Side of Democracy.*

18 兩本選集中的文章對「種族滅絕」以及與之相關的各種概念做了綜述。參見Chalk and Jonassohn, *The History and Sociology of Genocide*; George J. Andreopoulos and Harold E. Selesky, *The Aftermath of Defeat: Societies, Armed Forces, and the Challenge of Recovery* (New Haven, CT: Yale University Press, 1994). 另參考Samantha Power, *A Problem from Hell: America and the Age of Genocide* (New York: Basic Books, 2002).

19 Benjamin Valentino, *Final Solutions: Mass Killing and Genocide in the Twentieth Century* (Ithaca, NY: Cornell University Press 2004), pp. 10–11.

20 Barbara Harff and Ted Robert Gurr, "Toward Empirical Theory of Genocides and Politicides: Identification and Measurement of Cases since 1945," *International Studies Quarterly* 32, no. 3 (1988), pp. 359–371; Barbara Harff, "No Lessons Learned from the Holocaust? Assessing Risks of Genocide and Political Mass Murder since 1955," *The American Political Science Review* 97, no. 1 (2003), pp. 57–73; R. J. Rummel, *China's Bloody Century: Genocide and Mass Murder since 1900* (New Brunswick, NJ: Transaction Publishers, 1991); R. J. Rummel, *Never Again: Ending War, Genocide, & Famine through Democratic Freedom* (Coral Springs, FL: Lumina Press, 2005); Mann, *The Dark Side of Democracy*.

21 Raul Hilberg, *The Destruction of the European Jews* (New York: Holmes & Meier, 1985), pp. 994–995.

22 Hannah Arendt, *Eichmann in Jerusalem: A Report on the Banality of Evil* (London: Penguin, 2006).

23 Herbert C. Kelman and V. Lee Hamilton, *Crimes of Obedience: Toward a Social Psychology of Authority and Responsibility* (New Haven, CT, and London: Yale University Press, 1989), pp. 1–20.

24 Harff, "No Lessons Learned from the Holocaust?"; Barbara Harff and Ted Robert Gurr, "Toward Empirical Theory of Genocides and Politicides: Identification and Measurement of Cases since 1945."

25 Valentino, *Final Solutions*.

26 Raul Hilberg, *The Destruction of the European Jews*.

27 Goldhagen, *Hitler's Willing Executioners*.

28 Gourevitch, *We Wish to Inform You That Tomorrow We Will Be Killed with Our Families*.

29 Straus, *The Order of Genocide: Race, Power, and War in Rwanda* (Ithaca, NY: Cornell University Press, 2006).

30 George J. Andreopoulos and Harold E. Selesky, *The Aftermath of Defeat: Societies, Armed Forces, and the Challenge of Recovery*.

31 Gross, *Neighbors*.

32 羅斯（Lee Ross）和尼斯比特（Richard Nisbett）在他們的書中對最先的三項實驗進行了回顧。Lee Ross and Richard Nisbett, *The Person and the Situation: Perspectives of Social Psychology* (Philadelphia, PA: Temple University Press, 1991). 關於斯坦福監獄實驗，參見 K. Musen & P. G. Zimbardo, *Quiet Rage: The Stanford Prison Study* (videorecording) (Stanford, CA: Psychology Department, Stanford

University, 1995).

33 Lee Rose and Richard Nisbett, *The Person and the Situation: Perspectives of Social Psychology*.

34 Doug McAdam, Sidney G. Tarrow, and Charles Tilly, *Dynamics of Contention* (New York: Cambridge University Press, 2001), pp. 7–8.

35 Valentino, *Final Solutions*.

36 這個術語借用自Scott Straus, *The Order of Genocide: Race, Power and War in Rwanda*, p. 9.

37 Helen Fein, *Accounting for Genocide: National Responses and Jewish Victimization during the Holocaust* (New York: Free Press, 1979). 另參考：Leo Kuper, *Genocide: Its Political Use in the Twentieth Century* (New Haven, CT: Yale University Press, 1981); Leo Kuper, *The Prevention of Genocide* (New Haven, CT: Yale University Press, 1985), p. 182; Florence Mazian, *Why Genocide?: The Armenian and Jewish Experiences in Perspective* (Ames: Iowa State University Press, 1990).

38 Valentino, *Final Solutions*.

39 Neil J. Smelser, *Theory of Collective Behavior* (New York: Free Press, 1962); Florence Mazian, *Why Genocide?: The Armenian and Jewish Experiences in Perspective*.

40 Edwin Amenta, Neal Caren, and Sheera Joy Olasky, "Age for Leisure? Political Mediation and the Impact of the Pension Movement on U.S. Old-Age Policy," *American Sociological Review* 70, no. 3 (2005), pp. 516–538; Daniel M. Cress and David A. Snow, "The Outcomes of Homeless Mobilization: The Influence of Organization, Disruption, Political Mediation, and Framing," *American Journal of Sociology* 105, no. 4 (2000), pp. 1063–1104. 這一系列的討論回應了查爾斯·拉金提出的組態因果關係(configurational casulaity)，參見Charles C. Ragin, *The Comparative Method: Moving beyond Qualitative and Quantitative Strategies* (Berkeley: University of California Press, 1987); Charles C. Ragin, *Fuzzy-Set Social Science* (Chicago: University of Chicago Press, 2000).

41 McAdam, Tarrow, and Tilly, *Dynamics of Contention*, pp. 4–8.

42 後三個概念在社會運動理論的研究領域裏至關重要。最為全面的討論和分析請參見 Doug McAdam, John D. McCarthy, and Mayer N. Zald, *Comparative Perspectives on Social Movements: Political Opportunities, Mobilizing Structures, and Cultural Framings* (New York: Cambridge University Press, 1996); Sidney G. Tarrow, *Power in Movement: Social Movements, Collective Action and Politics* (New York: Cambridge University Press, 1994); Sidney G. Tarrow, *Power in Movement: Social*

Movements, Collective Action, and Politics (Cambridge: Cambridge University Press, 1998); and McAdam, Tarrow, and Tilly, *Dynamics of Contention*. 集體認同的研究有長期的傳統，近年興起的「身分運動」，比如同性戀運動給了這一研究脈絡新的動力。對這方面研究的最新綜述，參見Francesca Polletta and James M. Jasper, "Collective Identity and Social Movements," *Annual Review of Sociology* 27 (2001), pp. 283–305.

43 Polletta and Jasper, "Collective Identity and Social Movements;" David A. Snow, *Collective Identity and Expressive Forms* (Irvine, CA: Center for the Study of Democracy, 2001); Roger V. Gould, *Insurgent Identities: Class, Community, and Protest in Paris from 1848 to the Commune* (Chicago: University of Chicago Press, 1995).

44 John D. McCarthy and Mayer N. Zald, "Resource Mobilization and Social Movements: A Partial Theory," *American Journal of Sociology* 82, no. 6 (1977), pp. 1212–1241; John D. McCarthy, "Constraints and Opportunities in Adopting, Adapting, and Inventing," in Doug McAdam, McCarthy, and Zald (eds.), *Comparative Perspectives on Social Movements*, pp. 141–151; Doug McAdam, *Political Process and the Development of Black Insurgency, 1930–1970* (2nd Edition) (Chicago: University of Chicago Press, 1999); Sidney G. Tarrow, *Power in Movement: Social Movements, Collective Action and Politics* (New York: Cambridge University Press, 1994).

45 Doug McAdam, "Political Opportunities: Conceptual Origins, Current Problems, Future Directions," in McAdam, McCarthy, and Zald (eds.), *Comparative Perspectives on Social Movements*, pp. 24–40; Tarrow, *Power in Movement*.

46 關於框架的最初形成，框架分析以及不同框架間的轉換的討論，參見 David A. Snow, E. Burke Rochford, Jr., Steven K. Worden, and Robert D. Benford, "Frame Alignment Processes, Micromobilization, and Movement Participation," *American Sociological Review* 51, no. 4 (1986), pp. 464–481. 關於主框架的概念，參見David A. Snow and Robert D. Benford, "Master Frames and Cycles of Protest," in A. D. Morris and C. M. Mueller (eds.), *Frontiers in Social Movement Theory* (New Haven, CT: Yale University Press, 1992), pp. 133–155. 關於研究與辯論的詳細回顧，參見Robert D. Benford and David A. Snow, "Framing Processes and Social Movements: An Overview and Assessment," *Annual Review of Sociology* 26 (2000), pp. 611–639.

47 柯漢在對當代社會運動文獻的批判性分析中，認為以資源動員為代表的模型是一種「策略範式」。參見Jean L. Cohen, "Strategy or Identity: New

Theoretical Paradigms and Contemporary Social Movements," *Social Research* 52 (1985), pp. 663–716.

48 Doug McAdam, "Political Opportunities: Conceptual Origins, Current Problems, Future Directions," pp. 24–40.

49 這是柯漢在1985年的著作中使用的一個概念。參見Jean L. Cohen, "Strategy or Identity: New Theoretical Paradigms and Contemporary Social Movements."

50 William A. Gamson, *The Strategy of Social Protest* (Homewood, IL.: Dorsey Press, 1975); Doug McAdam, "Tactical Innovation and the Pace of Insurgency," *American Sociological Review* 48, no. 6 (1983), pp. 735–754.

51 對這方面文獻精采的回顧，參見Clark McPhail, "The Dark Side of Purpose: Individual and Collective Violence in Riots," *The Sociological Quarterly* 35, no. 1 (1994), pp. 1–32. 關於其他觀點，參見 David L. Miller, Kenneth J. Mietus, and Richard A. Mathers, "A Critical Examination of the Social Contagion Image of Collective Behavior: The Case of the Enfield Monster," *Sociological Quarterly* 19, no. 1 (1978), pp. 129–140; Frances Fox Piven and Richard A. Cloward, *Poor People's Movements: Why They Succeed, How They Fail* (New York: Pantheon Books, 1977); Bert Useem, "Disorganization and the New Mexico Prison Riot of 1980," *American Sociological Review* 50, no. 5 (1985), pp. 677–688.

52 Clark McPhail, "Civil Disorder Participation: A Critical Examination of Recent Research," *American Sociological Review* 36, no. 6 (1971), pp. 1058–1073; Clark McPhail and David Miller, "The Assembling Process: A Theoretical and Empirical Examination," *American Sociological Review* 38, no. 6 (1973), pp. 721–735; Clark McPhail, "The Dark Side of Purpose: Individual and Collective Violence in Riots."

53 James B. Rule, *Theories of Civil Violence* (Berkeley: University of California Press, 1988).

54 McAdam, "Tactical Innovation and the Pace of Insurgency."

55 這一分類方法受到弗蘭茲·舒曼1968年出版的著作中從組織和意識形態角度剖析黨國的經典論述的啟發。參見Franz Schurmann, *Ideology and Organization in Communist China* (Berkeley: University of California Press, 1968).

56 舉一個美國讀者熟悉的例子，布什政府在反恐戰爭中對「敵方戰鬥人員」的宣傳被美軍士兵們牢記在心，這便是成功的情報控制。這也助長了伊拉克戰爭期間，類似阿布格萊布監獄虐囚事件（the Abu Ghraib prisoner abuses）和哈迪塞屠殺事件（the Haditha civilian killings）這樣根源於組織控制失敗案例的發生。

57 參見第九章對這一觀點的詳細分析。

58 John W. Meyer, John Boli, George M. Thomas, Francisco O. Ramirez, "World Society and the Nation-State," *The American Journal of Sociology*, vol. 103, no. 1 (July 1997), pp. 144–181; Stanley Baiman, Paul E. Fischer, and Madhav V. Rajan, "Performance Measurement and Design in Supply Chains," *Management Science*, vol. 47, no. 1, *Design and Development* (January 2001), pp. 173–188.

59 迄今為止，對研究文化大革命的文獻最權威的綜述參見Joseph Esherick, Paul Pickowicz, and Andrew G. Walder, *The Chinese Cultural Revolution as History* (Stanford, CA: Stanford University Press, 2006), pp. 1–28.

60 參見Hong Yung Lee, *The Politics of the Chinese Cultural Revolution: A Case Study* (Berkeley: University of California Press, 1978); Anita Chan, Richard Madsen, and Jonathan Unger, *Chen Village: The Recent History of a Peasant Community in Mao's China* (Berkeley: University of California Press, 1984); Andrew G. Walder, "Beijing Red Guard Factionalism: Social Interpretations Reconsidered," *Journal of Asian Studies* 61, no. 2 (2002), pp. 437–471. 此外還有一些新的研究追蹤中國其他主要城市在整個文革期間的情況，參見Keith Forster, *Rebellion and Factionalism in a Chinese Province: Zhejiang, 1966–1976* (Armonk, NY, and London: Sharpe, 1990); Elizabeth J. Perry and Xun Li, *Proletarian Power: Shanghai in the Cultural Revolution* (Boulder, CO: Westview, 1997); Shaoguang Wang, *Failure of Charisma: The Cultural Revolution in Wuhan* (Hong Kong: Oxford University Press, 1995); Guobin Yang, "China's Red Guard Generation: The Ritual Process of Identity Transformation, 1966–1999," PhD diss., New York University, 2000.

61 Richard Baum, "The Cultural Revolution in Countryside: Anatomy of a Limited Rebellion," in Thomas W. Robinson and R. Baum (eds.), *The Cultural Revolution in China* (Berkeley: University of California Press, 1971), pp. 367–476. 另參考Jonathan Unger, "Cultural Revolution Conflict in the Villages," *The China Quarterly* 153, no. (1998), pp. 82–106. 對此強有力的反駁，參見Walder and Su, "The Cultural Revolution in Countryside"; Yang Su, "State Sponsorship or State Failure? Mass Killings in Rural China, 1967–68" (Irvine, CA: Center for the Study of Democracy, University of California, 2003); Yang Su, "Mass Killings in the Cultural Revolution: A Study of Three Provinces," in Joseph W. Esherick, Paul G. Pickowicz, and Andrew G. Walder (eds.), *China's Cultural Revolution as History* (Stanford, CA: Stanford University Press, 2006).

62　我認同Walder的觀點，參見Andrew G. Walder, "Cultural Revolution Radicalism: Variations on a Stalinist Theme," in William Joseph, Christin Wong, and David Zweig (eds.), *New Perspectives on the Cultural Revolution, Harvard Contemporary China Series* (Cambridge, MA: Council on East Asian Studies, Harvard University, Harvard University Press, 1991), pp. 41–61.

63　同時參見Walder and Su, "The Cultural Revolution in Countryside"; Su, "State Sponsorship or State Failure?"; and Su, "Mass Killings in the Cultural Revolution."

64　若要瞭解運動的歷史，可參考王年一：《大動亂的年代》(河南:河南人民出版社，1988)。對於發生在大城市的事件的記錄，參見Hong Yung Lee, *The Politics of the Chinese Cultural Revolution: A Case Study* (Berkeley: University of California Press, 1978); Elizabeth J. Perry and Xun Li, *Proletarian Power: Shanghai in the Cultural Revolution* (Boulder, CO: Westview, 1997); Wang Shaoguang, *Failure of Charisma: The Cultural Revolution in Wuhan* (Hong Kong: Oxford University Press, 1995); 海楓：《廣州地區文革歷程述略》(香港：友聯研究出版社，1972)。文革在農村的情況，參見Richard Baum, "The Cultural Revolution in Countryside: Anatomy of a Limited Rebellion," in Thomas W. Robinson and Richard Baum (eds.), *The Cultural Revolution in China* (Berkeley: University of California Press, 1971), pp. 367–476; Walder and Su, "The Cultural Revolution in Countryside"; and Su, "State Sponsorship or State Failure?" 隨後的幾個段落參考了上述文獻。

65　Walder and Su, "The Cultural Revolution in Countryside."

66　Jonathan Unger, "Cultural Revolution Conflict in the Villages," *The China Quarterly* 153 (1998), pp. 82–106; Baum, "The Cultural Revolution in Countryside."

67　Jonathan Unger, "The Cultural Revolution at the Grassroots," *The China Journal*, no. 57, January 2007, pp. 109–137.

68　宋永毅編：《文革大屠殺》(香港：《開放雜誌》社，2002)。

69　Paul S. Boyer and Stephen Nissenbaum, *Salem Possessed: The Social Origins of Witchcraft* (Cambridge, MA: Harvard University Press, 1974), p. xii.

70　儘管在種族滅絕的研究中，跨單位分析並不常見。除了如費恩的著作*Accounting for Genocide*，以及施特勞斯的*The Order of Genocide*以外，在集體暴力的研究中，歷來已久的學術傳統是對國家層次以下的地區進行定量分析。我的研究受到了開拓性研究的影響，如Charles Tilly, *The Vendee* (Cambridge, MA: Harvard University Press, 1964); John Markoff, "The Social Geography of Rural Revolt at the Beginning of the French Revolution," *American*

Sociological Review 50 (1985), pp. 761–781; *The Abolition of Feudalism: Peasants, Lords and Legislators in the French Revolution* (University Park, PA: Pennsylvania State University Press, 1997); and recent studies such as Stathis N. Kalyvas, *The Logic of Violence in Civil War* (New York: Cambridge University Press, 2006); and Elisabeth J. Wood, *Insurgent Collective Action and Civil War in El Salvador* (New York: Cambridge University Press, 2003).

71 除了這三個主要的來源外，我還參考了其他的出版資料，其中最重要的包括由章成撰寫的關於湖南屠殺情況的詳細記述，以及名為《廣西文革大事年表》的文件（未出版）。關於發生在廣東省會的文革事件，我參考了海楓的《廣州地區文革歷程述略》（香港：友聯研究出版社，1972）。便於比較，我還參考了王紹光的 *Failure of Charisma: The Cultural Revolution in Wuhan*。

第2章

記錄

雖然直到中國政府公開檔案，才有可能對文化大革命(下稱文革)中的死亡數字進行完整準確的評估，但現有的出版物和文件無疑已經顯示文革期間曾發生過大規模的集體殺戮。[1]文革之後的那幾年，在國家經歷重要政治轉型的過程中，地方政府曾對文革中的暴行進行了全面的調查。但由於新的政治氣氛加諸的限制更多，相關報告迅速被塵封並歸入保密級別。不過統計數據和事件的描述記錄還是出現在了各種官方出版物上。

在這些出版物中，縣誌和省誌中的記錄最為系統。但這些材料必須謹慎處理，因為它們都經過嚴格的官方審查。這些報告的編纂者都收到指示，不能對政治運動的「負面材料」「著墨太多」，在大多數情況下他們也是依照規定執行的。儘管如此，相關文件仍然是極有價值的材料。這些主要在八十年代中期收集的數據，幾乎涵蓋了中國所有的省份。在本書中使用的統計數據便來自這些報告，我將它們作為估計集體殺戮事件數量的基準線。不幸的是，記錄有更多內情的文件尚未能向公眾或者學術機構公開。不過有些文件間或會流出給研究者。

在這一章，我會藉助地方誌和內部報告這兩類書面材料中的信息構建關於集體殺戮的案例。縣誌是主要的資料來源，其中大多在1980年代後期或者1990年代早期出版。它們提供了關於發生的時間、規模、受害者的身分以及事件發生先後順序的系統性描述。縣誌中的資料清楚地顯示集體殺戮曾席捲全國，特別是在本書主要關注的兩個省份：廣東和廣西。在這兩個省份，超過半數的縣曾發生過集體殺戮。使用縣誌中的材料也可以分析集體殺戮的時間點，這也算不上是機密的信息。這一分析有助於形成這樣的認識，即文革中絕大多數的死亡是殺戮而非武鬥導致的，同時也有助於確定殺戮發生時間的模式。不過，縣誌低估了集體殺戮真正的嚴重性。

內部流傳出來的報告則部分彌補了上述問題。這些內部報告因各種機緣巧合而曝光。（關於廣西文革，一直有大量內部報告流傳，加州州立大學洛杉磯分校宋永毅教授於2016年主編出版了資料專輯，共有36卷之多。——譯注）這些報告只涉及一些區域，且無法像縣誌中提供的資料那樣建構出一個系統的框架，但兩者的結合則明顯有助於我們理解文革中發生在農村地區的集體殺戮的相當一部分情況。可以説，縣誌讓我們瞭解集體殺戮的廣度，而內部材料使我們窺見這些悲劇的嚴重程度。

本章的部分內容聚焦有關文革中死亡的廣泛調查如何能夠載入縣誌。相關內容顯然經過相當的粉飾，然而通過對比被審查過的資料和較少審查痕跡的政府內部文件還是能得出一些合理的推論。這些推論包括：被殺人數、被殺的時間和地點、原因以及受害者的身分。我對這些令人震驚的殺人行為的相關人數、形式以及時間做了相當完整的描述，尤其是對發生在廣東和廣西的事件進行了具體詳細的檢視。我還對比了在這兩個血腥省份發生的事件與發生在湖北的事件。在湖北，集體殺戮的廣泛程度遠遠比不上廣東和廣西。

整體圖景

基於1,530本縣誌中提供的資料，魏昂德與我估計，文革中農村的死亡人數介於492,000至1,970,000之間。[2]關於全國發生的暴力事件的估計，在一份未經過嚴格審查的報告，即一本中共中央黨史研究室編纂的書中這樣寫道：

> 1984年5月，經過兩年又七個月徹底的調查和查證，中國共產黨中央委員會有關文革的新匯總數據如下：「4,200,000人被拘留並接受調查；1,728,000人被殺，其中13,500人以反革命罪被處決；237,000人死於群眾派系武鬥；7,030,000人受重傷；71,200個家庭被完全消滅。」[3]

所以，至少一份官方文件顯示，大約有150萬人並非死於武鬥或法律懲罰。如本書顯示的，大部分的死亡可以被認為是農村地區的集體殺戮所致。而且，從1967年後期開始，絕大多數的集體殺戮發生在文革的第三階段，這正是「革命委員會」，即新的地方執政組織在農村各地成立的時間。

其他出版的文件顯示，廣東和廣西兩個省份發生集體殺戮的範圍尤其廣泛。1998年出版的廣西省誌記載，文革中全省「被迫害和濫殺」致死的人數為80,000人，還不包括死於群眾派系街頭武鬥中的3,000人。[4]在廣東，據2004年出版的省誌上記載「因亂打亂殺、亂揪亂鬥而造成非正常死亡的42,237人」。[5]綜上所述，廣西共有80,000宗殺戮，廣東有42,237宗，全國則為1,500,000宗。這些數字雖然已很驚人，卻仍可能低估了文革屠殺的真正規模。

1967和1968年，在廣東和廣西，可能還有其他地方，記錄在冊的「非自然」死亡主要是由農村地區的集體殺戮導致的。隨著本章的展開，這一點將會得到更清楚的呈現。在早前一個基於縣誌的研究中，魏昂德和我提出1967年1月奪權運動發生之前，因迫害致死的情況很少見，而在縣革命委員會成立之前武鬥的死亡人數也不多。[6]在廣西，共有80,000宗死亡，而因武鬥致死的為3,000宗；而在全國，共有1,728,000宗死亡，237,700宗因武鬥致死。這兩組比例顯示武鬥引起的死亡數量與源於其他原因的死亡數量相形見絀。而所謂「其他原因」幾乎全部可以歸結為我所定義的集體殺戮。這一謀殺形式，並不是簡單的嚴厲的法律懲罰、極其狂熱的公開羞辱批鬥大會上的意外或者是武鬥的致命結果。如果這一推理可以成立，那麼官方的全國性的集體殺戮死亡人數估計為150萬，即是將文革中總的死亡人數減去因武鬥而致死的人數(即1,728,000 - 237,700 = 1,490,300)。

利用縣誌記錄集體殺戮

在進一步分析集體殺戮之前，需要指出它們與文革中其他死亡形式之間的一些區別。基於瓦倫蒂諾提出的大屠殺的概念，我將集體殺戮定義為：故意殺害任何群體(或者把一些人當作一個群體，其成員性質由行兇者界定)中相當數量的非戰人員的行為。[7]有必要對這一定義中包含的元素進行說明。首先，受害者的定義基於假設性的某團體的「成員身分」，而不是對行兇者的即時威脅。在文革期間，目標團體的成員很大程度上取決於所謂的政治罪行或者家庭背景。其次，行兇者必須有殺人的意圖；這一點將集體殺戮與文革中因其他原因導致的死亡區別開來，比如在公開的批鬥會上的毆打行為(其意圖主要是象徵性的羞辱)以及審訊過程中的嚴刑拷打(主要目的是招供)。第三，死亡數字中沒有包括文革早期死於頻頻發生的派系武鬥的那部分。但是，如果受害者是在武鬥後被解除武裝並監禁的俘虜，我則將其歸為非戰人員，因為他們對於行兇者已經不再構成威脅。最後，判斷「相當數量」的標準顯示了時間和空間上的集中性。我使用十人的死亡作為起始點。集體殺戮中最常見的類型是我所謂的對四類分子的集體迫害，但另兩種造成相當數量死亡的方式也不容忽略，即清洗政治異己分子和謀殺囚犯。[8]

一些縣誌對於集體殺戮及其發生環境的記錄比其他資料更詳細。引用這些更為明確的縣誌報告是瞭解當時情況的有效途徑。下述引自廣西全州縣縣誌中的記錄，便是典型的少數用直截了當的語言描述集體殺戮的例子：

> (1967年)10月3日，東山公社三江大隊，以民兵營長黃天輝為首，將該大隊地、富分子及其子女76人，集體坑殺於蛇形黃瓜弄。
>
> (1968年)7月至12月，各公社先後成立所謂「貧下中農法庭」。全

縣槍殺850名四類分子（地、富、反、壞）及其子女。[9]

這是集體殺戮中最令人震驚的例子之一。就人口特徵、治理結構以及晚近的歷史來看，全州都是中國一個典型的縣。1966年，全縣485,000人中大約93%屬農業人口並受三級政府管理：縣、公社（即鄉鎮）、大隊（即村）。在1950年代早期的土改運動中，2,152戶、10,110人被劃分為「地主」，962戶、3,279人被劃分為「富農」。[10]在隨後的政治運動中，「階級敵人」的隊伍增加了另外兩個階級，他們被標識為「反革命」和「壞分子」。這四類標識將人分門別類，慘遭標識者及其家人一起被稱作「四類分子」。每當階級鬥爭論被煽動起來，他們就即刻成為被騷擾和迫害的對象。悲劇在文革時期達到高潮：至1971年，即文革中最暴力的階段結束的時候，全州縣有2,156個男人、女人及其子女「非自然死亡」，[11]個中情形可從之前提到的例子中窺見一番。

雖然簡短，上述資料提供了關於時間、地點、受害者和行兇者身分，還有死亡方式的信息。這些資料同時代表了集體殺戮的其中一種主要類型，我將其稱之為對四類分子的集體迫害。大多數其他縣誌中關於屠殺方式的明確記錄較少，但從記錄中顯示的時間段以及大量的死亡數字推斷，集體殺戮顯然是存在的。

下述廣西臨桂縣的例子中，受害者中的大多數是四類分子，同時在被殺者中還有所謂進行陰謀活動的人。這第二種類型的屠殺，我稱之為清洗政治異己：

> 此後，在所謂「清理階級隊伍」、「群眾專政」的名義下，全縣出現嚴重的亂殺人現象。從（1968年）6月中旬至8月底，被扣上「暗殺團」、「反共救國軍」、「×××黑班子」等莫須有罪名而遭殺害的達1,991人，其中國家幹部326人，工人79人，學生53人，城鎮居民68人，農民547人，地、富、反、壞、右分子及子女918人。全縣161個大隊，只有會仙的文全和宛田的東江兩個大隊沒有亂捕、亂殺人。[12]

不同於對四類分子的迫害，在清洗政治異己中，受害者的身分構建與文革中發生的事件有關。其基礎是被害者被認定與涉嫌密謀的小組，如「暗殺團」、「反共救國軍」有聯繫。雖然有918名受害者是四類分子的家屬，但大多數文件中提到的受害者，即幹部、工人、普通農民和市民並不屬這個類別。在之後的章節中會提到，這兩個類型的集體殺戮所針對的受害者在身分上互有重疊，因為之前遭標識為階級敵人的群體，被認為是密謀小組的階級基礎。[13]

我必須在此提及那些我無法從資料中確認發生過集體殺戮的縣。我最初對於這些保守資料的解讀同樣是保守的。即使相關縣誌提到相當數量的死亡，如果符合下述兩個條件中的任何一個，我也不會將該縣納入經歷過集體殺戮的估值中：(1) 僅僅是暗示而非明確記錄了相當數量的死亡數字。或者 (2) 記錄下來的死亡是因為武鬥，而非針對沒有武裝的平民。[14]

官方數字的背後

我們曾經有理由相信文革中發生在農村的集體殺戮會由官方公佈並公諸於世。在1978年，中共十一屆三中全會要求平反文革中的冤假錯案，恢復受害者的名譽。[15]這一政策得到了省地方政府的響應。1979和1983年，廣西和廣東省政府在每個縣都設立了特別委員會並對有關「歷史遺留問題」的事件進行系統的調查。據廣西C縣縣誌主編稱，1978年三中全會後省裏進行的第一波調查並不完整。無論是省級領導還是縣級領導都是在文革時期掌權的，他們對於調查報以敷衍了事的態度並不出奇。直到中央領導人，如胡耀邦、趙紫陽在1983年做出了更具針對性的指示後，省裏才開始對文革進行認真調查。每個縣都成立了「處理歷史遺留問題小組」，並由當地黨的高層領導擔任負責人。[16]

花在調查上的各方心力不可謂不重。C縣縣誌是披露內容最多的縣誌之一，其中詳細記錄了政府官員文革後花在調查上的努力：

> 1983年4月，根據上級部署，C縣開展處理「文化大革命」遺留問題的工作（簡稱「處遺」）。6月，縣委成立「處遺」領導小組，由縣委副書記、縣長黃濟源任組長，縣人大常委會主任陶岳潘、副縣長路瑤山任副組長，下設辦公室。

記錄顯示，全縣抽調516名縣和公社級的幹部組成工作組，600名大隊幹部進行協助……至1985年11月，糾正了與「五一六」反革命集團、「伍修集團」以及「反共救國軍」等相關的錯案，並對2,006名受到這些案例牽涉的幹部和群眾進行了平反。[17] M縣同樣經歷了類似兩階段的文革調查過程。1983年開始的第二波調查組織良好並且得到了相關人員在行政上的支持：

> 縣委根據上級指示精神，成立「處理文化大革命遺留問題」領導小組，抽調496名幹部參加「處遺』工作，徹底清理「文革」遺留問題，全縣共平反各種冤假錯案1,263人，對在「文革」中受迫害致死的平反昭雪，給他們的遺屬發放埋葬費、撫恤費、房屋修理費及生產生活困難補助費共27.3萬元。[18]

廣東各縣的調查顯然也是如火如荼地進行著，一本縣誌這樣記載到：

> 中共十一屆三中全會後，中共X縣委抓緊對1978年前各種案件的復查……1978年8月，縣委成立落實幹部政策領導小組，下設辦公室，隨後，相繼成立右派摘帽、刑事案件復查和專題處理「文化大革命」中非正常死亡人員辦公室……為「文化大革命」期間非正常死亡人員661人進行復查和善後處理。縣委和縣屬有關單位先後舉行平反昭雪大會63場，追悼會2場……1983年再次成立落實政策辦公室，繼續解決落實政策中的遺留問題。[19]

在W縣，「同年（1983年）10月–1985年底，全縣申訴複查案件有1,265宗，已複查結案的1,253宗，佔99%。其中改變原處分的1,193宗。」[20]

同時，這些調查也確認了一些嚴重罪行，導致一批對造成冤假錯案負有責任的個人受到不同程度的懲罰，而其中的一些人位高權重。一個曾參與C縣調查的領導告訴我，在1983年他的工作組收集了所有殺人事件的全部現有資料。他們鼓勵相關人員坦白並訪問了盡可能多的目擊者，以及倖存者的家人和親屬。「我們不想在解決歷史遺留問題時又為將來製造麻煩。」他這麼說。[21]他所在的縣，633人就他們在文革中所承擔的責任而接受了調查。結果，572人受到了懲罰，其中501人為黨員。根據調查結果，每一級政府都進行了重組。[22]在M縣，819名幹部、工人以及農民被認為負有責任。其中，303人被開除黨籍；55人被免去了政府職務；29人被定罪，2人被判死刑，1人終身監禁。[23]

中央的政策以及地方的調查形成了有關文革期間集體殺戮有價值且詳細的集體殺戮資料，其中的大部分被記錄在了縣誌裏並得以出版，但相關內容寫得相當簡略。除了少數幾本之外，大部分縣誌都有「大事記」這一部分，文革中的關鍵時間點也被作為縣歷史事件的一部分記錄於其中。這一部分的記錄包括關於死亡和受傷情況的統計數據。1966年，全國共有縣級行政單位2,250個。[24]到了1988年，共有1,936個縣，考慮到本研究的目的，我將它們都歸類為農村地區。另外，全國有248個「縣級市」，其中的大部分在1966年時都被歸類為縣並屬農村地區。[25]到2001年，這些行政單位中的大部分出版了他們新編纂的縣誌，記錄了各縣直至1985年的歷史，那也是各縣開始這一項目的起始年份。[26]

除北京以外，香港中文大學的大學服務中心有最為全面的縣誌館藏，且非常容易查閱。1996年，斯坦福大學魏昂德的研究團隊開始對部分內容進行複印和編碼，這時在架的縣誌以及相關文件的數量大約為900件。到了2005年，這一數量則接近1,850件。[27]我們的目標是建立一個關於文革的基本信息數據庫，其中包括信息的來源，這是評估信息質量差異的基礎。我們為每一個省份和縣分配編碼、記錄縣誌的出版年份、統計在縣誌中三個獨立的部分裏有關文革政治事件的描述的字數。這三個部分分別是「大事記」、「文革」(如果有的話)以及「其他」(比如，黨組織建設、政治運動以及法律和司法)。地方上的縣誌編纂者面對著嚴重的政治困境:如何處理毛時代的「過失」和「錯誤」?其中最敏感的問題便是如何解讀文革。1980年代早期,地方上成立收集材料和草擬縣誌的寫作小組後不久,便爆發了關於如何處理文革問題的討論。一些被分派擔任寫作和協助工作的地方專家以及工作人員希望盡可能以誠實精準的態度,詳細地記錄地方上的事件。另一些人則認為全面的記錄會使地方上的現任官員相當難堪,並可能會惡化新生派系之間的緊張關係。[28]

結果是後一派人的觀點取得了勝利。兩方的辯論似乎以贊成謹慎地按國家1985年出臺的地方誌編纂指引規定行事而告終。指引詳細地規定了在處理政治敏感議題時應遵循「宜粗不宜細」的宗旨。[29]這一更為保守的方式體現在了下述「三宜」原則上,即:(1)處理過去的政治錯誤「宜粗不宜細」;(2)相關討論「宜分不宜合」(即應該反應在縣誌的不同部分中);(3)敘述「宜略不宜詳」。「政治上造成負面影響的運動」以及「政治錯誤」由地方上的黨組織處理,而不是地方誌的編纂者。[30]

不過,在中國這些一般性規定的詮釋和執行,通常由地方權威掌握著主要的裁量權。縣誌的初稿需交給地方政府詳細審核,其結果是他們會要求在正式出版前進行大量的刪減。在一個案例中,稿件已經交予印刷廠,卻又接到來自省裏的命令,要求終止印刷並進一步刪減。[31]為了保證對各地方政府實施同樣力度的審查,同時保持成書的一致性,對地方誌的政治審查過程後來變得越發常規化和專業化。[32]

1985年指導原則的保守性主要反映在最後一版縣誌上。確實,其中絕大多數的描述都很簡短,對於文革幾乎沒有詳細的説明。而在大多數載有關於那段時期信息的縣誌中,相關內容又被分散在不同部分交代。其中包括常規的「大事記」以及關於政黨建設、政府、法制與案件以及政治運動這些獨立的部分。在一小部分縣誌中,會有討論文革的單獨章節。因為省裏的政治權威在決定究竟如何定義「粗」和「細」時有相當大的自由度,在各地縣誌中有關文革材料的尺度與信息量差異非常大。[33]

表2.1　縣誌中低估死亡數字的例子

省份	縣	其他來源	縣誌
廣西	賓陽縣[a, b]	死亡：3,951	死亡：40
廣西	蒙山縣[a]	死亡：850	死亡：9
廣西	上林縣[a]	死亡：1,906	死亡：171
廣西	武宣縣[a]	死亡：524	死亡：526
廣西	鍾山縣[a]	死亡：625	死亡：63
湖南	道縣[c]	死亡：4,519	死亡：7
江蘇	太倉縣[d]	死亡：7,500	死亡：2,027
江蘇	定南縣[e]	死亡：7	無人死亡
		受迫害：396	受迫害：144
陝西	華縣[f]	死亡：217	無人死亡
		受迫害：1,929	無人受迫害
陝西	潼關縣[g]	死亡：16+	無人死亡
		受迫害：3,343	受迫害：3,348
山西	昔陽縣[h]	死亡：141	無人死亡
雲南	新平縣[i]	受迫害：22,000	受迫害：9,368

資料來源：

(a)鄭義引述縣誌檔案中的內部報告，見 *The Scarlet Memorial* (Boulder, CO: Westview, 1996), pp. 7–14, 24, 39, 51, 71. (b)《廣西文革大事年表》(南寧：廣西人民出版社，1990)。(c)章成：《道縣大屠殺》(參見注釋36)。(d)《人民日報》，1979年3月15日；數字只涉及唯一一個個案。(e)《江西日報》，1978年12月18日。數字只涉及唯一一個個案。(f)《華縣誌》:「文化大革命」之華縣，陝西，複印件，缺少日期，頁50；這一數字為整個時期的總數。(g)《山西日報》，1978年12月20日；數字只涉及一場運動。(h)《人民日報》，1980年8月13日。(i)《人民日報》，1978年7月23日。

儘管如此，僅憑縣誌上的信息對死亡情況作出的推斷，即使是依據那些相對近期的數據，得出的結論也至少可以說是不完整的。如表2.1所示：與其他來源的記錄相比，縣誌中一些縣級單位死亡數字的記錄顯著偏少。舉例來說，湖南道縣的死亡人數之大，眾所周知。在粉飾之前，有一個估計數字甚至達到了4,591人。但在道縣的縣誌中對於這一「非法殺戮」的記錄僅是：

> 從8月13日到10月17日的66天中，非法殺了一批人，嚴重的非法殺人事件震驚全國。同月22日，中國人民解放軍六九五〇部隊進駐道縣……下令制止武鬥及非法殺人。[34]

廣西賓陽縣的縣誌只記錄了40宗死亡，且大多數出現在1967年早期的武鬥中。而關於1967年至1968年間發生的集體殺戮，縣誌中卻沒有出現相關死亡數字的記錄：

> 7月底8月初，貫徹中共中央、國務院、中央軍委、中央文革小組《佈告》(即「七・三」佈告)，發動向所謂「階級敵人」進攻，使一些幹部和群眾無辜死亡。[35]

但是，另一份獨立資料卻顯示，該縣是廣西省內屠殺最為嚴重的縣之一，共造成3,951人死亡。[36]

殺戮模式：縣際差別和時間變化

縣誌提供了有價值的信息，這些信息常常需要與那些未經過如此縝密處理的相關資料，以及寫於對文革資料實行嚴格審查之前的材料互相印證。就發生在廣東和廣西的集體殺戮的規模和時間，我根據122卷縣誌進行了更加詳細的分析。[37]縣誌中記載的死亡數可以被認為是這一數值的下限。[38]在一些情況下，如我之前所談及的，縣誌中關於集體殺戮的描述並沒有提供相應的數據。不過，除了提供屠殺估計數據的基準線，這些描述也給出了屠殺發生的時間和原因的概述。而這些概述的內容則有待將來出版的報告和文件的細節來補足。我獲得了需要詳細分析的三個省的相對完整資料：廣西省83個縣中65個縣的縣誌，廣東省80個縣中57個的縣誌，以及湖北省72個縣中65個的縣誌，佔三省各自全部縣誌總數的71.3%至90.2%。

表2.2　三省通報的集體殺戮的頻率

	廣西	廣東	湖北
(有數據的)各縣總計	65	57	65
(百分比)	(100)	(100)	(100)
發生集體殺戮的縣總計	43	28	4
(百分比)	(66.2)	(49.1)	(6.2)
死亡人數在500或以上的縣	27	10	0
(百分比)	(41.5)	(17.5)	(0.0)
死亡人數中位數(發生集體殺戮的縣之中)	526	278	46.5
一個縣中死亡人數的最大值	2,463	2,600	115

如果各省普遍存在低估數據的情況，則我們可以在此推斷，最嚴重的集體殺戮發生在廣西。在現有的廣西65個縣的縣誌中，43個縣(66%)記錄了集體殺戮(表2.2)，其中15個縣的縣誌提到超過1,000宗死亡。武鳴縣的死亡人數最多，共2,403人，其中1,546名受害者在1968年的一次從6月中延續到7月初的運動中被殺。[39]廣東存在相似的模式：57個縣中的28個(49%)發生了集體殺戮；其中六個縣死亡數量超過了1,000。[40]陽春縣的死亡情況最嚴重，在1968年的8月至10月間共有2,600人死亡。如表2.2顯示的，在廣東和廣西，廣泛地發生了集體殺戮。

數據也顯示了集體殺戮的時間。已知最早出現的集體殺戮發生在1966年的8月，地點是北京郊區的大興縣。[41]直到1967年底至1968年，即在革命委員會，或者説新的地方政府成立前後不久，集體殺戮才在本文研究的三個省份出現。圖表2.1比較了廣西、廣東和湖北三省縣級革命委員會成立的日期與集體殺戮發生的日期。數據清楚地顯示集體殺戮的高峰緊隨著革命委員會的成立出現。

無論是在廣東還是廣西，集體殺戮的高峰都出現在1968年的7月，即大多數縣成立其革命委員會的不久之後。在同一個月，黨中央下達了兩個廣為傳播的指示，目地是為了制止武鬥並解散群眾組織。[42]在廣西，省級的革命委員會尚未成立，造反派，即「四二二」派在所有主要

圖2.1　屠殺和革命委員會成立時間的比較

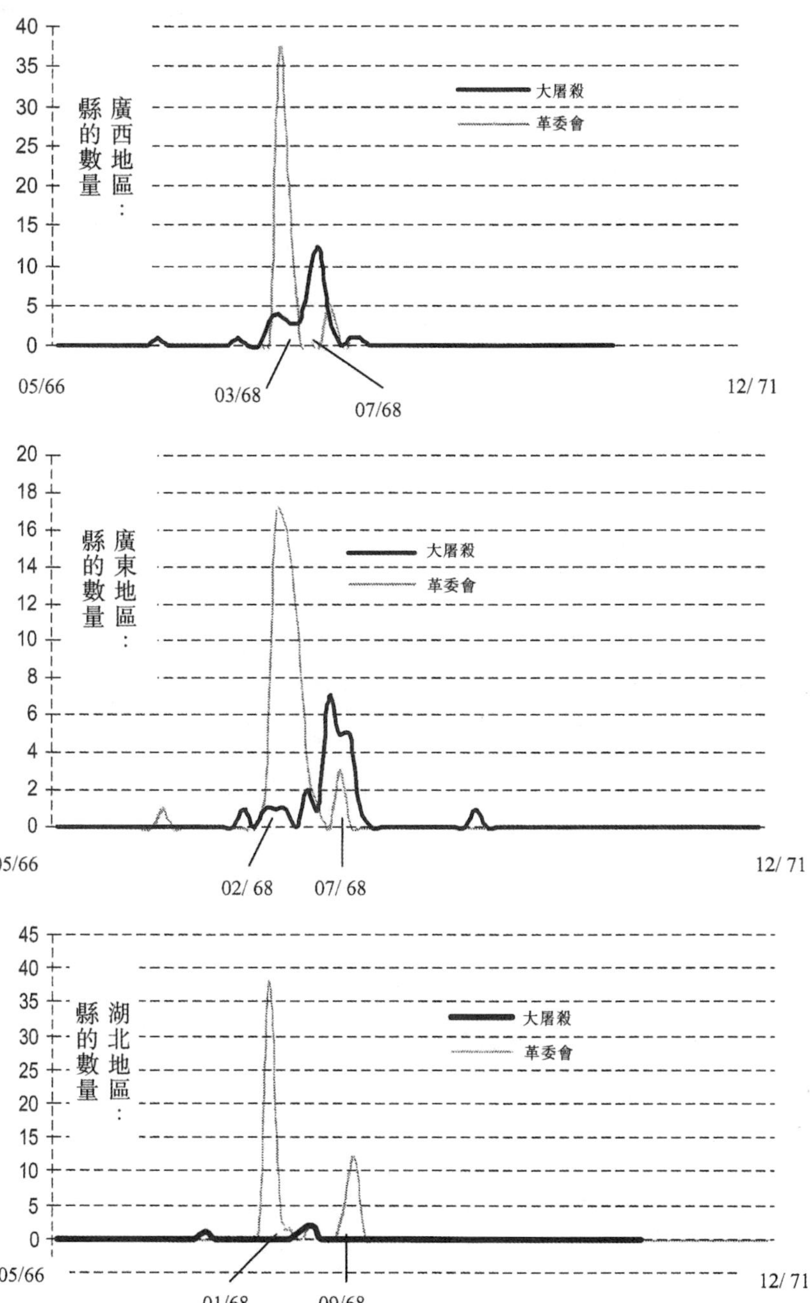

城市發動暴亂。省政府通過執行兩個指示打擊反動派，一些成員被迫逃到縣級農村地區。與此同時，基層新成立的政府被要求「對階級敵人進行先發制人的打擊」。[43]

無論在其管轄區域是否存在明顯的組織性抵抗，一些地方政府，尤其是公社(即鄉鎮政府)，對此呼籲都積極響應。在廣東，省級政府2月才成立，以紅旗派為代表的抵抗勢力持續存在。廣東省政府用中央的兩個指示作為武器來與紅旗派進行對峙。廣西也一樣，無論組織性抵抗是否普遍存在，來自北京和省會的針對組織性抵抗的政策公告在基層地區(即縣、公社和大隊)被演繹成一種恐怖的氣氛。集體殺戮正是在這種氛圍中展開的。

該模式同樣適用於全國的情況：死亡人數在1967年晚期至1968年革命委員會成立之時達到高峰。而此前因為迫害和武鬥造成的死亡數字則相對較少。在早期的研究中，我們從全國1,530本縣誌中計算整理了關於受害者的一些數據，包括死亡人數、受傷以及遭到迫害的情況。我們將1966年至1971年發生的文革分為三個階段：(1)發生在1966年5月至1967年1月之間早期的運動；(2)發生在1967年1月的奪權和1967年晚期至1968年早期革命委員會成立之間的武鬥時期；(3)延續到1971年的後革命委員會時期。表2.3的第一列顯示，第一以及第二個時期的死亡人數是90,000；對比第三個時期的死亡人數257,000，後者將近前兩者總和的三倍。如果考慮到大量集體殺戮事件就發生在革命委員會建立的數月之前這一事實，那麼死於集體殺戮的人數與死於早期運動以及武鬥人數之間的差異一定更大。如前述，在廣西，「其他原因」造成的死亡人數與武鬥造成的死亡人數之比為80,000比3,000(即超過26倍)，而全國的比例則是1,728,000比237,000(即超過7倍)。

將縣誌與兩本省誌相比較也為縣誌中的資料提供了某種基準。在現有的65本廣西各縣縣誌中，文革中這些縣的平均死亡數字是581人。以此推測廣西83個縣的死亡人數總和為49,223人。這一數字大約相當於省誌中8萬這一死亡人數估值的62%，而後者很有可能也是一個被低估的數

表2.3　文革三個時期的迫害情況

時期	死亡數	受傷人數	受迫害人數
第一時期	5,000	20,000	2,000,000
第二時期	85,000	66,000	540,000
第三時期	257,000	260,000	23,300,000
總體（1966–1971）	492,000	507,000	27,200,000

字。廣東現有的57本縣誌得出的死亡人數均值為290人。以此推測全省80個縣的總數為23,200人，即大約為省誌中估計數字42,237人的55%。

由上述縣誌中的估計總數與省誌中提供的總數的比較，可得出三點結論。首先，雖然縣誌中記錄的死亡數字並不涵蓋城市中心區域，但這些缺失很可能無法作為兩者不一致性的解釋；廣東和廣西兩省文革中的主要死亡事件都發生在農村，發生地都是基層的行政單位即鄉級和村級。其次，這種不一致可能反映了一些縣誌的編纂者無法報告具體的死亡數字，而又不想僅以「隨機的死亡」這一說明一言以蔽之。第三，雖然省誌中提供的數字仍有可能是一個低估的值，但它們與基於縣誌數據的估計值之間的對應性還是足以說明後者具有一定的可信度。

廣東和廣西：兩個最為暴戾的省份

如果在廣西和廣東廣泛發生了集體殺戮已經是不爭的事實，那麼集體殺戮是否在中國其他的28個省份也同樣常見呢？零散的報告顯示在北京、雲南、內蒙古、青海和湖南也發生了類似的暴行。[44]其中最廣為人知，也是最為悲慘的事件發生在湖南省的道縣。根據一篇發表在香港雜誌上的文章報道，1967年底在該縣發生了一系列的大屠殺：在兩個月內，4,950人被殺。[45]但是，就1,530本縣誌中的資料來看，廣東和廣西兩省發生的事件其血腥程度與其他省份明顯不同。通過分析比較湖北以及全國總體的情況也可以說明這一點。

使用上述以及現有縣誌中的標準，我認為在湖北省只有四個縣出現了集體殺戮事件(參見表2.2)。而且這四個縣並無大屠殺和大肆處決的報道,涉及的大量死亡是由鎮壓反革命分子運動中的毆打行為所致。如果縣誌中的數據反應出了確實的歷史情況,那麼湖北省則為廣東和廣西的研究提供了一個反例。[46]

集體殺戮事件在廣西和廣東廣泛發生,然而湖北卻並不如此。但事實上,在湖北省,對新舊認定的階級敵人的迫害相當嚴重。記錄顯示,佔湖北下轄縣總數的60%,即38個縣中,超過1,000在迫害中遭到毆打,許多人因此留下了終身的傷殘。但與廣西和廣東的情況不同,大多數案例中大規模的毆打事件並沒有發展成集體殺戮事件。下面的案例說明了這種情況:

> 9月6日,縣城發生「九・六」武鬥事件。一群「造反派」,白天遊鬥「走資派」、「老保」22人,晚上打傷32人,其中8人終身殘廢。接著向區鄉發展,1,015人遭毒打,44人打成重傷或殘廢,1人被打死,9人被逼死。[47]

大多數發生類似大規模毆打事件的縣記錄下的死亡人數都不超過10人。

就集體殺戮的規模來看,湖北和廣東及廣西之間的差異非常大。一個關鍵性的問題是,造成這種差異的究竟是實際屠殺的規模差異還是縣誌編纂的政策差別。如我們所知,縣誌的編纂和出版都由不同等級的政府機關進行,同一個省的不同縣會對政策指示有不同的詮釋。[48]湖北的編纂者可能比其他兩省的編纂者更加保守,於是省略了更多的信息。

雖然無法確定縣誌中記錄數據的可信度,但這些數據依然強烈暗示了在報告方式差異背後的一些現實情況。一方面,在湖北各縣縣誌中關於文革的描述的平均長度為2,361字,還不到廣東和廣西相關文獻中同一議題長度的一半(分別為5,198和5,117字)。如同在之前研究中提到的,縣誌中記錄的死傷數字與對文革描述的長度有正相關關係。[49]另一方面,湖北的縣誌中,並沒有隱瞞相當數量的人受到了毆打並致傷這一事實。實際上,其中提到的受傷人數比廣東的縣誌中的要多得多(參考

表2.4　文革期間暴力造成的死傷數字，三省與全國的比較

	各縣的平均死亡人數	各縣的平均受傷人數	各縣的平均迫害目標人數
廣西	574.0	266.4	12,616.0
廣東	311.6	28.1	6,788.6
湖北	10.8	44.5	2,317.5
全國所有的省份	80.0	68.0	5,397.0

表2.4)。所以，有理由認為對於死亡數字記錄的差異可能顯示了不同省份政治事件過程中存在的實際差異。

這些發現對在中國其他省份發生的集體殺戮的規模有何啟示呢？基於1,530本縣誌，我計算出每個縣平均的死亡人數為80人。廣西和廣東的平均數字顯著高於全國的平均數字（分別是574和311人），湖北則顯著較低（10.8人）。那些受傷人數和迫害目標人數的統計顯示了一種相同的模式（參見表2.4），且全國所有省份的縣平均數字也顯示了廣西和廣東的情況尤其嚴重（參見表2.5）：分別名列第一和第二位，而湖北在全部三十個省份中名列第二十三。當把在縣誌中記錄了最多死亡數字的縣羅列出來時，廣西和廣東的顯著之處便毋庸置疑了。在記錄了1,000或者更多的死亡人數的24個縣中，廣西佔其中15個，之後便是廣東，共有6個縣。在這兩個省份外，只有3個縣記錄的死亡人數達到或者超過1,000人（參見表2.6）。

更多確鑿的官方證據

除了縣誌和其他公開可得的資料，一些從未出版過的內部資料進一步印證了大量集體殺戮的存在。這些文件中的資料同樣來自於1983至1984年那一次地方政府的調查，但是它們提供的資料比縣誌中更為真實。我在採訪當年廣西C縣調查工作組的一個幹部時，他找到了當年留下的一些材料，其中兩份報告的底稿清晰可讀。[50] 其中的一份報告完成於1987年，署名「C縣整黨辦公室」，記錄了1968年初夏由革命委員會組織的三次「打擊階級敵人」的會議。地方鄉鎮和村政府在那些會議之後的行動也被記錄了下來。報告還同時提供了關於死傷和受迫害情況的詳細數據，而這些都是C縣縣誌之中所沒有的。另一份報告出自同一個平反辦公室，是對一個案例的分析，該案中一個七口人的「地主」家庭被殺。它列出了事件發展的時間線、對殺人行為的辯解、涉及的人員以及殺人的過程。

C縣縣誌僅用寥寥數語提及在文革中「被無辜殺害和迫害致死的幹部59人，工人23人，群眾580人」。[51]但是，這兩份內部文件描述了當時的情況。根據其中一份的記錄，在1968年的5月24至6月30日間，C縣革命委員會與當地的幹部開了三次會。會議由縣的高層領導主持，會議的內容越來越強硬。鄉鎮和村的領導爭相分享他們關於「陰謀小組」的發現以及取締這些小組的功績。迫害和屠殺不斷增加，這使得「具有威脅性的階級敵人」成了一個自我實現的預言。總共有6個陰謀小組，183名成員被揭發，752人遭到迫害，1,085人因「盲目受騙」接受了再教育。僅僅第一次會議之後就有188人在地方公社或村裏被殺。[52]

在另一份報告中，鍾朝陽，一個地主的兒子試圖抵抗。他預計到會作為家庭「代表」而被殺，於是搶了抓捕者的槍，並成功逃跑。民兵拘捕了他的母親和五個兄弟作為人質。當鍾朝陽殺死一名偶然發現他藏匿地的幹部之後，他立即被殺，他的三個成年的兄弟也被處以死刑。他守寡的母親和兩個未成年的兄弟被從幹部的家裏帶到一群憤怒的群眾面前，並在批鬥大會的審判臺上被折磨至死。[53]

如前所述，超過一千名幹部作為工作組成員參與了C縣的文革後續調查。完成調查工作後，他們寫了數百份類似的調查報告。一些退休的幹部告訴我，他們的報告應該都存放在縣的檔案室。不幸的是，在拜訪縣檔案局的時候，我無法獲得那些報告，哪怕是目錄。我被告知地級市(即處於省和縣之間的政府層級)和省的相關部門從縣裏收集了這些報告，並出版了相關各層級的詳細的內部報告。《廣西文革大事年表》即是其中一類出版物。它是由官方的大型出版社(廣西人民出版社)在1990

表2.5　按省分類的各縣通報的死亡人數和縣誌中記錄文字的平均長度

省份	各縣通報的平均死亡人數	平均長度（字數）
廣西	581	5,117
上海	334	7,204
廣東	290	5,198
遼寧	145	3,243
內蒙古	144	3,263
北京	101	6,440
吉林	94	3,680
陝西	90	10,689
雲南	81	4,111
湖南	80	4,266
河北	64	5,229
甘肅	58	4,022
四川	44	4,282
江西	48	2,557
山西	40	2,744
新疆	38	3,881
福建	24	3,499
黑龍江	24	3,531
江蘇	28	3,715
山東	18	2,653
浙江	17	2,089
貴州	14	4,423
湖北	11	2,361
寧夏	11	3,225
安徽	11	2,521
河南	4	4,652
青海	4	2,187
天津	2	3,872
總數	84	4,092

表2.6　按省分類的通報死亡人數在1,000人或以上的縣，死亡人數與縣誌記錄文字長度

省份	縣	死亡人數	長度（字數）
廣東	陽春縣	2,600	6,480
廣西	武鳴縣	2,463	6,114
廣西	桂縣*	2,219	6,280
廣西	全州縣	2,216	7,560
廣東	五華縣	2,136	2,540
廣西	臨桂縣	2,051	5,240
廣東	連江縣	1,851	4,320
廣西	都安瑤族自治縣	1,714	9,320
廣西	天等縣	1,651	960
廣西	陸川縣	1,557	4,760
廣西	羅城仫佬族自治縣	1,425	3,680
廣西	融安縣	1,416	5,520
廣西	梅縣	1,403	5,440
廣西	馬山縣	1,329	9,080
廣西	臨川縣	1,321	5,588
廣西	宜山縣	1,250	9,840
廣東	廣寧縣	1,218	3,560
廣西	柳江縣	1,183	4,600
湖南	寧遠縣	1,093	2,916
內蒙古	科爾沁右翼前旗	1,070	8,640
廣西	崇左縣	1,029	6,000
廣東	連縣	1,019	9,440
廣西	鹿寨縣	1,002	3,920
山東	海陽縣	1,000	2,394

注釋：* 1988年成為貴港市。

年出版的，但出版後迅速被查禁並從書店和圖書館中銷聲匿跡。我在坐落於洛杉磯的一家研究服務中心裏找到了一本。[54]

另有三份內部文件來自一位自稱民主運動活動家的朋友，他的筆名是「小平頭」。自2006年開始，他在網絡上發表了一系列報告。他騙過北京在海外安插的便衣警察，將報告偷偷帶去丹麥。其中一份為省一級文件，題為《廣西文革大事記，1968年》，由廣西平反辦公室編纂，1987年印製。另兩份同一性質的文件則是由地級市一級的黨委辦公室編纂的：《南寧地區文革大事記，1966–1976》以及《欽州地區文革大事記》。小平頭據此寫的報告中用注釋詳盡地標注出原報告中相關內容的具體頁碼。[55]他的引述中相似的數據和事件在至少兩位其他作者的報告中也有提及，因此具有可信度。[56]且在一些重複的內容上，小平頭的報告也與《廣西文革大事年表》的描述一致。

當讀到政府內部文件中關於屠殺極端殘酷程度的敘述時，這些文件不能公諸於眾的原因便很明顯了。最令人印象深刻的驚人內幕是這些文件證實了當時出現的人吃人的傳聞。鄭義在其具有爭議性的書《紅色紀念碑》中第一次提及這個情況。[57]三份絕密檔案中的兩份對至少73起事件進行了詳細的描述。[58]行兇者會吃受害者這一驚人的事實足以說明對所謂階級敵人的仇恨已到了滅絕人性的程度。而對我的研究來說更重要的是，在其他公開發表的材料都對集體殺戮避而不談的情況下，這些有詳細報告背書的事件進一步證明它們確實存在。

基於審查後的縣誌中的數據，我列出了廣西15個死亡人數超過1,000人的縣。這些縣是極端的案例，但內部文件顯示另外一些縣的死亡數據被嚴重低估。根據這些文件，至少還有八個縣屬於上述類別。[59]地級市的數據也與此相吻合，其中榆林市的死亡人數是10,156人，欽州市是10,359人，南寧市（在1968年7月至9月間）則是9,933人。根據省級的報告，僅在1968年7月和8月間，廣西死於集體殺戮的人數就高達48,000人，[60]比省誌中對整個文革期間死亡人數的估計數字還要大的多（在本章開始處提到了這個數字。[61]）

文件對為何會出現大量死亡這一點的表述也相當直接。第一波的恐怖行為開始於1968年早期。1968年2月25至28日，大新縣與公安局（即人民武裝部）領導和來自地方人民公社和企業的民兵營長一起召開了一次會議。縣領導周永山宣佈需要進行一場所謂針對四類分子的「群眾專政運動」來慶祝縣革命委員會的成立。在會議召開到革命委員會成立的17天之間，239人被殺。[62]

3月16日，天等縣革命委員會成立的當日，人民武裝辦公室的總司令號召「為樹立正氣，壓倒邪氣，保衛新生紅色政權，每個鄉幹掉個把罪大惡極、民憤大的四類分子或壞頭頭」。這一宣言發佈之後，隨即在全縣發生了190起集體殺戮事件，導致630人被殺。在祥元鄉，「造成16戶無男人，9戶滅絕」。[63]在1968年3月27至5月22日之間，貴縣松英大隊的幹部覃錫明和他手下的民兵用大棒和鋤頭殺死了40個無辜的群眾。受害者中包括一個未滿10個月的嬰兒，11名兒童和1個上年紀的盲眼老婦人。13個家庭中的所有男子都遭到了殺害。[64]

1968年4月13日，一群「四二二」派帶著一個被聯合司令部殺死的孩子的屍體抗議為新成立的貴縣革命委員會舉行的慶祝大會。抗議以失敗告終，政府與聯合司令部成立了「貧下中農高級法院」並在各個地方公社召開屠殺展示大會，共有128人被殺。[65]4月15日，浦北縣北通公社旱田大隊革委主任擬定了一份受害者名單，並向民兵許諾參與殺人的工作每天可以獲得五角錢的報酬，殺得多還有額外的獎勵。最終，5個四類家庭中的22個成員被殺害。為了支付這些血腥任務的酬勞，村裏向張玉使、符冠英、何遷蘭、盧秀珍等24個受害者家庭中的婦女（寡婦或者受害者的女兒）徵稅。「（錢財）全部被吃喝完。」[66]1968年4月5日至5月6日之間，北通公社十專學大隊的一個村莊裏，一連串的屠殺事件使得56個四類家庭中的92個男人、女人和孩子被殺，15個家庭被滅戶。[67]

類似的殺戮一直延續到1968年的初夏，中央文革小組於7月3日發佈《七三佈告》後屠殺又獲得了新的發展勢頭。這一佈告指示用階級鬥爭的方式處理派系間的大規模衝突。省及地方政府迅速響應並積極提供他們執行佈告的證據。在邕寧縣，7月前有54人被殺；縣領導被指責太過「保守」。該縣隨後在7月16日召開了持續三天的大會，在縣裏的九個地區展開了針對「階級敵人」的猛攻，三個月內導致947人的死亡。[68] 7月3日之後的三個月內，南寧市的死亡人數為9,933人，即佔全年死亡人數的56%。[69]在桂林地區，1968年7月前共有1,859人被殺，而到了年底全年的死亡人數則達到了10,946人。[70]

集體殺戮的特徵

除了屠殺的規模和時間，文字材料還論及了集體殺戮的另外三個特徵，即地點以及受害者和行兇者的身分。

地點

集體殺戮事件傾向於發生在縣級以下的地區，通常為公社（即鄉鎮）或者大隊（及村莊）這兩個層級。之前的引述中也提到了一些發生了集體殺戮事件的公社或村莊的名字。比如，廣為人知的廣西全州屠殺中，76名四類家庭的人員被推下懸崖，三江公社的名字被特別提及。廣西臨桂縣的案例中，報告指出，全部161個大隊中只有兩個沒有發生集體殺戮。廣東省的縣中有28個記錄發生了集體殺戮，其中6本縣誌詳細記載了相關區域的名稱。例如，《曲江縣誌》寫到：「（1968年）1月，樟市公社發生非法殺人的嚴重事件。全公社有13個大隊出現亂捕亂殺行為，先後共有149人被殺害。」[71]又比如：「（1968年）8月，池洞、鎮隆、北界三個公社亂打亂殺，死29人。」[72]「成立……各公社治安指揮所，實行不經法定手續隨意捕人和審訊的『群眾專政』。」[73]「新安公社梨垌大隊發生活埋『四類分子』極其家屬56人的『亂殺』事件。」[74]未發生集體殺戮的城市地區與充斥這類事件的農村地區形成了鮮明的對比，反應了下層行政權力與上層權威之間的脫節，顯示出國家對下層地區控制力的薄弱。

表2.7 廣西和廣東省各縣的特徵和集體殺戮的關係

	發生集體殺戮的縣	未發生集體殺戮的縣
距離省會的平均距離(千米)	212	179
每平方米的人口密度	139.7	219.1
人均政府財政收入(元)	15.1	20.8

集體殺戮事件更易發生在國家控制力薄弱的地區。這一觀察也可通過引入地理變量得到支持。如表2.7所示，我比較了發生與沒有發生集體殺戮的縣的人口地理特徵。[75]發生了集體殺戮的縣距離省會的平均距離是212公里，沒有發生的則為179公里。發生了集體殺戮的縣人口更稀少且人均稅收也更低。

受害者的身分

很明顯縣誌幾乎沒有提供受害者身分的詳細説明，但是有關殺人地點的信息有助於辨識受害者的組成。如前文提到的，集體殺戮傾向於出現在縣級以下的區域，通常發生在公社和大隊之中，縣誌中還列出了相關鄉鎮或村的名字。集體殺戮在提供受害者身分信息的部分，最常被提及的類別就是：四類分子，即那些之前被分類為階級敵人的人群。一些縣提供了受害者身分的詳細分類(見表2.8)，例如在前文關於廣西臨桂縣的部分已經引述過的，在1,991名受害中，幾乎一半(即918人)是四類分子或者他們的子女。表格清楚地顯示出集體殺戮的目標是那些弱勢的而非會對領導階層構成真正威脅的人群(即被懷疑搞陰謀的)。而且，絕大多數的受害者是農村居民。即是説，集體殺戮主要發生在縣城之外。另外，在一些地方，相當數量的非四類分子以及非農村人口被殺，這一情況可能屬清除政治異己分子或者對囚犯的草率處決。當集體殺戮被用來作為消滅敵對派系成員的手段，則相當一部分的受害者為非四類分子。比如之前提到的鳳山縣的案例，在一次圍攻裏被殺害的1,331名受害者中，246人是幹部或者工人(即城市居民)。[76]

表2.8　部分地區集體殺戮受害者的身分

地區	受害者身分	人數	比例
臨桂縣	四類分子和他們的後代	918	46.1
	農民	547	27.5
	幹部	326	16.4
	城市居民	68	3.4
	工人	79	4.0
	學生	53	2.7
	總數	**1,991**	**100**
賓陽縣	農村居民	3,441	88.7
	幹部	51	1.4
	教師	87	2.5
	工人	102	3.0
	總數	**3,681**	**100**
零陵地區	四類分子	3,576	39.3
	四類分子的後代	4,057	44.6
	貧下中農	1,049	11.5
	其他背景	411	4.5
	總數	**9,093**	**100**

資料來源：《臨桂縣誌》，頁492；《廣西文革大事年表》，頁111；以及章成：〈道縣大屠殺〉。

一個不容忽視的事實是受害者中有大量四類家庭的子女。一些報告指行兇者殺害他們的理由是防患於未然，為了防止其成年之後來尋仇。[77]但從許多案例看來，這一解釋卻似乎是事後自圓其說的想法。在道縣，殺死四類家庭中的成年人之後，行兇者返回，再將孩子從家裏拖出來殺死，隨後將受害者的家洗劫一空。[78]而在另一些案例中，孩子們被認為有罪並與他們的父母一起被殺。[79]

行兇者

集體殺戮並不一定是由被誤導且自發聚集的群眾執行的私刑。現有的資料顯示，行兇者總是經由地方領導組織，他們通常是民兵成員、群眾組織的成員或者新晉的自願加入者。無一例外，關於事件的詳細描述(即來自大新、全州、道縣和鳳山的報告)都提到殺人事件展開之前都召開過縝密的組織性會議。章成關於道縣的文章中提及，與會者會通過投票來決定誰將被殺。潛在的受害者的名字會被逐一報出，再對相應的票數進行統計。這一過程會持續數小時。[80]章成還寫到道縣另一個地區的情況：

> ……從區到公社到大隊，層層部署，層層動員：區委正副書記、「紅聯」司令、武裝部長、會計碰頭會，全區各公社負責人、武裝部長、群眾組織頭頭會議，各公社、大隊貫徹會議精神的會議。[81]

受害者通常會被聚集起來，並在一個遠離公眾視線的地方被殺。也有一些案例中，一大部分人會在一個批鬥大會召開時當眾被殺，這即所謂的殺人現場大會。[82]確實，多年後對當年行兇者的訪談內容顯示，其中大部分人將殺人當作一種政治任務。[83]也有證據表明此類行為會得到政治上的回報。1968年末至1969年初，省級和縣級開始一場「糾正」運動，重建了黨組織，並招募許多積極分子。官方的統計數字反映了一個令人感到恐怖的情況，即暴力狂熱與政治獎勵之間的關聯。根據一份廣西省政府出版的文件上的記錄，在文革期間，超過9,000個曾犯下殺人罪行的人被招募為新的黨員。另有20,000個在文革早期通過捷徑入黨的人之後成了殺人犯。除此以外，還有17,000名黨員需要為各種殺人行為負責。[84]

結　論

雖然就現有的記錄不能夠對文革期間的集體殺戮事件進行完整的估計，但公開的縣誌和內部文件都顯示，它們的存在已經毋庸置疑。經過謹慎處理的官方文件無疑低估了屠殺的殘酷性，但從中我仍然發現至少150萬人可能是集體殺戮的受害者。即使是使用一種保守的標準，我仍然發現廣東和廣西這兩個最為血腥的省份中，超過半數的縣發生了這種極端的暴行。內部文件顯示實際情況比縣誌中提供的數據所呈現的更糟糕，這些記錄基於文革後大規模的由政府發起的調查結果而寫成，無可非議。在接下去的章節裏，通過來自生還者和目擊者的個人經歷，我會呈現更多的關於集體殺戮的證據。廣東和廣西的程度最為嚴重，這一事實說明檢視集體殺戮在不同省份之間呈現的差異的重要性，我會在尾章中總結這一理論要點。同樣可以明確的是，不同縣以及一個省的內部也存在巨大的差異。我也將在之後的章節中再討論這些需要解釋的研究謎題。

在本章中，我還描述了集體殺戮的其他特徵，為之後的討論進行鋪陳。首先，集體殺戮事件發生在1967至1968年革命委員會成立前後的那幾個月。這一時間為討論集體殺戮發生的社會和政治背景提供了基礎。其次，書面材料顯示屠殺發生在村和鄉鎮，即與黨中央關係最弱的、處於最基層的兩級國家機器。再加上絕大多數的受害者是生活在農村公社裏的四類分子這一事實，這為我的社區模型提供了史實證據。

最後，我指出集體殺戮的行兇者是與黨國有密切聯繫的人群，比如地方幹部、黨員或者民兵。雖然這看似與我關於屠殺是在穿制服的國家行動者缺失的情況下發生的主張不一致，但是行兇者與國家的聯繫並不能全面地解釋他們的行為。因為在其他社區中，絕大多數與國家有關的行動者並沒有犯下同樣應受到譴責的罪行。行兇者是在他們自己的能動性的驅使下，通過採取最為極端的行動來響應當時的政治氣氛的。

注 釋

1　這大概不會很快發生，因為在完成調查後不久，官方便將這些調查的結果列為國家機密並對進一步的研究和討論設下很多限制。

2 Andrew G. Walder and Yang Su, "The Cultural Revolution in the Countryside: Scope, Timing and Human Impact," *The China Quarterly* 173 (2003), pp. 74–99, (見 p. 95).

3 中共中央黨史研究室等合編：《建國以來歷史政治運動史實》，轉引自黎自京，1996，〈中共暗承毛暴政害國殃民：二千六百萬人慘死〉，《爭鳴》第228期，頁14–17。

4 《廣西通誌：大事記》(廣西：廣西人民出版社，1998)，頁393。

5 《廣東省誌：總述》(廣東：廣東人民出版社，2004)，頁106–107。

6 參見Walder and Su, "The Cultural Revolution in the Countryside: Scope, Timing and Human Impact," *The China Quarterly* 173 (2003), pp. 74–99. 我們在文中指出革命委員會成立之前的死亡人數比成立之後的至少少十倍。但是必須指出，在廣西的一些縣，集體殺戮確實在革命委員會成立之前的幾個月就發生了。若將這一點也考慮在內，則前後的對比變得更為明顯。

7 Benjamin Valentino, *Final Solutions: Collective Killing and Genocide in the Twentieth Century* (Ithaca, NY: Cornell University Press, 2004), pp. 1–90.

8 參見注釋13。

9 這一引述以及之後其他的引述都是從以下羅列的縣誌中直接轉引的。唐楚英編：《全州縣誌》(南寧：廣西人民出版社，1998)，頁17。

10 同上，頁147。

11 同上，頁565。

12 《臨桂縣誌》(北京：方誌出版社，1996)，頁492。

13 文革期間盛行的第三種集體殺戮形式是對囚犯的即時處決。有限的案例僅在廣西得到報道。由於這一形式大多發生在城市地區，且與戰鬥人員有關，超出了本書聚焦農村地區的範圍。所以我在書中並沒有對這一形式進行討論。受害者們在派系武鬥後往往會被解除武裝，所以他們再不能算作武裝戰士，之後他們便會被殺。這一形式的殺戮一般發生在一個聯盟(或者派系)被另一個打敗之後。下述例子較生動地說明了這類事件的本質。1968年8月18日，在一場有幾個縣的公安局長參加的聯合會議之後，「……各縣人武部堅決執行『命令』，組織帶領各縣(廠)『聯指』武裝人員(人數超過原來規定，達到四千四百多人)到鳳山後，對逃散在南山和北山的『七·二九』人員全面包圍，抓捕了一萬多人(當時全縣人口共十萬三千一百三十八人)。僅這一次『圍剿』，全縣槍殺打死一千零一十六人，佔『文革』中被殺死、迫害死總人數一千三百三十一人的百分之七十強。」《廣西文革大事年表》，頁117。儘管該縣絕大多數的死亡是由於即時處決囚犯，然而從我的總體分析情況來看，比起其他兩種形式來，這一形式的殺戮較不普遍。

14 來自三個縣的引述分別顯示，這兩個情形：

「3月20日晚，新聯公社黃橋生產隊民兵以鎮壓『平民黨』為由而亂殺人。此後，全縣相繼出現亂殺現象，尤以文平等地為甚。」參見蒙山縣誌編纂委員會編：《蒙山縣誌》（南寧：廣西人民出版社，1993），頁27。

「8月8日，兩派於蓮塘發生武鬥，前後死亡144人。」參見橫縣縣誌編纂委員會編：《橫縣縣誌》（南寧：廣西人民出版社，1989），頁19。

以上第一個引述，蒙山縣誌記錄了1968年3月20以及之後發生的「無差別殺戮」。從文本中判斷，我們可以推測死亡人數相當之多，但由於缺乏具體的數據，我並沒有將這些事件計為集體殺戮。在第二則關於橫縣的引述中，僅1968年3月3日便有144人死亡。但由於這些死亡是由武鬥造成，我也沒有將他們列入集體殺戮。

15 中國共產黨十一屆中央委員會第三次全體會議公報，1978年12月22日，宋永毅編：中國文化大革命數據庫（CD-ROM）（香港：中國研究服務中心，香港中文大學，2002）。

16 與趙先生的訪談，2006。

17 蒼梧縣誌編纂委員會編：《蒼梧縣誌》（南寧：廣西人民出版社，1997），頁483。

18 蒙山縣誌編纂委員會編：《蒙山縣誌》（南寧：廣西人民出版社，1993），頁129。

19 興寧縣地方誌編修委員會編：《興寧縣誌》（南寧：廣西人民出版社，1998），頁505。

20 五華縣地方誌編纂委員會編：《五華縣誌》（南寧：廣西人民出版社，1998），頁379–380。

21 與趙先生的訪談，2006。

22 《蒼梧縣誌》，頁483。

23 《蒙山縣誌》，頁129。

24 中華人民共和國民政部編：《中華人民共和國行政區劃，1949–1997》（北京：中國社會出版社，1998）。

25 閻崇年編：《中國市縣大辭典》（北京：中共中央黨校出版社，1991），頁1。除了三個直轄市，中國有183個地級市。除了另外說明，本章所有關於縣的地點和邊界的資料均出自該文獻。

26 參見Eduard B. Vermeer, "New County Histories: A Research note on Their Compilation and Value," *Modern China* 18, no. 4 (1992), pp. 438–467. 歷史學

家從很久以前便使用「誌」來指清帝國和民國時期的方誌。也可參見Stig Thogersen and Soren Clausen, "New Reflections in the Mirror: Local Chinese Gazetteers (Difangzhi) in the 1980s," *The Australian Journal of Chinese Affairs* 27 (1992), pp. 161–184 (見p. 162).

27 香港中文大學中國研究服務中心藏書部分提供的在線目錄允許使用者按省份羅列出目前館藏的地方誌。網址為：www.usc.cuhk.edu.hk。

28 參見Vermeer, "New County Histories," pp. 445–446. 也可參見屈江(達縣誌辦公室)：〈記敘「文化大革命」宜細不宜粗〉，《四川地方誌通訊》，第一期，1982，頁7–9；宣平(重慶市水利誌編輯室)：《值得深思的一篇文章——〈記敘「文化大革命」宜細不宜粗〉》，同上，第五期，1982，頁40–41。

29 Thogersen and Clausen, "New Reflections in the Mirror," p. 166.

30 Vermeer, "New County Histories," p. 455. 也可參見鄭政溪(廣西通志館)，〈「粗」記「文化大革命」與粉飾「太平」〉，《四川地方誌》，第二期，1988，頁13–14。

31 Vermeer, "New County Histories," pp. 451–452.

32 Thogersen and Clausen, "New Reflections in the Mirror," pp. 169–170.

33 Walder and Su, "The Cultural Revolution in the Countryside: Scope, Timing and Human Impact," *The China Quarterly* 173 (2003), pp. 74–99.

34 湖南省道縣縣誌編纂委員會編：《道縣誌》(北京：中國社會出版社，1994)，頁33。

35 賓陽縣誌編纂委員會編：《賓陽縣誌》(南寧：廣西人民出版社，1987)，頁12、162。

36 鄭義引自內部報告，1996。鄭義：〈兩個文化大革命雛議〉，《華夏文摘》第83期(增補刊物)，(1997)，頁1–14，www.cnd.org，2004年9月30日登入。

37 對於於數據收集過程更進一步的討論，參見章成：〈道縣大屠殺〉，《開放雜誌》，2001年7月、8月、9月和12月刊。也可參見Yang Su, "Tumult from Within: State Bureaucrats and Chinese Mass Movements, 1966–1971" (Ph.D. dissertation, Stanford University, 2003)；以及Andrew G. Walder and Yang Su, "The Cultural Revolution in the Countryside: Scope, Timing and Human Impact," *The China Quarterly* 173 (2003), pp. 74–99.

38 過往一個對超過1,400個縣的分析顯示受害者(指遭到迫害、受傷和死亡的人)人數與縣誌中文革部分的長度相關。若對比12個縣其他來源的資料，可以發現死亡情況被低報的情況相當顯著。參見Andrew G. Walder and

Yang Su, "The Cultural Revolution in the Countryside: Scope, Timing and Human Impact," *The China Quarterly* 173 (2003), pp. 74–99，特別是第94頁的表2.8。

39 武鳴縣誌編纂委員會編：《武鳴縣誌》(南寧：廣西人民出版社，1998)，頁30。

40 這些縣包括陽春、五華、梅縣、連江、廣寧以及連縣。

41 張連和：〈五進馬村勸停殺〉，載者永平編：《那個年代中的我們》(呼和浩特：圓方出版社，1998)，頁398–404。遇羅文：〈北京大興縣慘案調查〉，載宋永毅編：《文化大革命大屠殺》，頁13–36。

42 黨中央在1968年7月3日和7月24日頒佈指令，呼籲解散群眾組織並要求懲罰那些仍堅持進行武鬥的人。參考國防大學黨史黨建政工教研室編：《文化大革命研究資料》(中)，第二卷(北京：中國人民解放軍國防大學黨史出版社，1988)，頁138–139，152–153。

43 《廣西文革大事年表》。

44 宋永毅編：《文化大革命大屠殺》(香港：《開放雜誌》社，2002)。

45 章成：〈道縣大屠殺〉，《開放雜誌》，2001年7月、8月、9月和10月刊。

46 在三個省中，湖北的省誌中關於文革的記錄最短。

47 咸豐縣誌編纂委員會編：《咸豐縣誌》(武昌：武漢大學出版社，1990)，頁24–25。依據死於當時較普遍的毆打行為的人數，我認為湖北的65個縣中為4個縣經歷過了集體殺戮，即宜昌(10人被殺、105人被逼自殺、60人終身殘疾)；恩施(2,350人被打、51人被殺、314人終身殘疾)；秭歸(2,500人被打、40人被殺、440人重傷、35人終身殘疾)；以及鄖西(32個在河夾區被殺、全縣共有512人被打、276人被殺或成為殘疾)。

48 Thogersen and Clausen, "New Reflections in the Mirror: Local Chinese Gazatteers (Difangzhi) in the 1980s," *Australian Journal of Chinese Affairs* 27 (1992), pp. 161–184; Eduard B. Vermeer, "New County Histories: A Research Note on Their Compilation and Value," *Modern China* 18 (October 1992), pp. 438–467.

49 參見Walder and Su, "The Cultural Revolution in the Countryside"，尤其是頁81的表格1。

50 〈造成嚴重後果的「三個會議」〉(1987年8月)、〈株連一家七口的命案〉(1987年7月31日)。

51 《蒼梧縣誌》，頁482。

52 〈造成嚴重後果的「三個會議」〉。

53 〈株連一家七口的命案〉。

54 《廣西文化大革命大事年表》(南寧：廣西人民出版社，1990)。重印Chinese Publications Services Center, Los Angeles, CA, 1995.

55 參見小平頭關於文革機密文件的五份報告。他作為中國秘密特工的背景和策略得到過一系列的報道。參見〈廣西「反共救國團」冤案始末〉，《文革機密檔案揭密之一》: https://67.15.34.207/news/gb/kanshihai/shishi/2006/1101/172175.html，2008年8月24日登入；〈廣西融安大屠殺〉，《文革機密檔案揭密之二》: http://www.xianqiao.net:8080/gb/7/1/6/n1581000.htm，2008年8月24日登入；〈廣西「上石農總」冤案始末〉，《文革機密檔案揭密之三》: http://news.epochtimes.com/gb/7/3/8/n1639613.htm，2008年8月24日登入；〈廣西軍區圍剿鳳山「造反大軍」真相〉，《文革機密檔案揭密之四》: http://boxun.com/hero/2007/xiaopingtouyehua/63_1.shtml 以及 http://boxun.com/hero/2007/xiaopingtouyehua/63_2.shtml；〈廣西文革人吃人事件揭密〉，《文革秘檔揭密之五》: http://www.64tianwang.com/Article_Show.asp?ArticleID=2319，2008年8月24日登入。

56 曉明：《廣西文革列傳》: http://www.fireofliberty.org/oldsite/level4/issue3/4-wengeliezhuan-cover.htm，2008年8月24日登入；以及吳若愚：〈中共機密文件記錄的文革廣西大屠殺〉: http://www.boxun.com/hero/wenge/88_1.shtml，2008年8月24日登入。

57 鄭義：《紅色紀念碑》(臺北：華視文化公司，1993)。

58 中共廣西整黨辦公室編：《廣西文革大事記》，1968。(中共廣西整黨辦公室，未發表文件，1987)，小平頭引用，參見注釋55。還可參見中共欽州地委整黨辦公室編：《欽州地區文革大事記》(中共欽州地委整黨辦公室，未發表文件，1987)，小平頭引用，參見注釋55。

59 它們是賓陽(死亡人數：3,951)、靈山(3,222)、上林(1,906)、鳳山(1,300)、宜山、巴馬、都安、上思(1,701)。同上。

60 中共廣西整黨辦公室編：《廣西文革大事記》(1968)(中共廣西整黨辦公室。未發表文件，1987)，頁142。

61 參見注釋1。

62 吳若愚：《中共機密文件記錄的文革廣西大屠殺》: http://www.boxun.com/hero/wenge/88_I.shtml，第四部分；2008年8月24日登入。

63 同上。

64 同上。

65 同上。

66 同上。

67 同上。

68 同上。

69 同上。

70 同上。

71 曲江縣地方誌編纂委員會編：《曲江縣誌》(北京：中華書局，1999)，頁36。

72 信宜縣地方誌編纂委員會編：《信宜縣誌》(廣州：廣東人民出版社，1993)，頁52。

73 張秀清：《澄海縣誌》(廣州：廣東人民出版社，1993)，頁57。

74 化州縣地方誌編纂委員會編：《化州縣誌》(廣州：廣東人民出版社，1993)，頁65。

75 由於湖北幾乎沒有發生集體殺戮，表格中未包括湖北的縣。

76 《廣西文革大事年表》。

77 參見如章成：〈道縣大屠殺〉，《開放雜誌》，2001年7月號，頁71；同上，2001年8月號，頁77；同上，2001年9月號，頁61 。也可參見鄭義：《紅色紀念碑》(臺北：華視文化公司，1993)，頁48。

78 章成：〈道縣大屠殺〉，2001年7月，頁71。

79 《廣西文革大事年表》。

80 章成：〈道縣大屠殺〉，2001年8月，頁82。

81 同上，2001年7月，頁75。

82 同上，頁73。

83 章成：〈道縣大屠殺〉，2001年8月，頁81–83；鄭義：《紅色紀念碑》(臺北：華視文化公司，1993)，頁23–27。

84 《廣西文革大事年表》。

第3章

社區與文化

這一章描述了農村社區中傳統的社會區隔(social division)。之所以說傳統，是因為塑造它們的人類互動史遠早於1949年的共產主義革命。與其他地方的社區一樣，不斷重複的人類衝突模式形成了初級群體間的界線，而這種界線強化了「我者與他者」的概念，或者說「群體內」與「群體外」的身分認同。要把他人視為可以殺害的對象，這需要人類想像力的「極大跨越」，而對群外人的仇恨則是一個起點。這些分化的概念雖不足以導致集體殺戮的發生，但當其他條件成熟，卻為地方上對暴力的選擇提供了助力。

在中國南方村莊中最主要的組織單位是姓氏譜系。儘管1967–1968年期間的受害者皆因「階級敵人」的標籤被殺，但宗族的身分似乎也起了作用。章成在他關於1967年道縣大屠殺的報告中提到集體殺戮中一個有關宗族歸屬的場景。在屠殺事件開始前，村莊領導們舉行了一次會議以編制目標名單。毫無例外，村民都提名並投票給各自敵對宗族的地主或者富農。[1]我自己進行的訪談中也出現了類似的模式。在一次事件中，來自三個主要的姓氏譜系的民兵把另一個宗族的人叫上批鬥台，並用鋤頭的硬木把手作為殺人工具。[2]

學者們很早就指出既已存在的社會關係在衝突發展中的重要性。例如，在關於巴黎公社的研究中，古爾德(Roger Gould)詳盡地描述了工人群組分屬和日常交往的模式，他認為它們為反抗者身分認同的形成提供了劃分的基礎。[3]瓦施尼(Ashutosh Varshney)的研究顯示穆斯林和印度教徒的日常互動有緩和社區暴亂的作用。[4]根據施特勞斯的研究，雖然不同民族之間的仇恨並沒有妨礙兩個群體比鄰而居，但在1994年，盧旺達既有的民族團體的分界還是被大屠殺的組織者所利用以煽動行兇者。[5]

在簡短敘述我的田野調查的經驗後，我會追蹤廣東和廣西——兩個特別殺氣騰騰的省份——的移民史。這一漫長的移民史不僅在當地漢族之中創造出了次族群群體，也形成了一種「邊疆心態」。我認為這些群體之間的族群衝突使這種心態長期存在下來，並強化了群體生存的需求。結果便是不僅沒有在每個次族群群體內部形成一種跨越家庭宗族的泛族群認同，而且恰恰相反，由家族、宗族以及姓氏譜系形成的內部關係得到鞏固。這些社會形態成為了群體之間分化和發生衝突的主要原因。

然後我會討論宗族的身分認同如何遭遇由1949年革命以及其後的各種運動帶來的階級劃分，並倖存下來。1949年之後的國家建設計劃從根本上改變了農村社區的邊界和性質。1950年代的土地改革運動(土改)是劃分階級成分的開始，從此，土改前的貧農和地主開始分屬不同階級，前者是「人民」，而後者成了「階級敵人」。它也自上而下增加了官僚系統的層級，並且為村民向上攀登社會和政治流動的階梯提供了新的途徑。但是，這一新的組織形式也保留了關鍵的傳統特徵。尤其明顯的是，它將宗族作為行政管理最小的單位，從而加強了這一社會形態，儘管新政權的意識形態要求要改造社會。在新的意識形態爭奪中，在精英之間的政治衝突中，以及在群眾之間的階級鬥爭中，傳統的群體身分認同都扮演了一種隱秘卻又重要的角色。

有一個少數民族群體對宗族文化特別投入、浸淫最深，深入程度超過了其他群體。在使用縣誌中的數據比較屠殺事件的嚴重程度時，我發現在文革中客家人居住的縣都發生了比其他的縣更為嚴重的屠殺。

首先讓我通過簡述我的田野調查結果來對這些社區進行一下介紹。我會談及一個方法論上的議題，即我是如何獲得訪談資料的。我會簡單介紹幾位曾親身見證集體殺戮事件的關鍵受訪者。他們的第一人稱敘述將補充我關於集體殺戮事件的書面記錄。

田野調查

在2006和2007年，我走訪了廣西和廣東的四個縣，試圖與那些瞭解當地社區歷史以及文革中發生事件的人進行訪談。最終，我找到了大概30名事件親歷者。在一次訪談中，我錄製了長達19個小時的談話內容，訪談對象是一名退休的縣領導，他曾經負責縣誌的編纂。另一次，我訪談了兩個地主家庭出身的兄弟，他們在1968年通過極不尋常的手段逃脫了集體殺戮。

為了與受訪者見面，我東奔西走，途經許多河流與社區的廣場。無論去到哪裏，它們的出現都像在歡迎著我又來到了一個新的目的地：一個城市、一個鄉鎮或是一個村莊。我很清楚它們在歷史上的重要性，特別是它們在毛時代的群眾運動中扮演過的角色。所以我總是對它們投以長久的注視，彷彿是在面對一些值得信任的、有見識的、友善的訪談對象。河流象徵著社區的生機，而廣場則代表共產黨政權給這個地區的莊稼人帶來的政治運動。

從飛機上鳥瞰地面上的風景，無處不在的是連綿起伏的綠色山巒。只有到了較低的高度才會出現亮閃閃的河流織成的網絡，其中的一些比另一些更寬闊也更奪目，讓人聯想起從美國的天空中俯視地面時見到的高速公路網。幾個世紀以來，南中國的生機與河流緊密相聯繫。水稻是這個區域的人們賴以生存的農作物，因此河流之於這片土地的意義堪比血管之於人體。村莊依有河流經過的可灌溉的河谷分佈。城市則坐落在水道的交叉處，通常在一片小小的平原或者盆地上，在山巒起伏的地形中形成一種別樣的點綴。但在1949年革命前，城市與村民的生活無關。他們走出村莊是為了去附近的鄉鎮趕集，用農作物、雞、豬肉以及手工藝品換取工具、鹽以及燈油。[6]

1949年解放之後，為了經濟目的而進行的集中則被政治性的集會取代。政治運動的日程不斷加速，使得聚會的中心從交易市場遷移到了鎮廣場。在文革的頭幾年，兩種形式的集會經常混合著進行：紅衛兵和民兵會將武鬥目標從廣場帶到市場上遊街示眾。根據一本縣誌的記載，伴隨著敲鑼打鼓聲，舊時的地主和他們的子女被關在竹籠裏裝在手推車上經過人群，作為一種「階級鬥爭教育」的展示。[7]最終，市場交易被禁止，而鎮廣場成了人們唯一被允許聚集的場所。[8]

我的第一個正式身分是聯合國發展項目北京研究小組的成員。一到廣西省會南寧，我和兩位中國社會科學院的同事就被招待去赴宴。第二天，我們由專人開車送去C縣。縣地方官員熱情地歡迎了我們，部分是因為他們熱切地希望延續與聯合國的關係，部分則因為有兩位省裏的官員隨行。我們的到來甚至上了當地的報紙。[9]

近年來，各地地方政府為了互相競爭，在自己的轄區建設所謂的面子工程。C縣廣場便是我見過的最為鋪張糜費的工程之一。入夜後，整個廣場燈火通明，並迅速成為一個喧鬧的場所。男男女女、老老少少蜂擁而至，摩肩接踵。廣場上至少同時存在五個團體，主要由老年和中年婦女組成，按各自的卡式錄音機裏播放的音樂跳著舞。還有兩到三個唱歌小組，通常由自己挑選的小組長帶領，每個小組前面還有寫著密密麻麻歌詞的歌紙。

我無從知曉這座新的廣場是否即坐落在那個曾經舉行過致命的武鬥大會的廣場之上。無論怎麼看，廣場上的人群都顯得興高采烈，並似乎已經把關於文革的事拋在了腦後。與文革中聚集起來的群眾不同，今天人們的到來與國家動員毫無關係。城市居民——其中的一些人最近才剛剛從農村搬入城市——每天的清晨和夜晚都會到廣場上來玩。看到他們無所顧忌地在娛樂活動中使用帶有文革意味的元素，也讓我感到驚訝。他們跳的舞蹈類似文革中幾乎每個成年人和學生都要學的忠字舞，而他們唱的歌曲則表明並沒有改朝換代：

我們是開拓者
我們是栽花人
在社會主義的道路上行進
為建設四個現代化獻身

在會議和聯合國評估項目的探訪工作間隙，我有機會與幾位縣裏的官員會面。我表達了希望瞭解更多地方歷史以及拜訪縣誌編纂辦公室和縣檔案局的願望。兩者都在政府辦公大樓之中。我得到的典型回應是，「哦，您需要什麼？我可以派人去那裏幫您取。」我解釋到我想與縣誌編纂者交流並瞭解縣誌編纂的過程。

自1980年代後期，文革成為了一個禁忌的話題，尤其是1989年天安門事件之後。從那時起，珍貴的資料被封鎖起來，不再對公眾和學術機構開放。1994年，一位在美國工作的圖書管理員被指控偷運國家機密材料出境，而實際上他只是在市場上買了一些紅衛兵的大字報。這是中國政府對全世界的中國研究者釋放出的寒意。他被拘留了四個月，直到超過一百位在美國從事中國研究的學者聯名寫了請願信給江澤民主席，他才被釋放。雖然這位叫宋永毅的圖書管理員被無罪釋放並回到美國，但這一事件增加了在中國從事敏感的田野調查的危險性。[10] 2006年，在我去中國進行田野調查之前，也在加拿大蒙特利爾的學術年會上聽到其他種種。進一步說明在國內收集文革研究材料不是容易的事。

我希望可以在我的調研之旅中訪談到與集體殺戮直接相關的人：那些下達命令的人，那些犯下殺人罪行的人以及那些有家人被害的人。我並不確定C縣是否發生了大規模的集體殺戮事件，但我知道在鄰近的M縣屠殺事件則相當有名。在鄭義關於廣西大屠殺和食人情況令人毛骨悚然的描述中，提及M縣是其中一個暴行最為嚴重的縣。他寫到在M縣的一個村，不僅那些成年的所謂「牛鬼蛇神」被殺，也有年幼的孩子被害。不知情的尚在學步的孩子，邊叫著殺人者「伯伯」邊請求他不要再用長繩子「逗他玩」。鄭曾經讀到一個殺人者的懺悔書：「繩索往孩子們脖子上一套，拖上就走⋯⋯背後大路上塵土飛揚。」在鄭讀到的報告中，他發現殺人行為有時取決於性別：男孩會被殺，女孩則會被放過。殺人者會通過摸孩子們的褲襠來決定。[11] M縣縣誌中的相關內容這樣寫道：

> (1968年)3月20日晚，新聯公社黃橋生產隊民兵以鎮壓「平民黨」為由而亂殺人。此後，全縣相繼出現亂殺現象，尤以文平等地為甚。[12]

M和C兩縣屬同一市，即梧州市管轄。我計劃與梧州市的官員見面，並希望他們能將我引薦給M縣的相關官員。

王先生是一個三十多歲的年輕人，本科的專業是歷史，他於1987年，即C縣縣誌編纂辦公室成立的兩年後加入該室。現在已是副總編輯，是這個辦公室六名工作人員中的二把手。該室同時負責C縣地方黨史的編纂工作。編纂辦公室屬政府機關，成員全部是縣政府編制的全職國家幹部，他們的工作也需要地方上其他部門提供資料。縣長和縣委書記是辦公室名義上的負責人。他們會發表講話、下達指導文件以確保地方各部門之間的合作。最新的1997年C縣縣誌便是由這個辦公室負責出版的。我拜訪這一略顯凌亂的辦公室時，王先生和他的同事正忙碌地收集著其他機關和鄉鎮傳來的資料，為編纂新一版的縣誌做準備。

他們並不是非常合作。我得知關於文革的調查資料被收藏在縣的資料室。資料室就在隔壁的大樓，但調查資料屬保密文件。就在我離開之前，我要求與王先生再一次會面，希望瞭解他對C縣歷史的個人看法。他向我推薦了退休的縣領導趙先生，他曾是縣誌的第一任主編，現在則是編纂委員會的顧問，住在梧州市。王先生答應為我聯絡。同時，我拜訪縣資料室時也取得了一些進展。得知我是來自美國的學者，縣資料室的負責人變得十分友好。他指了指貼在資料室牆上的「保密守則」，並要求提供一份由地方政府簽署的介紹信，在那之後我才能獲得翻閱資料的許可。當我打電話給我的接待機構，即縣的科技局後，負責人軟化了並允許我翻閱目錄。目錄上列著各種關於文革的資料，但我無法辨識出到底都有些什麼。晚些時候，還發生了其他意想不到的變故，這讓我瞭解到不可能再通過官方途徑取得進展。我放棄了取得資料室中資料的嘗試，而是決定訪談那些書面材料中提到的發生了集體殺戮事件的地區裏一些上了年紀的人。

在M縣停留的三天裏，我乘著街上的摩托車去了很多廣場，看了很多河流。然後收到縣誌編纂室王先生讓人高興的電話。他通知我趙先生願意與我聊聊。在與趙先生以及另幾位他介紹給我的退休幹部進行了幾小時的訪談後，我結束了廣西的第一次田野調查，搭長途巴士去了廣東的首府廣州。在那裏，我帶著三個之前結識的退休幹部去了兩個我要走訪的縣：X縣和W縣。這次，我決定徹底不通過官方渠道搜集資料。我的新計劃是通過個人關係在兩地的社會網絡中尋找合適的訪談對象。

目擊者們

趙先生對每個研究者來說都是理想的訪談對象。他一生見識過很多大風大浪。他的地主家庭在土改中受了很多苦，當時他自己還是一個年輕的幹部。在文革期間，他被貼上了「牛鬼蛇神」的標籤，這是「階級敵人」的另一種說法。文革之後，他當上了縣人民代表大會的委員長，並在1983年成為文革調查委員會的負責人。更重要的是他很健談且有保留書面材料的習慣。我們之間談話的錄音長達19個小時。

在1950年的時候，趙先生初初當上幹部，那年他19歲，也是廣西土改運動的第一年。儘管他出生於地主家庭，仍然被從高中選調上來。很快他就在1952年土改運動中見識到了政治的殘酷性。許多地主受到折磨，被迫交代在前一年的土改中莫須有的「私藏財富」未上繳的行為。他的母親也受到了嚴刑拷打，後來全靠她的兒子和親戚們籌到的一大筆錢獲得了赦免。工作上，白天他目睹對地主和富農的批鬥，到了晚上，又能見到對幹部的批判，他們被指責對地主和富農手下留情。由於他能寫漂亮的報告，於是成了部門裏不可或缺的人物，直到文革之前他在文化系統裏都可以算是平步青雲。文革時，累於父親的地主身分，他被貼上了牛鬼蛇神的標籤，並被剝奪了工作的權利，直到1973年他成了一名中學老師並一直幹到了校長。

當談起他38年前的道德判斷和遠見，75歲的趙先生露出了笑容。1968年，一次武鬥大會演變成了一場集體殺戮，當時37歲的趙先生跑去阻止民兵和他的同事。他的舉動改變了事情的進程。「如果當天發生了屠殺，我責任最大，因為那天現場數我的職位最高。這件事可以完全改變我的前途。」隨著文革後中國政治翻開新的一頁，他因沒有犯下什麼「文革問題」而平步青雲，進入了C縣最高領導層。他恢復了職位，先是成為了黨史辦公室的主任，然後接管了縣資料室，最後成了縣領導——縣人大主任。退休之後，他當上縣誌編委會的總編輯。根據手上掌握的資源和他早前在1983年的調查工作組中擔任領導的經驗，他親筆寫了很多關於文革的報告。他當時領導的工作組負責文革後的調查以及恢復相關人員的職務。

另一位訪談對象提供了完全不同類型的證言。1949年，金志中只有四歲。他的爸爸，國民黨X縣羅崗區的區長，拋棄全家逃去了臺灣。金志中對我詳細講述了他作為一個地主的孩子悲慘的成長經歷。土改中他的母親被折磨致死。為了避免遭受歧視，他的兄弟和兩個姐妹只得被其他家庭收養。長大後，金志中隱姓埋名去了江西工作，卻還是被他的同事發現了他的家庭背景，因此受到了要脅。他不得不在文革期間回到家鄉並作為家庭的「代表」。19歲，在一次升級為集體殺戮的事件中，他與其他的受害者在X縣金坑村的河岸邊被排成一行等待行刑。最後在外力干涉下才獲救。

關於行政方面的情況，我得到了鄭涵深的協助。他曾在1949年的內戰中打過游擊，並作為冉冉上升的明星在22歲時被任命為X縣的領導幹部。1958年，部分是由於同事的妒嫉，他被打成右派並要通過上山下鄉接受「再教育」，一去就是20年。1978年鄧小平年代才得到平反並恢復了原來的職務。

為了獲得文革期間群眾派系的情況，我訪問了魏先生。大概因為他與公安局的人交情匪淺，當時是高校老師的他，領導著縣城兩個敵對派系之一。在文革的後半期，魏先生是縣教育局的副局長。

如果説趙先生是我第一個具有突破性意義的訪談對象，那麼杜氏兄弟可以算是個圓滿的結局。我在廣東W縣遇到他們，並隨即進行了訪問。當大屠殺浪潮席捲全縣時，杜政義在山裏躲藏了兩個月才倖免於其他兄弟的命運。他是杜坑村地主家庭出身的成年男性中唯一的倖存者，1968年共有63人被殺。他向我講述其悲慘命運的時候，一開始這位78歲的老人出人意料的平靜。但是當説到與母親短暫的相聚，老人突然大哭並劇烈地顫抖起來。杜的父親在土改中被殺，在文革的大屠殺中她的母親失去了兩個兒子，對在另一個公社當老師的四子的生死也毫不知曉。

四子杜建強聽説家鄉的兄弟們被行刑的消息，便知道杜坑的民兵會到學校來逮捕他。為了自救，他精心設計了一個計劃以爭取時間。他胡亂塗鴉了一些反對毛澤東的大字報，向妻子和四個孩子告別後，便去縣城的公安局自首。杜以自己是反革命分子的理由要求被捕，那些大字報即是證據。他隨即被拘留，最終被判十年的勞教。

除了趙先生和杜氏兄弟，我在廣東和廣西的四個縣還訪談了其他三十人。他們大多是六七十歲的退休人士，之前是縣誌編纂者或者各層級的國家幹部。一些也是文革期間派系政治中活躍的領導者。我還遇到並訪問了一些倖存者和四類家庭的親屬。通常，我會住在縣城，然後深入到鄉鎮、農村，直至偏遠的小村子，途中搭乘出租車、摩托車、自行車，甚至是步行。這些訪談確認了縣誌中關於集體殺戮的記錄，但根據我的訪談人提供的信息，每個縣經歷的集體殺戮事件的次數應該多於縣誌中的記錄。這些訪談使我能讓受害者的數據呈現人性化的一面，得以構建數據的詳情並理解歷史中的人際關係。我並沒有將我的訪問局限在文革中的事件。我還詢問了從土改到文革這段時間發生的事情。我想知道的是：「階級敵人」的標籤最初是如何被貼上的，這一分類是如何維持的，以及這一個類別是如何在1967至1968年被部署為一個「可殺」的類別的。同樣讓我感興趣的是幹部的招募和他們的職業晉升，因為進行集體殺戮的似乎都是地方幹部和民兵中的活躍分子。

為了更好地解釋當地的傳統和習俗，我講述一下我作為當地孩子的經驗。我在廣東省的一個客家家庭長大。我出生在文革開始前的兩年，直到上大學才離開那個地方。我父親曾經是一名教師，之後成了高中的校長。在那些文革之前的運動中，他被委派成工作組的成員。在文革中群眾衝突的高峰期，他受到了學生組織溫和的批判，隨後成功地從中脫身並回到了故鄉的村莊。大概有一年半的時間他沒有任何工作。新政府成立後，他回到了學校並迅速被招募為一名幹部。在文革的餘下幾年中，我父親是一個特殊委員會的成員，這個委員會負責調查受到批判的幹部。

我和母親，還有兄弟們住在另一個縣的村莊裏。像其他的農民一樣，我的母親和村裏上千人一樣，參與了每天進行的集會和遊街活動，目睹了針對武鬥目標的暴力事件。我當時太小，一點也不記得文革剛開始的日子發生了些什麼，但文革最後幾年的運動慢慢開始給我留下一些印象。我記得無意中聽到大人對當天事件的討論，也記得曾經親眼目睹了批鬥會和暴力事件。在對毛澤東的個人崇拜達到頂峰的1968年，我四歲，作為家裏的代表，參與對毛主席「早請示，晚匯報」的儀式。生產隊的每個家庭都要派出代表，這些或年輕或年老的村民，在宗祠的祖先靈堂前排成一排。毛澤東的肖像代替了祖先的牌位高高懸掛著。我們手拿紅寶書，每天要向領袖致敬兩次。

邊疆文化裏的宗族體系

中華文明和國家體系起源於這個國家的北方。它的第一批居民集中生活在黃河沿岸。早在秦朝（公元前221–206），政府便在南方建起前哨站，潮水般的移民隨之而來。幾個世紀以來，上百萬的北方人在這片嶄新的土地上定居，之前這裏只有原住民的身影。而留守在此的駐軍和政府官員的數量相比之下卻很少。一開始，長江和珠江這兩條主要河流沿岸肥沃的平原地區是移民們最為嚮往的目的地。遲來一步的人只能在處於平原邊緣的高地和山谷中安家，原住民們則被趕到了更為偏遠的高海拔地區的山林之中。[13]到了元朝(1206–1368)，國家人口密集的區域已經從北方轉移到了南方。最初北方與南方之間4比1的人口比例已經逆轉，南方成為了佔有主導性的地區。[14]移民湧入的熱潮持續強勁直至元朝之後，[15]廣東和廣西是兩個移民的目的地，它們合起來被稱為嶺南地區。早期定居在肥沃的珠江三角洲的移民可以祖祖輩輩享受一種相對安定的生活，不過對於遲來者來說，山區谷地有限的土地資源只能勉強維持一兩代人的生計。所以，這些宗族被迫再次遷移到其他邊疆地區。[16]

歷史學家和人類學家對南方和北方地區的詳盡記錄顯示，最為重要和持久存在的社會機制是家庭宗族，它以拜祭祖先的儀式為特點，並在所有漢族中存在。[17]研究近代史的學者也證實了自1949年革命之後宗族對於中國人生活和衝突的影響。[18]它的影響力根源於儒家哲學並受到了幾個世紀以來中華帝國統治的強化。部分學者認為長久存續的親緣關係通過宗族組織以及拜祭儀式而得到了「永恒」這一超脱於世的意義，得以為中國漢族，這個一般被認為沒有信仰的族群提供了一種宗教。[19]

1992年，我為另一個項目進行的田野調查勾勒出中國北方農村一種典型的社會機制的概貌。甘肅省大川孔家宗族組織的祭祖儀式共有三個層次。家族裏的四、五代人在重大節日中共同祈禱和準備祭品，在葬禮中互相幫助，並共享一塊墓地。百多戶組成的村子建立廟宇以供奉孔家共同的祖先和先人，其中包括孔子(即是説孔家是孔子的後代)。他們甚至還編纂了族譜，將全國的孔氏後代都聯繫起來，包括那些生活在孔子誕生地山東的族人們。[20]

如果説宗族機制定義了「中國人的特性」，那麼南方遷移者不僅保留了這一特質，而且實踐的深入程度遠遠超過北方的同胞們。這主要是出於在邊疆衝突的環境下作為一個群體的生存需要。這是一個集體性的承擔，其核心任務先是趕走原住民，其後是應付與其他漢族群體的爭鬥。漢族中的次族群之間的紛爭也主要通過宗族勢力得以解決。

少數民族和漢族中的次族群

受到軍隊和政治力量的支持，由北方來的移民在數量上超過了原住民。漢文化在嶺南扎根並繁榮發展。一些原住民被殺害，一些改了漢人的名字並被歸化成了漢人，還有一些則跑去山裏隱居。在共產黨的統治下，55個存活下來的族群被官方貼上了「少數」的標籤。這些少數民族組成了廣西38%的人口（根據1964年的普查統計，全省人口是2,080萬）。在廣東，大部分原住民群體逃往了海南島或者臺灣，所以少數民族佔全省人口的比例少於1%（根據1964年的普查統計，全省人口是4,280萬）。少數民族與漢族在地理上被相互隔絕，居住地之間常常隔著很遠的距離。在M縣進行的一次研究之旅，我想去拜訪一個瑤族的社區。從縣城坐了兩個小時的摩托車到達M縣，去鄉鎮政府的路上，一個瑤族人都沒有見到。地方官員跟我說去最近的瑤族村莊還要走五個小時。

在中國漢人群體之中，主要的次族群是以語言為分界線構建起來的。雖然都自豪地當著中國人，這些族群各自發展出了獨特的風俗。傳到嶺南地區的古代中國語言，演變成了四種主要的方言：廣東話、西南官話、潮州話（一種閩南話的廣東變體）以及客家話。除了西南官話，即西南官方語言之外，其他的方言與普通話之間或是互相之間都各不相同。它們都是在北方移民湧入數量之大足以在文化上形成壓倒性力量的時候，從古代中國語言變化而來的，同時也融合了一部分當地原住民語言的元素。廣東話的形成可以遠及秦朝（公元前221–206），西南官話形成於唐朝（618–907），潮州話（閩南）形成於漢朝（公元前202–220），客家話則形成於宋朝和元朝交替之際（大約1206）。[21]這幾組方言在使用人數的規模上有著差異，廣東話的使用人數最多。表3.1中的數字由政府

表3.1　廣東和廣西漢族次族群方言使用人數

方言群體	廣東[a]	廣西[b]
廣東話	38,000,000	15,000,000
西南官話	–	7,600,000
潮州話	12,000,000	–
客家話	14,000,000	5,000,000

注釋：

(a) big5.gd.gov.cn/gate/big5/www.gd.gov.cn/gdgk/sqgm/rkyy/0200606120027.htm.

(b) www.hudong.com/wiki/广西方言.

在2006年左右公佈的數據整理而成。雖然無法取得按語言類別劃分的歷史上的人口數據，表格中的數據仍然可以反映每種方言使用人口的相對比例，以及他們在兩省的分佈情況。

在少數民族分層的等級體系中，廣東話和西南官話使用人群處於頂層，主要由於他們移居此地的時間最早。他們定居在珠江三角洲平原和面積廣大的盆地——最肥沃的地區，人口集中在如廣州、南寧這樣的大城市以及它們的郊區。一些群體沿南海居住，從事捕魚業而非農業。等級體系中僅次於這兩個群體的是使用潮州話的人群。他們主要集中在潮陽和汕頭地區能通往海邊的開闊土地上。在漢族中，等級體系的最底端是使用客家話的人群，他們直到嶺南地區所有優質的土地都已有人居住後才來到這裏，於是只能在早來的群體和原住民居住地之間尋找自己的一席之地。他們大多定居在低海拔山丘，如廣東、江西和福建的邊境地區。

漢族與原住民之間的衝突很快就平息了，兩者之間的實力相去甚遠，但幾個世紀以來，漢族次族群之間的競爭和衝突始終殘酷激烈。他們打理著各自的家園，生活在地理上區隔的社區，但是領地的邊界相連，也不斷地被重新劃分著。帝國政府和隨後的軍閥政權都太過軟弱無能，無法裁斷這些社區之間的糾紛。於是集體性的紛爭要通過涉事各方彰顯各自的實力來解決。族群之間的騷亂事件屢屢發生，通過這些充滿敵意的接觸，族群的身分認同也得到了增強。

但是，群體內部的鞏固只能到此為止。邊疆文化有其特殊的影響力：它加強家庭宗族的群體團結性，也強化了次族群群體之間的分裂。產生這種影響的原因有數個。首先，不像其他因素（比如宗教），作為族群標誌的語言是一個較弱的整合力量。其次，多山地區的地理狀況，特別是對於客家人來說，阻礙了大型有機社群的演化。取而代之的是，山谷的居民時常組成他們自己的小規模社群，他們與山之外世界的接觸變得非常有限。在一個方言群體之中，一旦與其他社區的競爭變得激烈，舉行宗族儀式時的熱忱便會加倍。

宗族成員包含著好幾個世代，他們通常居住在同一個大院裏。他們共同建造並生活在一個有著許多房間的大型建築物之中。祠堂則被用來進行祭拜活動。這一傳統與北方的居住模型迥然相異。部分是由於土地資源較充裕的緣故，北方人建造的房子較小，並只與直系親屬一同居住。在廣東和廣西，宗族的大小在宗族衝突中是決定性的因素，所以對男性後裔人數的關注變成了一種執迷。生活在這一區域的南方人發展出了一套地方機制和儀式來鼓勵生育。

客家

在1966年，廣東的80個縣裏有15個完全由客家人組成。另外65中也有相當比例的客家居民。在廣西，83個縣中的40個混合著客家和其他族群的居民，另外的43個縣之中，客家人口的比例則不高。[22]元朝時，梅縣是客家文化的搖籃，五個與之相鄰的縣之後也完全由客家人口組成。[23]歷史上客家人遷入廣西人數最多的一次發生在晚清時期（1616–1911），遷入者主要來自廣東，並且受到了當時帝國移遷政策的鼓勵。[24]

客家方言何時成形？客家人究竟主要是北方人的後裔還是混有漢族與原住民的血統？這兩點上，歷史學家各執一詞。一種理論將客家人口的來源追溯到來自北方的六次移民潮，始於西晉（265–317）並一直持續到清朝(1644–1911)。[25]另一種觀點認為直到元朝(1206–1368)後期，客家方言才形成。[26]儘管如此，在下述三點上學者們達成了共識。首先，客家方言是漢語的變體，詞匯和發音可從古漢語中追根溯源。其次，客家文化主要是中國式的，即使其中相當一部分人口是原住民的後代，他們很快也被主流的中國文化所同化。最後，客家人首先在廣東、江西和福建交界的多山地區定居，然後才分散到其他環境相似的，條件惡劣的地區。[27]

這裏提到的關於客家少數族群特點的討論同樣適用於這個地區裏其他漢族少數族群，他們都處於近似的文化、經濟和生態環境中。但由於客家人不穩定的生存狀態，他們把族群身分和內部宗族的團結性強化到了這個地區裏無其他族群可及的地步。「客家人」在中文裏意為：客居他鄉的人，這是那些更早定居下來的居民對他們的稱呼。為了在早期定居者和原住民之間尋求一席之地，客家人常常要與兩方開戰。而且，即使在他們成功擠壓原住民的生存空間之後，有限的土地也只能夠維持一代，至多兩代的生活。宗族的一個分支總是處於搬遷之中。客家宗族之間的競爭也同樣殘酷。一個村莊一般共同居住著幾個姓氏的系族。土地、灌溉用水以及山上的公共用地都常常成為爭執和衝突的緣由。

客家人這一次族群群體的日常習俗並不為其他中國人所知，但弔詭的是他們可以說是「最為傳統的中國人」。確實，客家的知識分子常常與其他群體的人論戰試圖證明他們的祖先是來自北方的滿族人。客家人將以宗族為基礎的團結發揮到極致。他們建造了圍龍屋，一種封閉式設計的，堡壘般軍事結構的雙層同心半圓形房屋結構。[28]中國人以及其他南方人對於男性後代的推崇在傳統客家人每年為展示新生男孩兒舉行的慶祝儀式上得到了最為充分的體現。在中國的其他地方，富人一般有納妾的風俗，而對於客家人來說，即使是窮人娶兩個老婆、養兩個家庭也並不少見。[29]在南方，宗族間的爭執和衝突頻繁發生，而在客家社區，暴力性的騷亂經常是制度化的。在我生活的村子，有一種叫做「jiao」的暴力活動用來讓競爭的各宗族進行定期的武力較量。直到我父親的那一輩，社區中的所有男性都要為了可以和敵對的宗族打鬥這一目的而接受武術訓練。

暴力的傳統

歷朝歷代的帝國政府在裁斷地方暴力衝突方面都非常弱勢。此外，他們也常常鼓勵地方精英培養自己的民兵或者私募軍隊來維持地方治安並協助平息叛亂。19世紀中期發生的太平天國起義中，帝國朝廷的實力根本無法與太平軍相提並論，直到獲得大量私募軍的協助才改變了這種不對等的局面。[30]在清廷和西方列強的交鋒中，慈禧秘密地支持義和團運動，直接導致了1900年針對外國傳教士的義和團起義。[31]1911革命之後的軍閥割據時期也沒能更好地將暴力手段控制在國家手上。[32]

國家機器不僅沒有控制住少數民族暴亂，腐敗的帝國軍隊還常常成為造成這些暴亂的原因。1854至1867年期間，清軍引起了一系列的暴亂，波及到多個縣並造成了數千人死亡。在平息了廣東省鶴山縣的一次暴亂之後，一個軍隊指揮官帶著他的部下向一個住在附近的客家地主要錢。後者拒絕妥協，並利用他的私募民兵趕走了軍隊。失敗的挫折使得這位指揮官向剛被他打敗的叛亂土匪（本地人）尋求幫助。軍隊離開後，客家人與本地居民的糾紛進一步加深。隨著傷亡數的不斷增加，來自其他八個縣的客家人與本地人都參與了這場戰鬥，前後延續數年，直到皇帝下達敕令這一暴亂才得以平息。[33]

私刑文化也深深影響了村子裏宗族之間的紛爭。如前文提及的，在客家社區中，所有的成年男性都要接受武術訓練以應付隨時可能發生的宗族之間的鬥爭。金坑村共有五個姓氏的宗族。其中主要的三個，蘇姓、曾姓和李姓宗族以彼此之間長久以來殘酷的競爭和衝突廣為人知。在1949革命之前，時常暴發社區暴亂。老一輩的人都至少記得兩次蘇姓和曾姓宗族之間持槍火併的事件。[34]

新政權時期的村莊

中國南方典型的農村社區是村莊。幾個系族在一個山腳下建造他們各自系族的共有房屋，這些房屋大多散佈在山谷之中。[35]一條流過村莊的小河為其提供灌溉水稻的用水。一個系族的房屋大約住著10戶人家，更大的系族會建造幾座房屋。直到1949年，這樣的社區都是與外界隔絕的，自給自足的單位。權威的產生自下而上。系族競爭的勝利者控制著村莊政治，而富裕的個人則被推崇為系族的領導者。帝國政府只能管理至縣級，而地方社區都處於自治狀態。[36]國民黨政府和在此之前的軍閥政權試圖將控制力延伸至村級的努力都告失敗。[37]

1949革命改變了這一情況。土地改革消滅了產權並剝奪了地方精英的社會地位。權威的來源變得自上而下。村領導，雖然本身也是村民，是由鄉鎮領導任命的黨員，而鄉鎮領導又由縣領導選擇，以此類推。所以，一個社區的性質不再能夠僅僅依靠村民之間的互動來解釋，而是要結合村莊之外由層層政府組成的網絡來理解。這一網絡由鄉鎮、縣、省以及北京的中央政府構成。由於城市居民的權威來自於國家編制，社區的含義發生了根本性的改變。本書涉及的發生集體殺戮的社區，並不僅僅關於組織者、執行者和旁觀者，我把那些可以對村民施加權力的城裏人也納入了討論。這些群體都對村莊的社會建構產生著影響。

1961年，在實行了一系列改革和實驗之後，中國政府設置了由四個層級組成的農村行政體系，即縣、公社、生產大隊和生產小組。整個文化大革命時期都沿用著這一體系。大隊對應村莊，小隊對應一個大約有十戶居住的系族大宅。[38]表3.2列出了具有代表性的四個縣的行政單位。X和W是廣東八十個縣之中的兩個，C和M則是廣西八十三個縣之中的兩個。

黨國對農村人口的統治依靠官僚中的幹部以及有編制的人員，他們住在鄉鎮縣城和省城的市中心。官僚們監管著政治、稅收和靠種莊稼過活的村民們的生產。類似於種姓制度的戶口制度築起了一道極少能被穿越的社會高牆。[39]城市居民通過派遣工作隊到農村組織群眾運動從而推

表3.2 部分縣的行政單位

縣	X縣	W縣	C縣	M縣
公社數量	27	26	30	14
大隊數量	819	697	225	145

注釋：X和W為廣東的縣，C和M是廣西的縣。
資料來源：X、W、M以及C四縣縣誌。

動一個接著一個的社會改造。他們培養新的地方精英作為國家的代理人，用地方權力以及人人垂涎的進入編制作為對這些鄉村精英的獎勵。城市與鄉村的關係是理解在1967至1968年發生在城市的衝突是如何轉化為農村裏的大屠殺的關鍵。

1949年之後的國家建設對地方社區的影響還體現在其他三個根本性的方面。首先，政治權力來源的變化改變了社會分層和職業流動的體系。過去自下而上的權力結構之中，尋求發達的途徑不外乎這麼幾種：通過積累財富建立一個具有主導地位的家庭宗族(通常以對土地的所有權多寡來衡量)；在科舉考試中金榜題名；或是在地方的鬥爭中戰勝其他的系族或宗族。而在共產主義制度之下，相反，與新的政權保持緊密的聯繫才能獲得成功。

其次，村民被強加了階級身分，之前他們的群體意識集中在對系族、宗族和家庭的認識上。同一宗族中的地主既是朋友、金主，同時也是保護者。而在土改之後，財產上的差異不復存在，於是階級身分這一概念應運而生。到了文革，每一個家庭都變成了「公社成員」，耕種著公有的土地。在缺乏經濟基礎上差異的情況，階級身分成為了開展地方事務的一種制度依託，並影響著每一個人的財富和命運。

最後，民族、系族和宗族這些傳統的身分被認為是封建殘餘而要被予以拋棄。廟宇被毀，宗祠被廢棄，儀式也遭到了禁止。即使是這樣，證據顯示上述身分的改變並非易事。在第四與第五章中，我將討論前述的第一和第二個影響，這裏，我先對第三個影響展開討論。

即便是在發生革命性的變革之後，社區的一個核心特點也不曾被改變：同一個系族或宗族的成員仍然住在一起。所以，新政權的無心之失，卻為傳統身分認同保留了社會基礎。事實上，在1961年，新的行政體系在設置生產小組時正是基於地理上的便利，於是就將系族大宅直接轉變為經濟單位。生產小組是一個合作性單位，這個集體共享土地並分配食物；它同時也是最基層的政治單位。這些經濟和政治上的安排取代了祖先崇拜的組織結構，成為新的整合性社會力量。

新政權在預先制止未得到批准的集體暴力上顯示出了它的實力。無論是群體性暴亂還是宗族械鬥全部都不復存在。但是暴力事件本身卻仍然平常，且被引導至階級鬥爭運動之中。系族之間的競爭成為了一個隱藏性的角色。我的訪談對象提及，在土改時期，國家工作組需要平衡每個系族或者宗族中接受批鬥的目標的人數。對於同一個批判對象懲罰的實施亦有分工：來自同一個系族的貧困家庭的成員可以只進行言語上的批判，來自敵對宗族的村民則可以施行毆打，有時甚至動手殺人。

在精英的層次，村莊的領導層繼續由來自勢力強大的系族代表把持。民族誌指出這種情況在中國北方相當普遍。[40]趙力濤記錄下了河北「S」村的情況，權力在兩個最大的系族之間更替。[41]在對廣東村莊的研究中同樣發現了這樣的形態。[42]我在金坑，一個客家村莊，進行了深入的訪談。文革一開始，該村的黨委書記是由一個李姓人擔任的，在奪權運動中被一個曾姓人取代。後來到了組建村革命委員會的時候，李家和曾家之間形成了僵局。為了緩和局面，公社領導選擇了一個蘇姓的人主事。但他的領導班子仍然嚴重地受到李家和曾家代表的牽制。蘇家的老人們告訴我，在那個蘇姓人擔任黨委書記的任內，他並沒有為蘇家取得什麼好處。在文革晚期，村莊可以推薦兩個年輕人上大學，這是多年來最為誘人的獎勵。結果獲得推薦的兩人都來自曾姓系族。[43]

文化與集體殺戮

中國的公眾和學者試圖從文化上解釋廣西和廣東發生的殘酷事件。他們將這個地區看作南蠻之地，並認為這裏的人特別崇尚暴力。畢竟，這裏曾是19世紀中期太平天國叛亂的發源地，那場叛亂奪走了七千萬人的生命，[44]而且在此之前這裏就頻繁發生民族暴亂。[45]這個地區，尤其是廣西，也是少數民族高度集中的地方。這一文化上的假設並非全無道理，但進一步的檢視顯示文化上的影響並不直接發生作用。

在前文中我提到的軼事，證明了宗族身分作為一個文化因素在1967–1968年發生的屠殺中起的作用。我們由此可以預期這一身分認同在一個群體中越強烈，集體殺戮越有可能發生。通過對兩省移民史的回顧，我還認為邊疆心態使得宗族身分認同在中國南方顯得尤其強烈。漢族之中的各次族群內部及其之間長期存在著衝突，而客家群體又是其中受前述宗族文化影響最深的。由此，我們預期發生在漢族人口中的集體殺戮事件比發生在少數民族中的更嚴重；而在漢族之中，發生在客家人之中的集體殺戮又比發生在其他次族群方言群體中的更嚴重。

正如表3.3所顯示的，少數民族人口居住的縣在文革期間的死亡率低於那些主要居民為漢族的縣。廣西的縣分為兩類，一類是少數民族居民大或等於50%的，另一類則是少於50%或者沒有少數民族居民的。第一類主要居民為少數民族的縣在文革期間的平均死亡人數是546.1人，而主要居民為漢族的縣平均死亡人數則為835.8人。這一結果，不僅在人數上存在巨大區別且在多元迴歸模型中被證明統計上顯著(詳見第八章)。這一結果說明如果文化在這個意義上是影響集體殺戮事件的一個因素，那麼我們必須檢視它在漢族群體中的存在形式和影響。

我的數據還顯示客家，作為一個漢族的次族群，其存在與集體殺戮事件有正相關關係。由於兩個省中人口組成上的區別，我們可以進行如下兩種類型的比較。在廣東，我比較那些完全由客家人居住的縣與那些由部分客家人、部分其他漢族次族群混合居住的縣。表3.4中顯示，完全由客家人居住的縣的死亡率高於那些次族群混合居住的縣：平均值為441.1人比274.6人，即前者比後者的平均死亡人數高出38%。在廣西，我則比較了那些客家居民佔相當比例的縣和那些完全沒有客家居民的縣。客家人這一個因素同樣造成了差異：有客家居民的縣的平均死亡人數是873.6人，而沒有的則為631.9人(詳見表3.5)。

表3.3　廣西的平均死亡人數：少數民族居住的縣和漢族居住的縣之間的比較

	少數民族人口佔總人口數少於50%或者沒有少數民族人口的縣	少數民族人口佔總人口數多於或等於50%的縣
縣平均死亡人數	835.8	564.1
縣的數量	32	32

表3.4　廣東的平均死亡人數：客家人居住的縣和混合居住的縣之間的比較

	客家縣	客家與非客家人口混合縣
縣平均死亡人數	441.1	274.6
縣的數量	12	42

表3.5　廣西的平均死亡人數：有相當數量的客家人居住的縣與沒有客家人居住的縣之間的比較

	有客家人居住的縣	沒有客家人居住的縣
縣平均死亡人數	873.6	631.9
縣的數量	18	46

這些描述性的數據説明客家族群這一因素或許對集體殺戮造成的死亡率有決定性的影響。而且，漢族內部的系族區隔作為一個文化因素，或許也對滅絕性殺戮的產生有正向影響。在不同的群體中，少數民族中發生的屠殺最少，而客家人中發生的最多。其他漢族次族群，包括廣東人、潮州人和説西南官話人群則處於前述兩者之間。這些雙變量之間的效果是否成立將會在第八章的多元迴歸分析中得到檢測。雖然集體殺戮事件在客家群體中最為嚴重，文革中的暴行並不僅發生在客家人之中。如表3.3、3.4和3.5顯示的，非客家人居住的縣的死亡人數也相當

高。上述比較希望強調的是漢族宗族身分認同在文化傳統上的差別。客家群體在這一方面表現得最強烈，而少數民族則最微弱。其他的方言次族群則處於兩者之間。文革中的集體殺戮事件的嚴重程度似乎與此排序相呼應。

結　論

在文革期間，農村地區的集體殺戮事件在階級鬥爭的名義下展開。但階級身分卻是外界強加給村民的。現有的報告以及我的研究均指出受害者和行兇者一般都來自不同的系族群體。這一點可以由以下兩點事實說明：系族區隔是最顯著的社會分野，以及村莊通常由多個系族組成。當我們試圖理解集體殺戮事件背後的身分認同形成過程的時候，必須要注意到這些情況。

不過，我並不認為系族區隔是造成滅絕性殺戮發生的充分條件。系族區隔在中國農村普遍存在，但文革期間，只有少數村莊和鄉鎮發生了極端嚴重的集體殺戮事件。我同樣也不認為這一區隔構成殺戮發生的必要條件。在任何社區中，潛在其他類型的區隔也影響著暴行的發生。

然而，系族身分認同是一個重要的地方驅動力。根深蒂固的群體內外有別的傳統使得他們能夠更輕易地把他者置於自身道德體系之外。如同前文中討論過的，地方上的行動者並沒有把新的階級身分認同的觀念替代固有的觀念，而是作為一種固有觀念的疊加強化，也就是說在新的階級鬥爭之中系族身分認同的因素依然存在，且刺激著針對來自敵對宗族的受害者的行動。新的精英之間發生的村莊政治背後，傳統的身分認同因素還在發生著作用，姓氏譜系常常被作為政治不正確的判定標準。這一點的重要性在於，在1967年和1968年，村莊的幹部是解讀外來的戰時宣傳的關鍵性人物，因此他們也決定著地方上對這些宣傳的反應。

除此之外，我的論述為理解為什麼廣東和廣西發生的暴行尤其嚴重提供了一個文化上的視角。在中國南方，系族這一體系本很常見，而在移民中形成的邊疆文化更強化了它的表達。族群競爭和衝突加劇了為謀求直系血親家庭之外的群體生存的需求。客家群體在實踐系族傳統這一點上表現得尤其突出。如果說南方人在這一方面表現的比北方人「更中國」，那麼客家族群則是南方人中的極端。實際上，數據顯示，在發生嚴重暴行的廣東和廣西的縣之中，有客家人口的縣與集體殺戮事件直接相關。然而，在日常生活中將他者當作群體之外的人與對他們進行滅絕性的殺戮之間還是存在天差地別。另一個需要考察的因素，即文革中誕生的階級標籤，將會是第四章討論的主題。

注 釋

1　章成：〈道縣大屠殺〉，《開放雜誌》，2011年7、8、9以及12月刊。

2　在廣東金坑村進行的居民訪談。批鬥會中途變成了殺人事件。

3　Roger V. Gould, "Multiple Networks and Mobilization in the Paris Commune, 1871," *American Sociological Review* 56, no. 6 (1991), pp. 716–729; Roger V. Gould, "Collective Action and Network Structure," *American Sociological Review* 58, no. 2 (1993), pp. 182–196; Roger V. Gould, "Trade Cohesion, Class Unity, and Urban Insurrection: Artisanal Activism in the Paris Commune," *American Journal of Sociology* 98, no. 4 (1993), pp. 721–754; Roger V. Gould, *Insurgent Identities: Class, Community, and Protest in Paris from 1848 to the Commune* (Chicago: University of Chicago Press, 1995); Roger V. Gould, "Patron-Client Ties, State Centralization, and the Whiskey Rebellion," *American Journal of Sociology* 102, no. 2 (1996), pp. 400–429.

4　Ashutosh Varshney, *Ethnic Conflict and Civic Life: Hindus and Muslims in India* (New Haven, CT: Yale University Press, 2002).

5　Straus, *The Order of Genocide*, pp. 8–10.

6　革命前，國民黨政府也嘗試過進行政治整合。但從各種意義上來說，這一努力都明顯是一次失敗。在村裏，擔任要職的大多仍然是大家族的人。村莊之間，地方上的日常生活常被土匪不時的騷擾和毀滅性的戰爭打亂。參見陳益元：《革命與鄉村：建國初期農村基層政權建設研究：1949–1957，以湖南醴陵縣為個案》(上海：上海社會科學院出版社，2006)。一個真正具有整合性的力量或許是市場機制。G. William Skinner在一系列研究中揭示，村民的生活範圍是通過一個有不同等級的交易體系才得以從鄉村擴展到鄉鎮、城市，甚至全國和國際市場上去的，而這一體系的起點則是鄰近鄉鎮的市集。參見G. William Skinner, "Vegetable Supply and Marketing in Chinese Cities," *The China Quarterly* 76 (1978), pp. 733–793; G. William Skinner, "Rural Marketing in China: Repression and Revival," *The China Quarterly* 103 (1985), pp. 393–413; G. William Skinner, *Marketing and Social Structure in Rural China* (Ann Arbor, MI: Association for Asian Studies, 2001).

7 參見第七章。

8 G. William Skinner, "Vegetable Supply and Marketing in Chinese Cities," *The China Quarterly* 76 (1978), pp. 733–793; G. William Skinner, "Rural Marketing in China: Repression and Revival," *The China Quarterly* 103 (1985), pp. 393–413; G. William Skinner, *Marketing and Social Structure in Rural China* (Ann Arbor, MI: Association for Asian Studies, 2001).

9 《西江日報》，2006年9月4日。

10 與宋永毅的私下交流。

11 鄭義：〈廣西吃人狂潮真相：流亡中給妻子的第八封信〉，《華夏文摘》，1993年第15期，增刊。

12 蒙山縣誌編纂委員會編：《蒙山縣誌》(南寧：廣西人民出版社，1993)，頁27。

13 葛劍雄、吳松弟、曹樹基：《中國移民史：第一卷》(福州：福建人民出版社，1997)，頁88。

14 葛劍雄：《中國人口發展史》(福州：福建人民出版社，1997)，第十三章。

15 葛劍雄、吳松弟、曹樹基：《中國移民史：第一卷》。

16 同上。

17 James L.Watson, *Emigration and the Chinese Lineage: The Mans in Hong Kong and London* (Berkeley: University of California Press, 1975); Maurice Freedman, *Chinese Lineage and Society: Fukien and Kwangtung* (New York: Humanities Press, 1966); Maurice Freedman, *Lineage Organization in Southeastern China* (New York: Humanities Press, 1965); 錢穆：《中國文化史導論》(臺北：商務印書館，1994) ; Jun Jing, *The Temple of Memories: History, Power, and Morality in a Chinese Village* (Stanford, CA: Stanford University Press, 1996); 蘇陽：〈敬祖祭祖活動中的村民與組織——1992年對中國西北孔姓山村的實地調查〉，《社會學與社會調查》，1992年2月號，頁58–72。

18 Anita Chan, Richard Madsen, and Jonathan Unger, *Chen Village: The Recent History of A Peasant Community in Mao's China* (Berkeley: University of California Press, 1984); Helen F. Siu, *Agents and Victims in South China: Accomplices in Rural Revolution* (New Haven, CT: Yale University Press, 1989); Isabel Crook and David Crook, *Ten Mile Inn: Mass Movement in a Chinese Village* (New York: Pantheon Books, 1979); Isabel Crook and David Crook, *Revolution in a Chinese Village: Ten Mile Inn* (London: Routledge and Kegan Paul, 1959); Edward Friedman, Paul Pickowicz, and Mark Selden, *Chinese Village, Socialist State* (New Haven, CT: Yale University Press, 1991); 趙力濤：〈家族與村莊政治（1950–1970）：河北某村家族現象研究〉，《二十一世紀》，第55期，1999年10月，頁1–25; William Hinton, *Fanshen: A Documentary of Revolution in a Chinese Village* (Berkeley: University of California Press, 1997).

19 錢穆：《中國文化史導論》（臺北：商務印書館，1994）; Jun Jing, *The Temple of Memories: History, Power, and Morality in a Chinese Village* (Stanford, CA: Stanford University Press, 1996); Su Yang, "Villagers and Organizations."

20 Su Yang, "Villagers and Organizations"; 也可參考 Jun Jing, 1996.

21 吳松弟：《中國移民史：第四卷》，頁350–368。

22 胡希張、莫日芬、董勵、張維耿：《客家風華》（廣州：廣東人民出版社，1997），頁712–714。

23 吳松弟：《中國移民史：第四卷》，頁350–368；羅香林：《中國族譜研究》（香港：中華學社，1971）。

24 鍾文典：《廣西客家》（桂林：廣西師範大學出版社，2005）；鍾文典：《福建客家》（桂林：廣西師範大學出版社，2005）。

25 羅香林：《中國族譜研究》（香港：中華學社，1971）。

26 吳松弟：《中國移民史：第四卷》，頁350–368。

27 羅香林：《客家研究導論》（上海：上海文藝出版社，1992）；葛劍雄、吳松弟、曹樹基：《中國移民史：第一卷》。

28 在人口密度較小的社區，圍屋的結構會變成半圓形加幾排房子。

29 客家女人勤儉持家，能給予家庭諸多支持。

30 Jonathan D. Spence, *God's Chinese Son: The Taiping Heavenly Kingdom of Hong Xiuquan* (New York: W. W. Norton, 1996).

31 Joseph Esherick, *The Origins of the Boxer Uprising* (Berkeley: University of California Press, 1987).

32 陳益元：《革命與鄉村》。

33 劉平：《被遺忘的戰爭——咸豐同治年間廣東土客大械鬥研究》（北京：商務印書館，2003）。

34 2006年對金先生進行的訪談。

35 一個村中只有一個系族的情況並不多見。參見如Anita Chan, Richard Madsen, and Jonathan Unger, *Chen Village*. 這種情況下，村莊政治會以系族內部不同宗族互相競爭的形式呈現，競爭模式則與發生在系族之間的競爭相似。

36 陳益元：《革命與鄉村》。

37 同上。

38 例外的情況：一些大隊可能由多於一個小自然村組成。在獨門獨戶的屋子裏單獨居住的家庭則會加入一個系族大宅組成的小組。

39 See Dorothy J. Solinger, *Contesting Citizenship in Urban China: Peasant Migrants, the State, and the Logic of the Market* (Berkeley: University of California Press, 1999).

40 Edward Friedman, Paul Pickowicz, and Mark Selden, *Chinese Village, Socialist State* (New Haven, CT: Yale University Press, 1991); 趙力濤，1999。

41 趙力濤：〈家族與村莊政治〉。

42 Anita Chan, Richard Madsen, and Jonathan Unger, *Chen Village*; Helen F. Siu, *Agents and Victims in South China: Accomplices in Rural Revolution*.

43 對金坑村村民進行的訪談。

44 葛劍雄、吳松弟、曹樹基：《中國移民史：第一卷》，頁46。

45 劉平：《被遺忘的戰爭——咸豐同治年間廣東土客大械鬥研究》。

第4章

階級敵人

在講述一個暴力場面時，廣東X縣的一位縣誌編纂者著重描述了一位文革受害者與一群中學生相遇的場景。這一交雜著天真、仇恨和殘忍的時刻，也讓人對毛時代所謂「階級敵人」的概念以及普通人對這一人群的蔑視、厭惡和無禮的動因提出疑問。[1]事發地大壩裏是寧江岸邊的一塊空地，寧江貫穿X縣南北。1968年夏天，在這裏舉辦了一場規模超過萬人的批鬥大會。參與者既有縣城的居民，也有鄰近公社的農民。每一個公社都揪出了本社的四類分子作為批鬥目標。[2]這樣聯合性的批鬥大會並不多見，在群眾還沒那麼狂熱的時候，每個公社會自行組織批鬥會。當時黨中央發佈了兩個最新指示，於是批鬥會被迫結束。人群散去，民兵押送武鬥目標人物回其所屬的各級縣城。但在至少四處，場面迅速惡化為對批鬥目標的毆打和殺害。[3]

四十出頭的藍先生躺倒在死傷者之中。[4]天色漸暗，路上寥無人跡的時候，有一群中學生從這裏經過並注意到了被打得血肉模糊的藍先生。藍先生動了動嘴唇，或許想要一口水或者請求幫助。這些十幾歲的少年人並不認識他，但他們很可能參加了或者聽說過此前的批鬥會。但從他被打得奄奄一息倒在路邊這一事實，他們推測出這是一個垂死的階級敵人。不僅沒有施以援手，他們向他連續投擲了三十多塊石頭，沒有人知道他是否在他們停手之前已經死亡。[5]

對人的生命如此之藐視，現在看來令人吃驚。而在當時當地，那些十幾歲的少年人只不過是做了順應社會情境的事，這一情境是由社會環境和其父母所定義的。彼時社會情境中的關鍵因素是「**階級敵人**」的概念，以及相應的對待「階級敵人」的合理做法。經年的教育和宣傳使他們深受這一概念的浸染。通過對上述少年人反應的描述，我們可以推斷對階級敵人，或者説可以被以正當理由殺害的個人存在一種被集體認可的定義。這一定義從何而來？更重要的是，**階級敵人**這個詞是一個誤稱。被貼上該標籤的不僅有那些從土地所有權中獲益的人，還有其在土改運動之後出生的家人。所以，定義受害者的主要標準並非從經濟意義上出發（「階級」這個詞語明顯包含經濟的意味），它更多地取決於一系列社會及政治的規則和過程。歷史學家會把1949年後毛澤東統治下的中國劃歸為和平時期。確實，這個時期並未發生常規戰爭。然而，「和平」並非生活在其中的人——無論是所謂「階級敵人」還是「群眾」——所體驗到的。為了理解藍先生的悲劇以及許多與他有著一樣經歷，甚至更為不幸的人的故事（其中包括自己年幼的孩子以及年邁的父母也一起慘遭殺害的情況），我們必須要瞭解「階級敵人」在毛時代中國的涵義。

受害者身分的建構主義觀點

在集體屠殺的歷史中，我們熟悉那些邊界明確的受害者身分，比如猶太人、亞美尼亞人和圖西族。早期研究滅絕性屠殺的學者使用「種族屠殺」的概念並不是巧合，因為大量事件顯示毀滅性的殺戮通常會針對容易辨識且有自覺的族群或者國民群體。然而，學者們很快便遇到問題複雜的一面，這是由兩個相互關聯的發現所導致的。首先，既有的社會區隔在研究種族屠殺和大規模殺戮時並不是一個好的指標。比如某個地區族群間既有的分野並不能預測種族屠殺。[6]其次，在社會主義國家的（比如，中國、前蘇聯以及柬埔寨）大規模殺戮中，受害者是由官方新近定義的，受害者和加害者往往來自同一個族群團體。[7]確實，國家對受害者身分的建構即使是在那些範例式的個案中——如猶太人、亞美尼亞和盧旺達大屠殺——也非常的常見。[8]換言之，國家對於群體邊界的闡釋比現有的邊界劃分更關鍵。這一建構主義的視角指導著絕大多數近期從事種族屠殺和大規模殺戮研究的學者。[9]在對種族屠殺進行定義時，一些學者認為「受害者的群體以及其中的成員組成是由加害者定義的」。[10]

上述論述有兩種理論上的涵義。首先，它使我們可以理解同時存在著幾種對定義受害者產生影響的力量。其次，它使我們能夠明白為什麼在羞辱和歧視的事件長期存在的情況下，滅絕性的殺戮會在特定的時刻發生。就本書討論的中國案例來說，這一觀點是前述社區模型的基礎。本章以及其後的幾章會探討這些使既有的群體分野增添種族滅絕性維度的幾種同時存在的力量。所謂的階級敵人，代表農村人口中的一類人。這個概念在1949年之後存在了大概二十年，但直到文革，它才變成滅絕性屠殺的受害者群體。這一變化無法由共產主義關於建立無階級差異社會的教條進行解釋，因為該教條在中國實行多年，它的主要做法也並不是要通過滅絕性的做法來創造上述的社會形態。同樣，資產階級產生了現實的威脅以致於鏟除它們變得重要且緊迫，這一假設也不成立。對於階級敵人概念起源的回顧顯示，它的形成、延續和應用方式全部都為當時的政治環境服務。那些援引共產主義國家中的政治暴力事件作為比較的研究大規模屠殺的學者，通常使用現實主義的觀點來處理「階級敵人」的概念(在前蘇聯的例子中，即「人民的敵人」)。即是說，他們認為針對新社會主義政權的對抗是切實存在的，而階級敵人則被定義為一個寬泛的類別，包括那些可能的或者有跡象對抗國家的個人。在1960年代，達林(Alexander Dallin)和布列斯羅爾(George Breslauer)寫到：「當權者對於敵意的預期、對於階級或者群體忠誠以及不滿程度的預設和想法會使得他們認為特定社會階層需要預先制止、防範、鎮壓、威脅或者除掉。」[11]這一論點的主旨又在曼的書中重現：

> 先鋒性的政黨面對著一個頑固的社會以及國內外的敵人。資本家、地主、小資產階級、國王、教會都被列為滅絕的對象。但這些人試

> 圖反抗並獲得來自國外的幫助……人民都是無產者，而與無產者作對的階級便是人民的敵人。社會主義者可能想通過謀殺消除階級。我將此稱作階級屠殺。[12]

但是至少從社會主義中國的案例看來，上述現實主義的觀點有三個組成部分與歷史證據相背離。首先，階級敵人應該有切實的經濟基礎或者享有一定的經濟地位。在中國，舊地主、富農以及資本家被認為屬階級敵人這個類別。但是，如果說在1949年之後最初的三年中上述身分與其經濟實力尚吻合，很快那些人的財產便被徹底地充公了。他們的後代已完全算不上地主，也不再擁有大片的土地，卻同樣遭到歧視、階級批鬥以及凌辱。甚至在1951年至1952年的土改之中，被定性為地主或者富農的標準並非取決於之前是否擁有大片的土地，那些不言明的指標配額，完全由一場政治運動需要多少階級敵人來決定。

其次，所謂的階級敵人被假定代表著一種確實的反對、抵抗或者挑戰社會主義國家的勢力。同樣，在1949年之後的頭兩三年這一假設或者還可以成立。當時國民黨軍隊仍然殘留在國家偏遠的區域(比如廣西地區和湖南的西部)。但是，在大多數地區，土改運動沒有伴隨著太大的騷亂或者批判。而且，到了1950年代中期，那些被貼上階級敵人標籤的人，無論其之前的經濟環境如何，都處境清貧且受到嚴格的監視。他們不敢表達任何針對政權的批評，甚至私下也不敢，更不用說會形成任何有實質意義的集體性抵抗行為。他們反覆受到歧視、暴力對待，有時甚至遭到殺害。這並非因為他們的所作所為而是因為貼在他們身上的政治標籤，且這一標籤將傳給他們的後代。這可以說是一種繼承制度，只是傳下去的不是土地而只有帶來惡運的政治身分，它會嚴重地限制繼承者的發展機會。

第三，曼的現實主義觀點認為，社會主義國家「有通過謀殺消除階級的企圖」。[13]但事實則剛好相反。土改運動之後，如果僅以財產所有為判斷標準，中國已經轉型成了一個沒有階級的社會。[14]在這個無階級的社會，國家在「人民」和「階級敵人」之間人為製造出了一個分野。毫無威脅性的階級敵人從未刻意地要被消除，無論是通過謀殺還是其他途徑。一開始階級敵人的數量就被誇大了。地方上被設定了配額，如果地方上沒有抓出一定比例的地主和富農，相關地方領導就要接受懲罰。所以階級敵人的數量往往比按照實際土地擁有量所判定出來的人數要多。為了強調這一指定過程的人為性和任意性，應當提及：毛澤東過世後的若干年，階級敵人，作為一個有政治意義的階級被消除了，不是通過謀殺而是依靠一項宣告。原因是新的領導層認為階級敵人相關的分類和運動不利於提高生產力。

所以，國家將階級劃分強加於社會、維繫著並通過國家支持的群眾運動使之長期存在。那麼，建構出來的階級敵人其存在可以實現怎樣的目的呢？問題的答案將此人為的階級劃分與兩個主要的政治任務相聯繫：動員群眾對政權的順從以及解決精英間的衝突。這些聯繫是理解為什麼政權在政治危機時刻要深化政治上構建出來的劃分的關鍵。其靈活的性質也是理解為什麼階級分類會在特殊的環境中呈現種族屠殺的維度的關鍵。

土地改革中的一個地主家庭

1949年，金志中當時四歲，父親拋棄了家庭逃往臺灣，把妻子和四個四到十一歲的孩子留在廣東X縣金坑村，在那裏他們要承受一個地主家庭的命運。到了文革，當時二十歲出頭的金志中是家裏唯一的倖存者，並且背負著父親留下的階級身分的重擔。他是批鬥大會和遊街中常備的出氣筒，幾乎在文革中喪命。2006年，我去拜訪他時，他已經62歲了。談話中，他多次重複毛澤東的名言：人的出身不由自己選擇，但人生道路由自己選擇。中文裏「出身」即指「家庭背景」。在訪談中，有時他看上去為其悲劇和這一名言之間的矛盾之處感到真切的困惑；而另一些時候，他說出這句話，是用它來感嘆自己的失意和憤慨。他的人生軌跡本可以完全不同：若其父母或者年長他六歲的哥哥當時留在村裏，金志中便不會成為批鬥對象。然而，他的父親逃走了，母親去世，年長的哥哥則被住在另一個村的親戚收養。

毛時代中國的階級敵人是按其符號功能來定義和遭到利用的。之前的行為，甚至家庭出身都不及群眾運動對敵人，通常被稱為「階級敵人」的需要來的要緊。比如，如果村裏沒有地主，那麼就會用富農代替。如果家裏沒有男性戶主，他的妻子或者長子便用來頂替。目標的範圍取決於階級鬥爭運動的嚴酷程度。運動的需要和彈性的定義之間的這種關係，是理解許多人之所以經歷不同的命運、遭受各種苦難的關鍵。

文革之後，金志中結了婚並搬去了妻子的甘磚村，距離金坑村大致15里。他們生了兩個孩子。在1979年，他與父親時隔三十年後第一次在香港重逢。當我在2006年拜訪他時，金先生在縣城裏過著富足的生活。如同很多在1990年代的中國經濟高速發展時期致富的人一樣，他和他的家庭擺脱了農村生活。我們的會面地點是他家藥店的鋪面房裏。

在1930年代早期，金志中的父親畢業於著名的黃埔軍校廣州分校。他在抗日戰爭的一場戰役中受了傷並致輕微癱瘓。戰爭之後，他留在自己的家鄉，先是當上了地方的警察局長，後成為了地方的治安官。他的家瓦池塘是金坑一個同姓宗族的社區，瓦池塘由三棟傳統的客家圍龍屋組成。它們緊鄰著山排成一排。每一棟大屋都住著十戶姓金的家庭。在這個以及其他廣東客家地區的同姓社區中，貧窮和富裕的家庭同住在共同的祖上留下來的圍龍屋裏。一個家庭的生活空間隨著其擁有的財富多少變化著，土地也遵循著同樣的原則。但在舉行傳統的儀式（例如祖先崇拜），以及需要團結一致對抗同村的其他同姓社區時，整個社區便會聚集在一起。一個人需要稱呼他/她的長輩時，會加上一個顯示他們血緣關係的頭銜，如「姐姐」、「哥哥」、「叔叔」或者「爺爺」。金坑共有五個姓氏的宗族。三個最主要的姓氏分別是：金、曾和李，數百年來便以互相之間殘酷激烈的競爭聞名。在文革之前，公社間就經常發生鬥爭。上年紀的人至少記得兩次金姓與曾姓使用槍支互鬥的事件，兩次中都有一個曾姓人被殺。[15]

在這種情況下，任何一個爬上政府機關高位的人都會給其所在的姓氏群體帶來權力和聲望。相較於宗族體系，階級分類顯得並不重要，這是一個陌生的概念。[16]所以，直到解放，金志中的父親可以說是一個地方英雄。他決定離開X縣逃往臺灣時是如此匆忙，金志中強調說，當時他不僅不可能帶著家人一起走，而且因為情況過於緊張和危險，他甚至不敢帶走黃埔軍校的畢業證書。他留下指示叫家人寄給他，但後來根本無法辦到。到臺灣之後，金先生的父親無法證明自己的身分，也無法再為政府效力，被迫自謀生路。所以與其他國民黨高階的官員相比，他後來過的並不如意。當然，比起留在大陸的妻兒，他還是幸運很多。

1950年後期土改開始時，X縣是廣東三個被選中首先發動改革的縣之一。一開始，金志中的家庭即因其父親曾為國民黨政府服務而被定性為「反革命」，又因其擁有的土地而被定性為「富農」。由於父親的缺失，母親應政府的要求而成了戶主，儘管如此，家庭成員並沒有受到身體上的虐待。

然後，在1951年中旬，土改以土地改革清算的形式再現。金志中的家庭性質被由富農提升為地主。他的母親與其他一些地主和富農家庭的戶主一起被圍捕並在批鬥會中或之後反覆遭到折磨。當我訪問金坑時，年長的村民生動地描述起當時的情景。金志中的母親被多次單手吊起的事廣為人知。折磨她公開的目的是為了得到她家所謂「隱瞞的財富」的資料。根據其中一位鄰居的回憶：「每次被吊起來，她都會給出一個藏著金銀財寶甚至是槍的地點。但隨之而進行的大量挖掘卻一無所獲。於是她又被吊起來，說出一個新的地點。這個過程不斷反覆。」

金先生當時六歲。由於家裏沒東西吃，他和十三歲的哥哥會去另一個村的姑姑家尋求幫助。吃完東西，姑姑還會給他們捎上一些紅薯片回家。他們把紅薯片裝起來，帶回去跟家裏八歲和十歲的兩個姐妹分享。當時，在鄉村小路上，他們遇到了一個遠親，她是村婦女會的頭頭。按村裏的傳統，他們尊稱她為堂姐。她發現了他們身上的紅薯片並充了公。他們沒有反抗，但金志中的哥哥做了稍後給他帶來麻煩的虛張聲勢：「我要找把刀捅死你！」他很快被民兵拘留，這使得他們被拘禁在另一間房間的母親驚慌失措，幾近精神失常。她企圖跳樓自殺，幾天後死在了禁閉室裏。留下的四個孤兒中的三個被另一個村的親戚收養，於是擺脫了他們的身分和階級敵人後代的標籤。但她最小的兒子金志中仍舊留在村裏，並從他幾乎不認識的父親那裏繼承了階級敵人這一負面的身分，雖然他根本不是地主，也沒有從土地中獲得過好處。稍後，他將面對文革的恐怖。

金先生的母親受到折磨並最終自殺的情況在土改清算運動中並不少見。通過私人關係，我得以進入X縣檔案館，那是收藏政府內部文件的地方。在「X縣黨委」的類別下，我發現了三份記錄這一時期死亡和自殺情況的文件。在一份1952年11月22日的文件中，有份報告題為：「X縣三個地區31個鄉鎮的自殺情況統計數據」(第013卷，第14頁)。另一份報告，題為：「六號地區自殺情況調查」(第013卷，第25頁)。第三份，1952年8月2日的報告題為：「第二次秋後算帳批鬥運動中的死亡數據」(第013卷，第33頁)。遺憾的是，我僅被允許閱讀標題， 並禁止做任何記錄。

土地改革：通過經濟差異製造階級標籤

金先生的家庭是廣東X縣1108個被定性為地主中的一個。另有2009個家庭被劃分為富農。確實，在土改前，地主和富農擁有的土地比中農和貧農多。上述人群人均擁有的土地面積分別是12.40、1.26、0.74及0.28畝(表4.1)。在這個種植水稻的地區，土地人口比小的可憐，人均土地面積少於一畝(15畝等於一公頃；一畝土地可產出水稻約300千克)。在土改之前，雖然地主確實比其他人群擁有更多的土地(人均12.40畝，比平均水平高出14倍)，富農卻是一個被誤用的概念。他們人均只有1.26畝土地，少於十分之一公頃。地主把相當一部分土地租給佃農，但富農由於一般擁有的土地面積少得多，至少會自己耕作一部分。[17]

表4.1　廣東省X縣土改前後的階級構成和土地所有情況(1950–1953)[18]

階級	戶數	佔全部戶數比例	人口	人口比例	土改前擁有的土地(畝/每人)	土改後擁有的土地(畝/每人)
地主	1,108	0.95	9,948	2.04	12.40	0.60
富農	2,009	1.72	16,979	3.48	1.26	1.00
中農	34,585	29.62	159,491	32.71	0.74	0.87
貧農	72,386	61.99	287,492	58.99	0.28	0.64
其他		5.72		2.78		
總數	116,775	100	487,624	100	0.74	0.74

資料來源：X縣縣誌。
注釋：富農＝富農＋半地主式富農；貧農＝貧農＋雇農。

土改經歷了兩個階段，這兩個階段在很多社區反覆進行。第一個階段多少可以算是一個經濟上的計劃，幾乎沒有遇到實質上的抵抗。雖然舉行了一些批鬥大會，但總的來說，它是一個核算土地面積並在社區成員中再分配的平靜階段。李茂秀的故事可以説明這一平靜的過程。他的家庭被定性為河北武功村三大地主之一。他的父親在土改開始前幾個月便過世了，哥哥在共產黨的軍隊中服役。所以雖然當時李只有十幾歲，卻以一家之主的身分收到如下的消息：

> 李茂秀在自家的院子裏等待代表的來臨，其中包括兩個李家雇傭的農户，他被當作一家之主。前來處理問題的代表宣佈為了解決過去的「剝削」行為，李家必須做出補償。他接受了要求。期間並沒有發生暴力衝突。代表們敲鑼打鼓地離開⋯⋯幾天後，在武功村確定了家庭成分後，充公委員會完成了土地所有權的轉移。李家的七個家庭成員現擁有21畝土地，相當於1946年中農家庭人均土地所有面積。他們繼續住在寬敞的李家大院的一角，另有七個貧農家庭搬入同住。在充公之後的大會上，李茂秀因其合作的態度而受到了表揚。[19]

土改中土地再分配的階段進行得相對順利，部分由於對於普通人來說「階級」是個新的概念。雖然人們也知道身邊誰的條件好，誰又是權力經紀人等等，但農村社會的關係主要是按宗族和系族定義的。自己的宗族有富裕家庭是一種資產，因為社區中宗族之間的競爭時常很殘酷。雖然貧窮的人對能擁有更多土地這一點感到高興，他們通常並不認為有必要懲罰那些失去土地的人，因為那些人通常是宗族中的其他成員。意識到這一事實，地方領導小心地平衡著每一個系族團體裏地主與富農的數量。官員們擔心階級和宗族之間有過大的重合。換句話來話說，僅僅通過指出富人和土地再分配無法使得階級系統的概念在地方社區裏落地生根。

土改的合理性在於要結束「剝削」。然而，對於所謂「富人」，即被定性為地主和富農的群體，按照馬克思主義中的「依賴剝削而生存」來解釋十分不準確。事實上，絕大多數的「富農」自己首先是勞動者，只是自己無法耕作所有的土地，才將一部分出租以獲得收入。這一現實情況很快便在土改的執行中被隱去了，因為人所共知在指定新的階級敵人時，背後有名額因素在起作用。地主和富農，「農村中少於10%的人口，」指導文件中宣稱，「擁有著大約70–80%的土地，殘酷地剝削著農民。」[20]

在一個早期的關於土改的政策聲明中，黨中央在實際劃分階級前便宣佈了這個比例，並以此來指導階級敵人的構建。雖然一個家庭必須擁有多少土地才能算得上階級敵人這一點並沒有既定的規則，但按規定每個社區要有5%至10%的人口被指定為階級敵人。如同表4.1中所顯示的，金先生所在的X縣，土改所製造出的階級敵人（即地主與富農）佔全縣戶數的2.7%，或者說全縣人口的5.5%。在廣東W縣，相應的比例是6.6%以及10.9%；[21]在C縣，相應的比例是9.3%和12.5%；[22]而在M縣，則是一個村全村人口的5.5%。[23]

但是，土地的集中程度在各地區和社區之間存在著差異。在上述提到的縣之中，M縣的數據與指導文件中的陳述最接近，其縣誌記載732

戶地主家庭，佔全縣總戶數的3.5%，擁有著全縣65.7%的土地。在W縣，佔全縣總戶數6.6%，即人口10.9%的地主和富農僅擁有全縣土地的27.9%。在X縣和C縣，地主和富農擁有的土地分別是44.4%及41.7%。需要注意的地方是統計單位「戶」(即一個家庭)：往往富裕的家庭比貧窮的家庭有更多的人口。所以，基本上可以說5%的家庭和10%的人口會被劃分為階級敵人。

土改在第一階段主要是一個經濟任務——即要再分配土地。結果不僅對土地進行了再分配，而且部分基於之前的土地所有情況創造出了新的階級。戶主被安上了地主或者富農「分子」的帽子，而其餘的家庭成員則是地主或者富農的「家屬」。「分子們」被要求承擔家庭造的罪孽，然而家屬們被批鬥或是受到暴力對待的情況卻極其少有。但是政治標籤並不會隨著最初被扣上帽子的成員的去世而消失，它會在家庭中世代相傳。

土改清算：通過暴力固化階級標籤

再分配土地之後，土改的第二階段即土地清算階段開始了。雖然這一階段也有經濟面向，但它幾乎完全服務於政治目的。地主和富農被聚集起來交代他們所謂隱藏的財富，折磨和虐待變得稀鬆平常。正是在清算的階段，新的階級敵人與其他所有人之間演化出了仇恨和敵意，為基於政治標籤而形成的新的社會分裂播下了種子。這個過程起始於對地方幹部的批評，比如之前被認定對待敵人心慈手軟的那些。與這個階段平行進行的是一個對幹部的清算過程，許多人被指責犯下了路線錯誤並被從領導崗位上拉了下來。比如說在廣東，「和平土改」成了一個負面的標籤，地方幹部們都不想與它扯上關係。[24]

在新的領導代替了那些犯下「和平土改」錯誤的前任之後，恐怖和暴力活動肆意橫行。通過一個稱為「訴苦」的活動，積極分子，尤其是那些對批鬥對象心懷不滿的，被從最窮的人之中徵召。過去的困難或者抱怨現在被賦予了階級上的解釋。人們被鼓勵在批鬥大會上對過去任何涉及地主或者富農的爭執進行發言，這些都被當作罪證。這些怨恨還伴隨著許多暴力的成分。比如，一位積極分子認為自己土地上的低產是因為地主家的松樹遮住了陽光。地主最後向那位積極分子賠償了三千斤，大約是一千五百千克的高粱。另一位積極分子揭露一位地主在一次買賣牛的交易中佔了他的便宜，於是地主把錢全數退了回去。[25]在湖南的南畈村，25個地主中的11個被單手吊起被迫坦白，然後遭到毒打。根據一份在1951年10月進行的關於該村及其他9個村的調查記載，19個地主家庭的戶主因受不了折磨而自殺。[26]

1951年，19歲的趙先生參加了一個土改工作組。他告訴我起初他對於事件的發展感到很困惑。他所讀到的來自黨中央的指導文件都是關於土地的。其中的一份甚至規定了對地主和富農生計的保護。他感到奇怪的是為什麼「隱藏的財富」會是一個土地改革的議題。當他讀到刊登在《長江日報》上的社論後，便茅塞頓開了：土改並不僅僅有關土地，而是一個政治計劃。他的許多上級都被指責對待階級敵人太過心慈手軟。當時一句流行的話這麼說：「白天鬥地主惡霸，晚上鬥土改幹部。」他見過許多的折磨。作為一個地主的兒子，趙先生親眼見到母親被拘留並馬上遭到嚴刑拷打，一直到他們兄弟幾個湊到錢作為其「隱藏的財富」上交之後，她才獲得釋放。

土改中的暴力為其後的政治運動播下了暴力的種子，並最終釀成了文革中的慘劇。之所以動用暴力，不是因為受到迫害的人有報復的機會——事實上他們也並沒有，而是因為那些運用暴力的加害者想要預先防止這種可能性的出現。在訪談中，我一次又一次地問我的受訪對象，同村人如何能夠對他們的鄰居施加極端的殘酷折磨，其程度遠勝於城市地區。一個普遍性的回答發人深思：他們說在城市地區，人們互相之間並沒有那麼熟悉。即使你在批鬥大會打了某人，很有可能加害者和受害者之間永遠不會再見到對方。然而在農村，得以倖存下來的受害者會清楚地知道折磨他/她的人是誰，並有找機會報復的可能性。一位受訪者告訴我：這就是為什麼當你打一個人的時候，你最好可以把他打死。不過即使你殺了他，他的兄弟姐妹也可能在另一場運動中的其他場合盯上你。這一推理過程大概是導致許多文革中的集體殺戮事件會將受害者家庭中的所有男性成員全部當成目標的原因。在另一則生動的敘述中，鄭義描述了發生在廣西M縣文平村的一次集體迫害。殺人者會先摸一摸嬰兒的褲襠，確定是男孩再殺。[27]只要把家裏的男性趕盡殺絕，整個家庭便將消失，因為女性成員最終會出嫁或改嫁去其他村子。

階級標籤在土地所有權中的基礎很快便消失了。到了1952年末，各家庭所擁有的土地數量已沒有顯著的差異(可參考表4.1的最後一列)。總之，在1950年代，土地迅速通過集體化和公社運動被集體所擁有。有良好家庭出身的人成為「公社成員」，並為「工分」努力工作。過去的地主們和富農們，現在和其他人一樣不再擁有土地。他們受到了社區的監督，一邊為各種社區項目免費勞動，一邊為維持最低的生計而苦幹。

儘管階級區分失去了其經濟基礎，但將這些群體當作一個階級的做法作為一項政治方案仍在繼續。這種做法起始於土改的第二階段，且在後期的運動中被重複使用並不斷強化。諷刺的是，地主與富農被剝奪土地以及隨即而來的苦難成為了他們不幸的新基礎。通過反覆進行的暴力批鬥，人為劃定的階級劃分在社區中獲得了重要性。其中的邏輯簡單且易於理解：受害者因為失去了土地並受到折磨，一定會對體制產生敵意，總是想著「變天」時刻的到來。無論在新時代他們的表現如何，他們過去的身分是他們終身的罪孽。

五十年代南方實行的兩階段土改方法起源於四十年代共產黨在北方的根據地。據報道，早在1933年毛便提出了土地改革的基本經濟和政治階段。過程中存在的問題以及國民黨戰敗前夕的一段時期中獲得的結果可能催生了後來實際實施的政策。[28]在1937至1945年抗日戰爭時期，共產黨需要對各個階級進行動員以抵抗侵略者。在共產黨的根據地，第二階段被略過。土地被重新分配，但在好幾個個案中，地主和富農仍然擁有比之前的無土地階級稍多一些的土地，然而並不存在通過暴力在社區中挑起分裂的情況。[29]抗日戰爭之後，新一輪的土改在共產黨的根據地展開。在1946年，被稱作「五四指示」的中央指令在地方社區中頒佈。[30]經過共產黨十年的佔領，土地早已進行了再分配，現在每一戶都已經達到中農的標準。起初，地方幹部有些無所適從。一位縣領導這樣回憶到：

> 土地問題在濱海抗日根據地地區已經基本得到解決。貧農和雇傭工現在擁有的土地比地主還多……在我們學習了〔五四指示〕並經過審議後，我們認為如果做的事情超過土地再分配的範圍，則將以損害貧農和雇傭工的利益而告終。那將不利於保護革命的勝利果實。[31]

然而，地方社區不作為的行為並不被高層所容忍。1946年8月25日，山東省革命根據地濱海市簽發了「補充指示」，嚴厲地反駁一些地方領導的言論，批評犯了路線錯誤。在共產黨的體系中，路線錯誤是一種嚴重的指控。莒南縣的領導動員積極分子尋找有關地主和富農的未解決問題。「無論土地問題是否突出，訓練積極分子仍然是當務之急。要尋找貧窮的根源並要求更多的土地。」如果村裏沒了地主，富農便成了目標；如果沒有富農，屬中農的那些土地則會被考慮。[32]

在另一個河北的共產黨根據地武功村，村裏的領導由於害怕路線錯誤的指控而找到一個與眾不同的脫困方法。他們決定發動一次新的土地改革，創造新的階級敵人身分，但不是基於現在的土地所有權而是十年前的情況，即共產黨佔領之前的情況。當時在武功村，土地幾乎可以說是平均分配的，每一個家戶都可以被認為屬中農階級。過去的十年中，那些將自己的土地分給更窮的農民的人，在支持戰爭方面同樣積極，不少人把自己的兒子送上了前線。這點被忽略了。村領導召集積極分子回憶每個家庭十年前擁有的土地數量之後，兩個地主和三個富農誕生了。如前所述，即使哥哥是在前線作戰的解放軍戰士，十幾歲的少年李茂秀仍然被按照曾經的家庭狀況認定為地主。[33]

然而那些關於新階級的聲明通常並不足以建立和鞏固地方社區中

的階級劃分，其實現還得依靠隨之而來的清算過程。莒南縣的領導被指採取了「富農路線」，在那裏清算則被塑造為一種從幹部隊伍和農民中抓出「奸細」的運動。黎玉和其他高層領導被公開罷免。新的縣領導層簽發了一份清算工作計劃，其中要求通過「工人和農民專政」「在經濟和政治上徹底摧毀地主階級」。指導文件中所明確的「具體方法」對暴力行動直言不諱：「展開暴力反抗，即是說要使用逮捕、拘留、監視和驅逐的手段。緊盯村裏以及整個地區裏的邪惡封建勢力，核對、清查，一定要挖出他們所有的財產。要將主要的封建地主打死或者處決。」地方上的村民遂採取了行動：將地主及其家人驅逐出了他們自己的房子；將他們可見的財富掠奪一空，並翻找隱藏的財富。在許多村子裏，甚至出現了瓜分地主的女性家庭成員的極端行為：將她們變成自己的妾室或者女兒。[34]

在河北共產主義根據地發生的清算運動中，其內部報告稱：地主和富農控制了武強縣和深縣636個黨支部中的248個。這些黨支部中只有24%的表現被認為「良好或者基本良好」。一支工作組被派往饒陽縣武功村。整個黨支部被架空，村莊的領導權交到了農民聯合會手上，這個組織由兩個貧窮且品行不端當地人主事。除了已經被定性為地主和富農的5戶之外，新的運動又將66戶加入了這一行列。「在387戶農民家庭的見證下，71戶富農的家門被封……一些不幸的人在這長達數月的苦難中只能在泥土地上暫住。一些則在逃跑了的地主李華琪（音譯）留下的15間空房和兩個院子上搭起臨時的住所。另一些家門雖被封，但得到允許可以住在自己的院子裏。目標家戶的土地、牲口以及家什被做了記錄以為最終的清算做準備。71個戶家中可搬動的財產都被運到貧農聯合會司令部以記錄在案。」在河北饒陽的另一個村莊，村裏明明窮到無法找出任何地主和富農，還是將五戶定性為地主，十戶為富農。他們被拖到公共大會上交代藏「金子和錢」的地方。不到他們坦白交代，綁在他們手上和腳上的繩子就不會被鬆開。[35]

在弗里德曼（Edward Friedman）、皮克維茨（Paul Pickowicz）和塞爾登

(Mark Selden)的民族誌中(1991),同樣提到地方幹部對於這些運動的想法:

> 在接下去的10年中,中共的改革措施進一步削弱了已處於衰落中的地主的力量,使得根據地的政治經濟形態變成在黨的領導下小自耕農組成的社會。然而,中共強加並具體實施的分類強調政治經濟問題的根源在於少數人對於多數窮人的剝削。中共憑藉他唯一的真理以及唯一的職業晉升途徑,強迫如張雲昆(音譯)(工作組領導)這樣的地方官員,在階級鬥爭的名義下置地方公義於不顧。如果地方官員不這麼執行的話,將會觸怒高層,其對於黨及其領導的忠誠也將遭到質疑;而如果按地方實際情況行事則會因被指控為右傾分子而毀了前程——右傾分子是運動主要攻擊的目標。在上級只重結果的沉重壓力下,幾乎沒有官員會冒險抗命。[36]

40年代後期,在共產黨根據地展開的土改運動好似一場新的戰爭,但是與國民黨之間的內戰迫在眉睫。為了助內戰一臂之力,階級鬥爭又再一次被淡化了。清算過程中的極端行為很快停止,在一些個案中,甚至出現了反轉的情況。比如,武功村原先的黨支部得到重建,而在1947至1948年的冬天,被定性為地主和富農的家戶減少到了五個。[37]然而,1949年之後,在後解放的南方省份,如廣東和廣西,暴力的土改運動僅僅是漫長的恐怖時期的第一章。這種恐怖,將在文革時達到巔峰。

為何延續人為的階級劃分

根據1979年的一個黨中央指示,文革結束後的兩年,「地主」和「富農」的政治標籤被永久移除。那之後的數年間,有兩件事開始引人關注,事實上,其中一件發生了,另一件則沒有。在遭受了四分之一世紀的苦難後,之前的地主和富農階級並沒有試圖對折磨過他們的人實施報復,而這一可能性的存在,正是他們在毛時代遭到鎮壓的原因。總之,他們對於新政策感恩戴德。在新的經濟環境中,他們中的大多數家庭興盛起來，大概是因為他們繼承了富裕的祖先們的商業經營頭腦。而另一件切實發生了的事情是：中國的經濟制度發生了根本性的改變。到二十世紀末，從財產所有制的角度看，中國實際上已經轉變成了一個資本主義社會，同時也成為了一大全球性市場，儘管「資本主義復辟」曾是毛的階級鬥爭教條試圖避免的另一個「危險的情況」。然而，社會的物質化過程並不是以地主家庭重獲失去的財富的形式呈現，而是城市中的中產階級和資本家成為了新的有產階級。

由於毛的統治結束之後，政權的特性發生了變化，所以從意識形態的角度解釋毛時代的階級鬥爭教條及其實踐有其吸引力。根據這一主張的說法，針對舊的有產階級的羞辱性儀式和暴力行為，強化了中共消解任何財富集中於個人這一情況的決心。舊的有產者遭受的苦難則被當作警鐘，警示新的有產者。該主張不無道理，但它卻無法有力地解釋在不同時間點鎮壓的推行速度與強度的改變。有鑒於此，我們必須要討論黨國的官僚們在毛時代中國的日常治理中所面對的兩個特殊挑戰。

其中一個挑戰是製造激勵機制以動員農民群眾參與到激進的政府項目中來。毛的階級鬥爭教條創造和維繫了一個按政治身分分組的等級秩序，排在最下面的便是階級敵人。這一結構還包括用以強迫群眾參與的懲罰機制。消極被動以及不服從的態度會被從階級的角度詮釋和懲罰，而那些階級敵人的悲慘命運便是引以為鑒的標準和鏡子。在討論共產主義恐怖的論文中，達林和布列斯羅爾沿用了艾齊厄尼(Amitai Etzioni)關於組織控制的概念框架，區分了三種製造激勵機制的方式，即物質型、意識形態型及強制型。這三種方式存在於所有的組織控制之中，但它們的顯著性因組織的類型和時間而異。[38]毛政權以其意識形態而聞名，然而只有當這種實踐與另兩種激勵機制，即物質利益和強制相結合的時候才能取得預期的效果。許多學者，特別是研究戰時共產黨根據地的那些，頗有說服力地將中國農民的熱誠歸功於物質利益的誘惑，如減租和土地再分配的政策。[39]然而，土地再分配之後，政權可以用來獎勵順從者的物質資源便減至最少。同樣重要的是，接下來絕大多數的政治運動，尤其是土改清算、集體化、大躍進以及文革都沒有給農民帶來經濟上的利益。事實上，因為持續的運動，農民們的經濟狀況反而變差了。所以，強制成為了最可行的選擇。在毛時代的中國，這意味著遭受與敵對階級相同厄運的威脅。

「李四喜」(《新湖南報》，一個地方黨報虛構出來的名字) 的故事勾勒出在土地再分配之後，中共在動員農民繼續參與運動時所面對的困境。一個叫做朱中立的年輕人當了十年的雇工。1951年湖南韶山的土改之後，他得到了一塊土地，結了婚，生了孩子，並被選為他所在的鄉鎮的副鎮長。鄰居們紛紛恭喜他的「四喜臨門」，他卻辭去了公職，返鄉「種地」。「我一生窮困，也從未擁有過土地。」他說，「現在我有了自己的地，已經無比滿足了，為什麼還要繼續參與革命呢？」。地方黨報刊登了這則故事，並將其總結為「李四喜」現象加以討論。[40]

四十年代，中國北方共產黨根據地的土改在內戰爆發前的不久展開。與一些認為土地再分配是動員群眾參與戰爭的一個有效激勵因素的研究不同，[41] 民族誌的記錄卻顯示在那些獲得土地的農民之中存在著募兵問題。[42] 在山東五蓮的一個鄉鎮，幹部第一次在民兵之中舉行募兵會議時，居然無一人自願報名。中共只得怪到階級敵人，或者說「壞分子」的頭上，指責他們「暗中搞破壞」。於是召開了一次批鬥大會，之後25個年輕人「自願」加入了軍隊。在山東魯南縣莒鎮村，當村幹部展開募兵動員時，村裏的年輕男人們足足躲藏了十天。由階級敵人散播的謠言被認為是造成這一情況的原因，村裏召開了以攻擊階級敵人暗中破壞募兵活動為目的的批鬥會，來自地主家庭的兩個成員成為了眾矢之的。

黨國面對的第二個挑戰是讓地方官僚機構的幹部保持一致。不少官僚機構的問題同時存在，包括消極被動、腐敗、派系鬥爭、機構臃腫等等。從階級鬥爭的角度來看，這些問題犯了從資產階級「傾向」、「思想」到「路線錯誤」以及「為資產階級敵人代言」等一系列的問題。因此，一場政治運動通常是兩個平行的運動：(1) 在幹部隊伍中淨化敵對分子，以及 (2) 迫害群眾之中已指定的階級敵人。為了證明自己是一名好幹部，也為了避免遭到清洗，常常意味著必須對敵人毫不留情。以下黨中央在1962年簽發的一項指示中的一段話，揭示了地主和富農是如何被建構為存在於幹部之中的官僚問題的根源的：

> 貴州遵義和畢節地區的群眾生活中的嚴重情況，特別是幹部中的極其嚴重的不可容忍的鋪張浪費、貪污腐化、破壞黨章、違法亂紀、不顧人民死活的情況，有些簡直不能想像。其中某些反革命的破壞行為，顯然是封建勢力在地方上篡奪領導，實行絕望性的破壞性的報復。這是農村中階級鬥爭的最激烈表現。要知道，中國農村人口中還有百分之八的地富分子及其家屬，連同城市的資產階級分子、資產階級知識分子和上層小資產階級分子及其家屬，總共要佔全國人口百分之十左右……其中，未被改造或者不接受改造的最堅決的最隱蔽的反革命分子，他們對社會主義極端仇視，有意識地隨時都在準備「借屍還魂」，篡奪領導，實行復辟和瘋狂掙扎。[43]

為解決在幹部隊伍中存在的各種問題，一個通常的做法是煽動階級鬥爭，指控那些被清除的幹部犯下了教唆階級敵人的罪行。在其經典著作《共產主義下的廣州》之中，傅高義描寫了黨中央如何用一群更忠誠的北方人來取代廣東的地方領導。地方領導被指控進行了一場「和平土改」。通過指控地方的游擊隊領導人犯了路線錯誤，黨中央成功地用由南方系的幹部組成的、由陶鑄和趙紫陽領導的軍隊取代了前者。幹部隊伍中的「新鮮血液」更加積極響應黨中央的號召，也更加順從。通過對所謂的和平土改的否定，陶鑄和他的幹部們進行了一場激烈的土改清算運動，奪去了金志中母親的生命。

1952年，土改的第二階段，黨中央除掉廣東的領導，並用陶鑄取而代之變成新的「話事人」。他的第一個任務是在農村建立階級路線。同一時期抗美援朝的經驗提醒著中國政府，敵對階級正準備捲土重來。鑒於此，需要用批鬥大會和暴力來對抗敵對階級中的可疑分子：剛被定性的地主和富農。陶的第二個政治任務是將外來的幹部安排到省一級，以便實行中央控制。該項任務更為緊迫，因為本地出生的領導不願以暴力的手段對付地方上的中上流階層。[44]陶推行了兩項平行的運動路線，一項是全社會性地針對地主和富農，另一項針對幹部隊伍中那些在土改中被認為犯下錯誤或者罪行的人。[45]為了把省領導裏的一把手方方拉下馬，陶和他的副手趙紫陽首先召開了區域性的幹部大會，方的助手因為他們不良的家庭背景和革命前的個人史而遭到了攻擊。眾多方的副手被「清算」之後，方本人也被拉到臺上坦白其罪行，隨後便從公眾的視線中消失了。[46]

和陶一樣從北方南下的幹部數以千計。他們指控地方幹部犯了路線錯誤。在中國，這是非常強烈的政治控訴。趙紫陽，一個北方來的幹部，陶的第一助手，指控廣東的官員「在階級立場上搖擺不定」並確信壞分子已經滲透到了黨內。[47]暴力開始蔓延，常有「亂殺、亂打」的情況被報道。與此同時，大規模的幹部清算全面展開。根據一個省高層領導的秘書的回憶錄記載，單是1962年5月便有6,515名幹部被降職或是遭到迫害。[48]傅高義寫到，縣級或以上的幹部中多達80%在運動中丟了飯碗。陶和趙成了廣東的第一和第二把手。[49]南下派還佔據著市級、縣級和鄉鎮級的地方上各個關鍵性的位置。[50]

在土地改革運動之後波及面最廣的全國性運動之一是四清運動，該運動最開始打著反貪污的旗號來清算地方幹部。按最早1963年時的規定，審核任務，即「清工分、清倉庫、清帳目和清財物」似乎僅限於經濟領域。然後，運動迅速地政治化，對前地主和富農的迫害成了主要的組成部分。1964年11月頒佈的一個重要指令指出「一些地方的領導權被腐化分子所控制；一些地方則被地主、富農、反革命、壞分子以及新出現的資產階級所掌控。」[51]周恩來在一次講話中提到，運動的目的就是為了從這些階級敵人中奪回控制權。[52]此時，一份新的黨內文件將四清運動的內容重新定義為「清思想、清政治、清組織和清經濟」。[53]

地方領導人迅速拿出了具體數據來為中央的判斷背書，然而這些數據卻幾乎沒有事實根據可言。廣西省黨委報告，至少三分之一的地方行政人員不再為那些走社會主義路線的人控制。南寧市有73%的幹部被認為「已受腐化」；16個縣級政府中有兩個被指已經完全「腐化」；在一個公社中，37個大隊領導小組中的12個被認為已經腐化。[54]在廣東，黨委書記陶鑄認為，40%的縣級或以下的地方政府的權力已經落到了階級敵人手中。[55]武力鬥爭的對象既有遭到指控的幹部，也有農村的四類分子。在山西長安縣，2,626名幹部被認為存在嚴重的問題。縣黨委書記因被指包庇壞分子而被革職。黨委副書記被貼上了「現行反革命」的標籤並被判入獄八年。共有182人自殺，同時，2,707個家庭重新被歸類為地主或者富農。[56]

階級敵人的生活

除了地主與富農，階級敵人還包括兩個類別，即反革命和壞分子。[57] 1949年之後，大多數的反革命都因其與國民黨政府的聯繫而被歸類，包括國民黨黨員、青年團團員、國民黨軍隊中的軍官或者士兵以及政府官員。其中的一些人在家鄉還擁有土地，這類人會被同時貼上反革命和地主或富農的標籤。然而，在農村地區，相比於地主與富農的人數，反革命的數量很少。舉例來說，C縣1956年的統計顯示，地主的人數為4,188人，富農為3,985人，反革命只有239人。[58]第四類人，壞分子指的是那些犯了比如偷竊或者亂搞男女關係這些輕罪的人。關於這個類別的人數沒有完整的統計記錄，但有資料顯示，其規模比第三類更小。

雖然屬何種階級由血緣關係決定，但「分子」與其家庭成員之間還是存在區別的。「分子」必須是戶主，在戶主已經死亡的情況下則由家庭的代表代替。在文革之前與之後的政治運動中，精神和肉體上的攻擊都僅針對四類家庭中的「分子」。在1967年和1968年的集體殺戮中，受害者的類型在地方社區中則各不相同。在一些村裏，受害者僅限於「分子」；但在另一些地區，受害者則還包括其他男性家庭成員；在最為殘酷的案例中出現了家中的婦幼老人都遇害的情況。

由於家庭背景由來自父親一方的血緣決定，婚姻和領養是兩種常見的改變個人命運的方式。土地改革之後，許多婦女與她們被扣上地主或者富農帽子的丈夫離婚，孩子則分散給各個親屬收養。比如杜家兄弟，他們的父親在土改中被殺，其遺孀和最大的兒子杜政義便成了「分子」，杜政義妻子也因此離開了他。而小兒子杜建強則入贅到了妻子的村裏，在當地的習俗裏入贅對於男性來説是不尋常也不光彩的事情。金志中的父親叛逃臺灣，母親自殺，他的兩個姐妹和一個兄弟被親戚收養。他成了這個地主家庭中僅存的成員，所以很小便成了地主分子。文革浩劫之後，金志中同樣選擇了入贅。[59]

1950年代晚期，政治氣氛相對淡化，政府為一些地主和富農分子「摘掉了帽子」。經過良好家庭出身的群眾對其態度和表現評估後，這些分子成為了「公社成員」。比如，在1956年C縣的8,374名四類分子中的1,630人得到了上述寬大處理。但是，我的受訪者告訴我，在文革的高潮時期，這些人及其家人所遭受的折磨與其他四類分子並無差異。[60]

四類分子受到所在社區的監視。村一級，在人民公社體系中，即生產大隊之中，地方政府成立了治安保衛委員會來執行這一職能。白天，他們穿著醒目的制服，與改革小組中的其他分子一起為公社的項目勞動，包括打掃公共場所的衛生。勞動數小時後，每個人都會被一或兩個指定的民兵監視起來。在政治運動頻繁的時期，四類分子們被要求在思想改造的過程中彙報他們每天取得的進步。在五十年代，W縣將8,893名四類分子組織成696個改革小組。[61]在C縣，一個分子每天要受到三至五名民兵的監督。[62]

在文革期間，金坑村的民兵還會在晚上10點對四類分子的家進行夜間巡查。分子與其家人要等著彙報他們自己的行為。結束一天長時間的勞動，當夜晚降臨，金志中待在一間小房間裏，這是土改運動之後政府分配給他的。天黑之後還在外遊蕩的話會招來懷疑。他在房間裏的一面白墻上畫了一個大大的黑色圓圈，裏面用粉筆寫了八個大字：接受改造，重新做人。他這麼做的目的是為向民兵監察員顯示自己端正的態度。每個晚上，兩個持槍的民兵會來到他家，他們是金志中排行第三和第四的堂兄弟。「日復一日，我對文革究竟發生了什麼事一無所知。」金志中告訴我，「我唯一參與運動的機會是被拉上臺接受批鬥。從那時起，我一聽到鑼鼓聲就覺得害怕。」通常情況下，批鬥大會開始前，組織者會敲起鑼鼓召集參與者並製造一種急迫的氣氛。這一反覆的形式顯然對金先生這樣的地主分子造成了嚴重的心理創傷。

與金志中同一宗族的民兵對待他較為寬容。負責每天監視他的第三個堂兄弟常常提醒他批鬥大會上可能會出現的情況，以便他做些應對措施。比如，如果要長跪的話就把褲子穿得厚一點之類。然而，也有例外的情況發生。如果過去曾發生過家庭衝突，一個親近的鄰居也可能是殘酷無情的，尤其當他還試圖通過表現出對階級敵人的毫不留情而獲得事業上的發展時。金志中的一個親戚，之後成了村裏的頭頭，有一次在外面叫住他，用黑色的機油在他全新的汗衫上寫下：地主崽子。有時被狂熱的幹部所逼，宗族中親近的朋友也會編些沒有根據的指控來出賣他。比如有一次，跟兩個朋友一起聽完廣播後，他們在一場批鬥大會上虛假指控他當時用短波接收來自臺灣的頻道，使得他在地主的兒子之外，又被加上了反革命分子的罪名。

在對四類分子如此嚴密的控制之下，任何所謂針對社會主義制度的組織陰謀都是杜撰出來的。然而，政府將對社會主義制度的所謂冒犯視為反革命罪來進行迫害，並創造出兩個類別：(1)「歷史反革命」，包括那些最新被揭露出來過去與國民黨政府有關係的人；(2)「現行反革命」，即任何其他被認為可疑的人。在政治運動期間，這兩個人群的數量都增加了。1966年，即文革的第一年，歷史反革命的罪行從上一年的3,557件增加到了8,659件，而現行反革命的罪行則從24,627件增加到了64,184件（參見表4.2）。1979年至1980年，中央放棄以階級鬥爭為綱的政策之後，上述兩類罪行的數量都接近於零。換句話說，大多數所謂的反政府行為是運動製造出來的獵巫行為（witch-hunts）。長期以來盛行的理念是，如果壓制四類分子的手腕鬆一鬆，他們便會發起大規模的針對

表4.2 1956–1966年以及1977–1980年中國的反革命罪的情況[a]

年份	歷史反革命	現行反革命[b]	總數
1956	(參見注釋2)		143,972
1957			309,483
1958			822,853
1959	135,179	105,837	241,016
1960	44,255	104,632	148,887
1962	6,267	18,163	24,430
1963	4,741	42,177	46,918
1964	2,277	28,360	30,637
1965	3,557	24,627	28,184
1966	8,659	64,184	72,843
1977	447	19,078	19,525
1978	281	10,114	10,395
1979	107	4,892	4,999
1980	0	517	517

資料來源:《全國人民法院司法統計歷史資料彙編,1949–1998》,最高人民法院研究室編,2000。

注釋:

(a) 無法獲得1956至1958年間這兩種類型的分類細目。

(b) 現行反革命=背叛祖國+叛變、策動叛變+反革命集團+反動會道門+特務、間諜+叛亂+反革命宣傳煽動+殺人+破壞+偷越國境+報復、倒算。

社會主義制度和人民群眾的反擊。雖然1979年黨中央下達的指示永久性地移除了階級標籤,全國範圍內現行反革命的罪行數量仍有517件。

結 論

階級敵人的悲劇性命運是,建國之初的那幾年因新政權形成的制度特點所引發的。這個新形成的政治性組別的初始條件是經濟地位,然而在土地再分配,特別是集體化運動之後,這一點便很快喪失了其意義。為了要將階級的概念強行植入之前由系族和宗族關係所主導的社區,最初的運動使用暴力手段來製造窮人和舊富人間的間隙。持續不斷的批鬥在缺乏經濟基礎的情況下賦予階級界線政治性。

在其他大屠殺的案例，特別是那些涉及種族團體的案例中，潛在的受害者都具有一定程度的集體身分認同以及群體團結。他們代表一種集體性的力量，與人口中佔據多數的其他群體在政治和經濟層面存在競爭關係。在納粹德國，猶太人由於其經濟和文化上的成功而遭到了嫉妒。在20世紀之初的土耳其，信奉基督教的亞美尼亞人在種族和宗教信仰上都隸屬於特殊的群體；一些反叛的行動借他們的名義進行。在盧旺達，一股游擊隊勢力以少數族裔圖西族的名義成立，時常在邊境另一側用狙擊手射擊。然而，在中國農村地區，村莊裏的階級敵人卻不符合以上描述的情況。他們沒有什麼群體團結；階級敵人們在嚴密的監控下勉強維持生計。無論是言論上還是行動中，他們都沒有對新政權構成有組織的威脅。在政治運動進行得如火如荼的時期，他們也不過是群眾批鬥大會和遊街的目標。

所以，對於這一敵對群體的認定並不是基於經濟地位或者政治抵抗的實力，而是植根於毛政權的制度邏輯。實行以階級鬥爭為綱的原因還有待探索，但是其確已實行的歷史事實已不容質疑。從1949至1976年，在毛統治下的中國，這一綱領一直是政治體系的支柱、日常生活的現實。其實踐的兩大主要功能則是強迫大眾順從以及解決精英之間的鬥爭。敵對階級的存在構成階級衝突這一「現實」的基礎。有鑒於此，我認為敵對階級的創造是要求其延續，而非如一些研究大屠殺的學者所稱，是為了將其消滅。

包括瓦倫蒂諾以及曼在內的學者將在共產主義國家發生的大屠殺歸因於舊有產階級對於極端的社會變革的抵抗。[63]至少，在涉及的中國案例之中，這種觀點有違歷史事實。而且，這一觀點也無法解釋為什麼滅絕性的屠殺在這些共產主義政權的漫長歷史中極少發生。儘管各種形式的，包括處決在內的暴力橫行，對既定敵人大規模的滅絕並不是國家政策造成的結果。為了理解1967年和1968年文革期間出現的這些鮮少發生的時刻，我們必須留意到在一個特定階段，階級標籤和解決政治問題的制度慣性之間的關聯。集體殺戮的悲劇事件發生在政治出現危機的時刻。誇大階級敵人的存在及其威脅性這一經過時間考驗的方法常常為了恢復秩序而被採用。基本的策略是強調其存在，而非除掉那些階級敵人中具體的個體。然而，這種誇大的做法在一些農村社區裏引發了極端的反應，尤其是那些中央政府無法控制的偏遠地區。那些現實主義的建構受害者身分的觀點無法解釋中國的集體殺戮這一方面的特徵。受害者的身分被政治所建構，其重要性起起伏伏，塑造著許多人的噩運和命運。

注 釋

1 2006年對劉先生進行的個人訪談。

2 在這個實例中，第五個類別，「右派」被新加入了X縣通常使用的「四類」(即「地主」、「富農」、「反革命」以及「壞分子」)之中。

3 根據縣誌編纂者劉炳康的描述，當天下午散步時，他至少看到了七起殺人事件。他曾讀到過一份內部文件，其中提到那天的死亡人數超過兩百人。而縣誌記錄了兩個月中發生的六百起因「大範圍毆打和殺人」而導致的「非自然死亡」。興寧縣地方誌編修委員會編：《興寧縣誌》(廣州：廣東人民出版社，1998)。

4 劉炳康無法想起全名，只記得他是藍升清的侄子，藍岱涵的兒子，這兩人是X縣的高層領導。

5 2006年對劉先生進行的個人訪談。少年人展現出的殘忍很常見，城市地區猖獗的紅衛兵暴力事件也是佐證。參見王友琴：〈文革受難者——關於迫害，監禁與殺戮的尋訪實錄〉，http:www.xindoor.com/zhuanyeziliao/ShowSoft.asp?SoftID=669，2008年8月26日登入。在另一個農村地區，何江綏記錄到那些把地主馬忠台打死的地方小混混十分年輕，根本不瞭解馬以及他過去的事蹟。「當時，在這些激進的年輕人眼中，忠台不是一個有血有肉的老人，而是邪惡的地主階級的代表，這是他們在學校裏學到的。」參見Jiangsui He, "The Death of a Landlord: Moral Predicament in Rural China, 1968–1969," Esherick, Pickowicz, and Walder (eds.), *China's Cultural Revolution as History*, p. 146.

6 瓦倫蒂諾提供了一個簡潔的綜述以及強有力的批評，針對所謂的關於既已存在的社會分野的理論，也包括多元社會理論。參見 Valentino, *Final*

Solutions, pp. 17–22. 也可參考哈夫2003年的迴歸分析，其中使用了53個大屠殺的個案。迴歸結果發現已存在的種族劃分這個變量並不能顯著預測種族大屠殺的出現。見Barbara Harff, "No Lessons Learned from the Holocaust? Accessing Risks of Genocide and Political Mass Murder since 1955," *American Political Science Review* 97, no.1 (2003), pp. 57–73.

7 Valentino, *Final Solutions*, pp. 18–22; ibid., chap. 4, pp. 91–151. 也可參考Michael Mann, *The Dark Side of Democracy: Explaining Ethnic Cleansing* (New York: Cambridge University Press, 2005), chap.11, pp. 318–427.

8 席爾伯格在1985年的作品中指出雖然針對猶太人的歧視由來已久，然而虐待之所以會升級源自於新一波的國家宣傳，將猶太人塑造成威脅以及低人一等的群體。參見Hilberg, *The Destruction of the European Jews.* 另外，根據古勒維奇1998年的研究，胡圖族和圖西族作為兩個族群的概念直到比利時殖民者選擇淺膚色的圖西族統治胡圖族之後，才變得重要起來。參見 Gourevitch, *We Wish to Inform You that Tomorrow We Will Be Killed with our Families.* 同時參見Straus, *The Order of Genocide.* 1915年大屠殺期間以及之前，國家反亞美尼亞族人的宣傳參見Robert Melson, *Revolution and Genocide: On the Origins of the Armenian Genocide and the Holocaust* (Chicago: The University of Chicago Press, 1992); Florence Mazian, *Why Genocide?: The Armenian and Jewish Experiences in Perspective* (Ames: Iowa State University Press, 1990), chap.1, pp. 3–19.

9 參見注釋6、7、8中引述的研究。

10 Chalk and Jonassohn, *The History and Sociology of Genocide.*

11 Dallin and Breslauer, *Political Terror in Communist Systems*, p. 6.

12 Mann, *The Dark Side of Democracy*, chap. 11, pp. 319–320.

13 Ibid.

14 或許會有人認為從另一個意義上來說社會並非沒有階級區分。幹部成為了事實上的官僚階級。參見Hung Yong Lee, *Politics of the Cultural Revolution*。這若為真，則宣傳中關於階級的圖景從未存在過。

15 2006年進行的個人訪談。

16 傅高義在1969年的作品中這樣評論廣東土改中潛在的對階級鬥爭的抗拒：「中國社會不可或缺的潤滑劑不是建立於社會階級，而是同一個村、同姓宗族、同一系族、同一間學校以及同一個單位之中產生的人際關係……1949年前中國農村中關鍵的社會分野也不存在於中農和富農之中，而是系族之間、村莊之間。」Vogel, *Canton under Communism: Programs and Politics in a*

Provincial Capital, 1949–1968 (Cambridge, MA: Harvard University Press, 1969), p. 102.

17 興寧縣地方誌編修委員會編：《興寧縣誌》(廣州：廣東人民出版社，1998)，頁174。

18 1950年中華人民共和國土地改革法。

19 Edward Friedman, Paul G. Pickowicz, and Mark Selden, *Chinese Village, Socialist State* (New Haven, CT: Yale University Press, 1991), p. 87.

20 謝爾登和埃格斯頓探討了《農業改革法》。參見Mark Selden and Patti Eggleston, *The People's Republic of China: A Documentary History of Revolutionary Change* (New York: Monthly Review Press, 1979), pp. 214–217.

21 五華縣地方誌編纂委員會編：《五華縣誌》(廣州：廣東人民出版社，1998)，頁104–105。

22 蒼梧縣誌編纂委員會編：《蒼梧縣誌》(南寧：廣西人民出版社，1997)，頁148。

23 蒙山縣誌編纂委員會編：《蒙山縣誌》(南寧：廣西人民出版社，1993)，頁249。

24 Ezra F. Vogel, *Canton under Communism: Programs and Politics in a Provincial Capital, 1949–1968.*

25 王友民：《革命與鄉村：解放區土地改革研究：1941–1948，以山東莒南縣為個案》(上海：社會科學院出版社，2006)，頁101–102。

26 黃榮華：《革命與鄉村：農村地權研究：1949–1983，以湖北省新洲縣為個案》(上海：社會科學院出版社，2006)，頁31。

27 鄭義：《紅色紀念碑》(臺北：華視文化公司，1993)。

28 王友民：《革命與鄉村：解放區土地改革研究：1941–1948，以山東莒南縣為個案》，頁75。

29 參見Mark Selden, *The Yenan Way in Revolutionary China* (Cambridge, MA: Harvard University Press, 1971)；Mark Selden, *China in Revolution: The Yenan Way Revisited* (Armonk, NY: M. E. Sharpe, 1995)。也可參考陳永發關於中國革命的討論，見Chen Yung-fa, *Making Revolution: The Communist Movement in Eastern and Central China, 1937–1945* (Berkeley, CA: University of California Press, 1986)；以及Chalmers A. Johnson, *Peasant Nationalism and Communist Power: The Emergence of Revolutionary China 1937–1945* (Stanford, CA: Stanford University Press, 1962)；Edward Friedman, Paul G. Pickowicz, and Mark Selden, *Chinese Village, Socialist State.*

30 Edward Friedman, Paul Pickowicz, and Mark Selden, *Revolution, Resistance, and Reform in Village China* (New Haven, CT: Yale University Press, 2005), pp. 80–110。

31 王友民：《革命與鄉村:解放區土地改革研究：1941–1948，以山東莒南縣為個案》，頁70。

32 同上，頁70–74。

33 參考注釋27。

34 參考注釋28，頁75–79。

35 在另一個村相似的情況下，兩個地主被活活拖死。參考Edward Friedman, Paul G. Pickowicz, and Mark Selden, *Chinese Village, Socialist State*, p. 96。

36 Ibid., pp. 96–97.

37 Ibid., pp. 99–104.

38 Alexander Dallin and George W. Breslauer, *Political Terror in Communist Systems* (Stanford, CA: Stanford University Press, 1970); Amitai Etzioni, *A Comparative Analysis of Complex Organizations: On Power, Involvement, and Their Correlates* (New York: Free Press of Glencoe, 1961).

39 參見，比如 Mark Selden, *The Yenan Way in Revolutionary China* (Cambridge, MA: Harvard University Press, 1971); Mark Selden, *China in Revolution: The Yenan Way Revisited* (Armonk, NY: M. E. Sharpe, 1995)。也可參考Johnson的反駁：Chalmers A. Johnson, *Peasant Nationalism and Communist Power: The Emergence of Revolutionary China 1937–1945.*

40 在另一個村相似的情況下，兩個地主被活活拖死。參考陳益元：《革命與鄉村》，頁162–164。

41 參見，比如Mark Selden, *The Yenan Way in Revolutionary China*; Mark Selden, *China in Revolution: The Yenan Way Revisited.*

42 參見，比如Isabel Crook and David Crook, *Ten Mile Inn: Mass Movement in a Chinese Village* (New York: Pantheon Books, 1979); Edward Friedman, Paul G. Pickowicz, and Mark Selden, *Chinese Village, Socialist State.*

43 〈關於山東、河南、甘肅和貴州某些地區所發生的嚴重情況〉，引自郭德宏以及林小波：《四清運動實錄》(杭州：杭州人民出版社，2005)，頁16–17。

44 朱正：《反右派鬥爭始末》(上、下)(香港：明報出版社)。楊立編：《帶刺的紅玫瑰：古大存沉冤錄》(廣州：中共廣東省委黨史研究室，1997)；Ezra F. Vogel, *Canton under Communism: Programs and Politics in a Provincial Capital, 1949–1968.*

45 在廣東某縣及廣西某縣的個人訪談。

46 Vogel, *Canton under Communism*, pp. 110–120.

47 Ibid., p. 115；楊立，注釋40，頁113。

48 同上。

49 Vogel, *Canton under Communism*, p. 121.

50 2006年在廣東進行的個人訪談。

51 郭德宏、林小波：《四清運動實錄》(杭州：浙江人民出版社，2005)，頁243。

52 同上。

53 同上，頁146。

54 同上，頁241。

55 同上。

56 同上，頁244。

57 文革中在一些農村的社區，階級敵人指五類人而非四類，其中包括右派。1957年的反右運動中，全國有600,000人被認定為右派，大部分是城市居民，一些被下放農村進行勞動改造。由於在農村社區中，右派的數量相比其他四類人要少，大多數的縣並沒有將其納入階級鬥爭的語彙之中。

58 《蒼梧縣誌》，頁555。

59 與杜政義、杜建強以及金志中的個人訪談。

60 《蒼梧縣誌》，頁555。

61 《五華縣誌》，頁422。

62 《蒼梧縣誌》，頁556。

63 Valentino, *Final Solutions;* Mann, *The Dark Side of Democracy.*

第5章

毛時代的普通人

官方公佈的資料，比如縣誌，對於哪些人曾在文化大革命期間犯下集體殺戮的罪行幾乎沒有提供什麼信息，然而這方面的信息在我獲得的非公開出版物中並不少見。章成和鄭義等被驅逐出境的異議者所寫的報告也對殺戮過程進行了生動的描寫，其中所涉的一些案例中甚至還寫到招供的內容。[1]在訪談中我也對究竟誰要直接為這些屠殺負責這個問題進行了探究。對此，倖存者、受害者的家人，以及退休的幹部常提供相同的答案：地方幹部和民兵。一旦屠殺的決定以及屠殺的範圍得到確認，地方領導和民兵便會將四類家庭的成員聚集起來，而在通常情況下殺戮會在一場由全村人出席的群眾大會之後進行。

在之前的篇章中，我敘述了發生在廣西全州縣東山公社的一個事件，其中76名四類家庭的成員在一個懸崖邊被全部殺害。該縣的縣誌以及一份省級的文件都記錄了這一事件，並指出這場屠殺的組織者是黃天輝，一個公社的民兵頭頭。[2]根據一份縣級內部文件的記錄，鄭義詳細描寫了這場殺戮的計劃和籌備過程以及參與其中的人員：

> 三江公社民兵營長黃天輝於十月二日上午和晚上兩次召集會議策劃殺人。晚上，在群眾組織負責人和民兵班排長以上骨幹會議上，黃天輝煽動説「湖南道縣紅華的四類分子要暴動，群眾起來殺了些四類分子，我區斜水公社也在開始行動了。」他主張：「我們也要動手，先下手為強。要掃光，斬草除根，留下子女是個禍根。」[3]

黃激進的觀點並非無人質疑。公社的治保主任提出行動必須要有政策依據。他說，即便採取了行動，也要是「策略性」的，即指受害者的人數要有個限度。他的謹慎得到與會其他人的支持，熱烈的討論隨即而來。作為持保守意見的一方，公社的會計提醒與會的各位，一些四類家庭情況複雜，家庭成員中包括因結婚或者領養而加入的貧下中農。然而，最終黃在絕大多數的議題上取得壓倒性的勝利。就政策依據，他稱他對政策非常清楚，因為剛參加過了一個區級的會議(區即廣西省處於公社和縣之間的一級行政單位)，然而他並沒有告知具體的細節內容。談到範圍，與會者都同意領養的孩子以及嫁入四類家庭的女性成員應該免死。在決定範圍時，無論贊同激進還是謹慎的觀點，與會的所有人顯然都一致同意要採取行動。[4]

會議在淩晨兩點結束。隨即「黃天輝帶著民兵挨門挨戶把地富及家人從睡夢中喊醒，捆起來就押往黃瓜沖山上的萬丈無底洞」。[5]一些受害人知道自己的死無法避免，懇求能免自己孩子一死。至少有兩位父母親求情說自己的配偶來自貧農家庭，一半年幼的孩子應該免被殺死，但他們請求並沒有獲得同情。只有一個叫做蔣鸞英的地主女兒對殺戮提出抗議，她是一個上過高中的鄉村教師。她質問黃天輝「你這麼做有依據嗎？」她馬上遭到棒打，隨即被殺。[6]

本書中，我一直強調這些集體殺戮並非行兇者單方面的行動。然而在這一章中，我關注的是行兇者，即組織者、殺人者以及在某種程度上說，准許這一情況發生的授權者。就其背景和心理歷程來看，我考察組織者和殺人者在多大程度上可以被當作是「普通人」來看待，並探討他們究竟是服從命令還是按自我意識行事。我還考慮潛在的行兇者在文革時期的農村所面對的微妙和相對一貫的事業上的壓力，以及由於在毛的統治下政治運動的歷史而導致的情境壓力。組織者、殺人者和授權者的動機各不相同。大多數的組織者和殺人者不是國家工作人員就是地方民兵。他們在意識形態上忠於毛但其殺人行為卻並非源自於什麼具體的命令。組織者主要是地方的官員，新政府成立後要例行公事般地顯示其權力，他們被這種驅動所激勵，並被毛時代政治運動不斷加碼的激進化傾向推向了極端。他們還得知許多新進入國家編制的人擠掉了在任者的位置，所以，他們不斷尋找新的方法以向上級證明其對既定運動理念堅定不移的支持。殺人者中不少顯然有心理上的問題，但是他們這麼做也是為了提高自己在社區中的地位。

從他們在1967年和1968年的所作所為來看，殺人者和組織者明顯與國家有組織上的關聯，並對它懷有意識形態上的認同。他們無疑是代表國家的行動者，如同國家政策模型中刻畫的其他地方的行兇者一樣。然而，他們實行屠殺並非是將其當作國家官僚機構所指派的常規任務。他們主動地創新並且自願選擇集體殺戮這一方式。行兇者不是遵從誰的命令，他們自發地行動；集體殺戮也不是由上至下得以實施，而是被製造出來的。在「制內政治」的邊界之外發生的事件中，組織者和參與者呈現了集體行動的研究者所稱的「新建構的認同」。[7]這種新的自我建構的認同構成了一種實證基礎，因此便可將集體殺戮當作一種特殊形式的集體行動，而不是例行的官僚體系運作。國家行動者在參與屠殺時所呈現的新認同並沒有弱化他們與國家之間關聯的重要性。因為不僅他們的行動是在國家的名義下展開，而且他們之所以有能力在社區中執行集體殺戮也是拜這種關聯所賜。不過，本章更希望強調的是，正是此前制度化的日常生活塑造出了他們參與這些事件的激勵機制以及認同。在國家對階級鬥爭態度的灌輸下，這一日常生活定義了他們的職業發展路徑，同時為他們提供了行動劇目（action repertoire）以及十足的創新精神。

平常的人和不平常的行為

有關行兇者議題的學術討論眾多，最具影響力的一種圍繞克里斯托弗．布朗寧（Christopher Browning）的「普通人」理論。在他1992年出版的書中，布朗寧檢視了德國秩序警察預備警衛營101營的服役者，他們負責圍捕猶太人，送去位於波蘭的納粹死亡營。他們獲得許可，如果火車上空間不夠可以殺死車上的猶太人。布朗寧發現這些服役者並非惡魔也不是狂熱的納粹分子，只是一些普通的中年男子，工人階級出身。營隊的士兵們之所以殺人，是因為服從權威和朋輩壓力，而不是嗜血或出於仇恨。[8]布朗寧的論述，即在特定的環境中普通人有能力犯下惡劣的罪行，印證了社會心理學家們長期以來的研究，其中最為著名的是米爾格倫(Milgram)實驗以及斯坦福囚徒實驗。[9]戈德哈根和曼加入了這一學術辯論，並指出納粹的殺人者們並非布朗寧描述的那麼「普通」。戈德哈根認為，屠殺源自深層次的仇恨，這種仇恨在當時的德國人中普遍存在，由「滅絕性的反猶主義」的意識形態構成。[10]而曼認為行刑者一般是納粹黨成員、精英士兵，或者對於納粹黨的種族滅絕意識形態全身心投入的人。[11]

儘管上述學者們關於動機的理解各不相同，但有關「普通人」辯論的兩派都認同殺人者並非從犯罪分子中招募，也不是心理變態者，而都是來自社會的核心。他們不是工人階級出身的擁有家庭的人(如布朗寧的研究中所揭示的)，就是社會和其所在社群中的精英(如戈德哈根和曼的研究)。從這個意義上來說，他們都是普通人。兩方也從不同的角度贊同行兇者按其主動性行事。布朗寧指出101營的指揮官給了其部下退出的機會，但絕大多數人沒有這麼做。[12]在戈德哈根和曼的敘述中，行兇者內化了種族大屠殺的意識形態並將之付諸實踐，而且他們的行為通常超越了官方指派的職責範圍。

為了試圖超越布朗寧關於普通人的論述，瓦倫蒂諾提出了一個策略模型。他認為，這一模型中最關鍵的，可以用來預測大屠殺是否發生的因素是一位或者幾位高層領導的決定。這些領導人在面對戰時的挑戰、國內危機，或是(在共產主義國家中)面臨實行激進的社會改革政策時，別無他選，只得選擇「最終方案」。至於行兇者，他的分析強調在大屠殺中高層領導的關鍵性作用。瓦倫蒂托認為實行大屠殺是策略性的，是少數高層領導人理性選擇的結果，而第一線的殺人者都是從那些有虐待狂傾向的人中選出來的。大屠殺的發生是因為社區中的壞分子被組織起來、釋放出來，並得到領導的獎勵。[13]

上述理論辯論中的三個問題推動了我對中國行兇者的研究。首先，他們是不是理性的，即在採取行動時他們是否有能力權衡收益和成本？換句話說，他們的心理狀態是否與正常人有差異？根據布朗寧、戈德哈根和曼的論述，從心理層面來看，行兇者是普通人。他們是因所處的組織環境（布朗寧）或者意識形態信仰（戈德哈根和曼）而殺人。瓦倫蒂諾則認為，高層領導是理性的，實地的殺人者則不是。在我的探討中，我認為所有的行動者都是理性的，這也是我探索他們動機的起點。這一看法適用於絕大多數屠殺的組織者，比如那些參與會議並在之後圍捕76個三江公社的四類分子的人。不過與瓦倫蒂諾的觀點一致，我同樣發現在最冷血的殺人者之中，與社群格格不入者以及被社區拋棄的人的比例較高，且他們的一些行為難以從理性選擇的視角來理解。那些執行殺人行動的人經常會因殺戮行為而感到幸災樂禍。

第二個問題有關行兇者與大眾有何不同。布朗寧的普通人理論認為兩者之間沒有真正的不同，而戈德哈根和曼則強調殺人者有更強的意識形態信仰。瓦倫蒂諾指出行兇者在心理上高度異於常人，因為他們是被從有虐待狂傾向的人中選出來的。然而，同時他也認同布朗寧的說法，情境壓力能夠將正常人變成殺人者。從意識形態角度來看，中國的殺人者與上述理論描述的不同嗎？他們對於自己行為的解釋顯示了深層次的意識形態信仰，但他們在這方面是否與社區中的大多數人不同呢？這一點尚不清楚。殺人者的心理狀態是否也不同一般？屠殺事件異常的殘酷性似乎暗示著一個肯定的答案，然而一個更為全面的答案應該包括那些釋放並且引導他們邪惡衝動的力量。

第三個問題關於「情境」的內容，這一因素似乎得到了大多數學者的一致認同。布朗寧認為是官僚體系結構將普通人變成殺人者的，他同時提出朋輩壓力以及對殺戮組織中社會現實的定義是關鍵性的因素。不過，中國案例中的行兇者，是和平時期社區的領導和民兵。他們被指派的常規任務並不包括殺人。參與殺人事件只屬一次性行為。與納粹殺人者不同，他們所處的情景由多重維度組成。在第六和第七章中，我會討論殺人已不受道德和法律所約束這一情況，而在本章我聚焦於殺人者為了取得在地方社區中的權力這一動機。這一討論開始於在文革早期狂熱的群眾政治運動所引入的制度環境。這一環境要求不斷升級針對「階級敵人」的鼓吹以及策略。我還檢視了官僚和行動者所面對的獎勵和懲罰機制；探討公共儀式激進化背後的制度性邏輯，以及為了在毛時代的幹部系統中生存所必要的職業規則。

我擴大了行兇者的概念，它不僅包括那些毆打、射殺受害者的人以及那些直接下令實行殺戮的人；還包括那些在暴行中進行協助和教唆的人，沒有他們，事件也不可能發生。這些行兇者中有圍捕目標的民兵、參與策劃會議的地方領導，以及上層的領導。在探討歷史和制度背景後，我檢視了我稱之為「授權者」的人群，即那些有可能也有能力阻止殺戮發生卻選擇對此視而不見的上層領導。然後，我探討了那些要為發生在地方社區的殺戮負上最直接責任的人。他們可以被分成兩組：組織者和殺人者。前者是當地作出殺人決策的官員，通常由他們來選擇受害者，然後組織安排殺人事件。組織者主要是村或者鄉鎮的領導。在一些個案中，縣級領導也會參與其中。殺人者則是少數幹「髒活」的人，通常都是民兵中的精英。

事業平衡中的失與得：授權者

在幾種情況下，那些不進行決策或者不執行殺戮的人不會受到牽連，並有能力避免捲入，阻止或者將傷害減至最小。民兵可以不去報到而選擇退出。更重要的是，地方領導能夠通過解讀上級命令使情況不至於演變成殺戮，或者他們可以更強勢地抵制那些要求訴諸於暴力的呼聲。一旦收到風聲，縣或者省領導可以通過下達指示，要求停止殺人來最小化那些情況最為嚴重的事件的波及面。事實上，在1967和1968年，兩省幹部中的確有人選擇退出。然而面對大量沒能選擇這一明顯出路的人，我們還是必須問一聲為什麼。同樣，我們也必須質疑那些一旦組織者動員進行殺戮，便同意參與的民兵的行為。畢竟，幾乎所有成年男子理論上都可算地方上的民兵，但只有一部分參與了圍捕受害者的行動，也僅有一部分選擇進行殺戮。通過一些個人故事，我試圖勾勒出事業發展上的考慮是怎樣影響執行殺戮的決定的。[14]

為了非農的身分

在毛時代的中國，一項名為「戶口」的居民登記制度將全國人口分成了兩個部分。城市人口，包括工人、教師、士兵以及政府幹部，他們領著固定的工資，享受著穩定的食物配給；而農村居民，即農民，幾乎領不到錢，口糧則來自他們所在生產隊的糧食分配。在文革期間，城市人口約佔全中國人口的18%。在農村的縣級，城市人口的比例僅佔5%–8%，主要是鄉鎮和縣政府的幹部、工作人員以及他們的家人。超過90%的人口在村莊裏居住和勞作。[15]

農村的生活可以用嚴酷來形容。糧食種植者必須不斷在田裏勞作，以期從有限的耕地中獲得好收成。當時，大多數的社區還未通電。所有的耕作和收穫過程都依靠人的雙手來完成。運輸同樣依靠人力，且在山區和崎嶇不平的山谷中推車極其費力。大多數的成年人有「羅圈腿」，而造成兩腿略向內彎曲成圓形的原因是飲食中缺乏鈣質以及長期肩上過度負重。將收成上繳國家的糧倉後所剩的食物非常匱乏，而正是這些上繳的糧食保證了城市人口穩定的糧食供應。每年農曆四月和八月通常是要挨餓的月份，因為糧食尚未成熟。戶口制度是一種政治性的契約奴役制，農村家庭的孩子生來便是農村戶口。身為農民的艱辛鞭策著村裏的年輕人走出去，竭盡所能要變成一個城裏人。

對那些雄心壯志的年輕人來說，離開村莊的主要途徑是通過大學和職業學校的考試。然而，只有約1%最聰明的人才有這樣的機會，且這條路也很快被堵死了。[16] 1960年至1962年的三年自然災害發生之後，大多數的學校都關閉了。到了1966年，文革開始時，大學也不再接受新的學生了。走出村莊的第二條路是參軍。然而，這並非穩妥之計，因為幾乎沒有人能在部隊裏真正改變自己的農村戶口，幾乎所有人在退役後都要回到原來的村莊。不管怎樣，農村裏的年輕人中能夠參軍的比例很少，而女兵則基本不在農村婦女中招募。而第三條，且越來越變成最有希望的一條改變身分的途徑，便是成為參與村莊政治事務的積極分子。黨的領導會時不時地分配一些名額，要求村幹部獎勵村裏年輕的積極分子。

梁女士1961年以班裏第二名的成績從中學畢業，她的班級共有160個同學，學校位於廣東省的一個鄉鎮。那是在三年自然災害期間，政府大量削減了高中和職校的入學名額。所以，梁女士至此未再接受過教育。她嫁給了一個老師，搬到廣東省金坑村居住。她容貌姣好又有演戲天賦，很快便成為村裏宣傳隊的積極分子，還出演了村裏製作的革命樣板戲。一個生產隊的女性成員被分配住進了她家，她們很快成了朋友，好運隨之降臨。透過這層新的關係，她被招募進了生產隊，有一天可能成為國家幹部。在1966年2月，她入選去縣城參加名為「學習毛主席著作積極分子大會」。她留在縣城與丈夫一起過夜。由於丈夫在鄰縣教書，平時兩人很少見面。之後，她便懷上了第二個孩子，這使她無法在文革中積極參與活動，她成為城裏人的夢便破滅了。

同一時間，與梁女士同村的金火鳳也從中學畢業了，成績相當普通。他也與一個生產隊的成員有些關係。他帶著狠勁的性格以及與一位受人敬仰的幹部的關係使他很快成為了村政治方面的新星。到了文革第二年，地主的後代經常在批鬥大會上被拉上臺接受批鬥，金火鳳則成為了村裏治安部門的頭頭。他主持了幾個批鬥大會，其中的一個幾乎演變成了一場集體殺戮。在金坑村，至少五個與梁和金同一時代的年輕男女由於他們在運動中的表現而擺脱了農民身分。金火鳳文革後數年仍然擔任著村領導，我採訪他的時候，他是鄉鎮一級的國家幹部。

群眾運動作為一種降職手段

1949年中共獲得國家政權，它匆忙地開始建設龐大的官僚機構以統治和管理中國龐大的人口。在這個過程中，新興政權可以用向上流動的機會來獎勵對其忠誠的國民。土改及集體化期間，這些新晉的官僚成為了國家資源的管理人。然而，在新政權建設的第十七個年頭，官僚層的膨脹開始停滯，職業發展的機會也開始萎縮。之所以會出現這樣的情況，部分由於任用新官僚層的工作已經完成，部分則是因為過度雄心勃勃的工業化嘗試經歷了一系列的挫折，以及接踵而來的1960年代早期的大饑荒。[17]國家給予的，也可以拿走。流動是雙向的，農村成了處理大多數被清洗幹部的垃圾場和勞動營。對於這類幹部最主要的懲罰是剝奪他們的城市戶口，而有些更倒霉的人還會成為農村四類分子中的一員。

這一迅速增長的模式很快便穩定下來，並開始下降。這一模式與幹部、黨員以及城市人口的人數總和的變化相吻合。表5.1顯示了幹部人數的變化。1949至1956年間數量的增長穩定，中國在1956年幹部的總數接近一千萬，超過1949年數量的十倍。然而，1956年後增長就陷入了停滯，直到1965年。而九年後，幹部的數量僅為一千二百萬。增長的停滯非常引人注目，因為同一時期，中國的人口增長了16%，即從6.28億增長到7.25億。表5.2顯示廣東省一個縣的總人口和城市居民的比例。直到約1960年左右，城市人口的絕對數字和比例都在穩定地增加，之後才開始下降。表5.2的最後一欄中列出1949年建國後的最初幾年，每年城市人口的增長高達20%，而到了1966年增幅幾乎降為零，1960年、1962年及1964年甚至出現了負增長。出現上述變化的同時，該地區的總人口保持著穩定的增長。

在文革前的17年中至少發生過46場大型政治運動。[18]政治運動的一大功能是降職：把現任革除給新人空間。由於缺乏新的職位，事業上的提升越來越成為一種「零和遊戲」，有人晉升即意味著有人被降職。表5.3與5.4記錄了兩省幹部隊伍中招募和降職的情況。除了1949年建國後

表5.1　文革前國家建設停滯期的幹部人數，1949–1971（單位：千人）

年份	幹部總數	機關幹部
1949	908	
1950	2,680	
1951	3,593	
1952	5,503	
1953	6,285	
1954	6,632	2,092
1955	7,170	2,126
1956	9,768	2,815
1957	9,536	2,582
1958	9,551	2,460
1959	10,471	2,578
1960	11,326	2,735
1961	11,551	2,748
1962	10,607	2,126
1963	11,031	2,288
1964	11,513	2,378
1965	11,923	2,411
1971	12,928	2,471

資料來源：《中國幹部統計五十年》（黨史黨鑒出版社，1999）。
注釋：「幹部」在中國官方統計中包括所有在政府部門工作，由國家支付工資的人（不包括工人與軍人）；「機關幹部」指在地方政府和政府機構工作的領導和工作人員。

的最初幾年，成為幹部的人數與離任的基本相同。1957–1958年反右運動期間，被免職的幹部人數遠遠超過被任命的，反應了這個時期政治清洗的廣泛性。文革前的幾年情況同樣糟糕：1961與1962年，兩省被免職的幹部數量遠超過招募的總數。

以下來自一個縣的統計核算顯示幹部的罷免率在政治運動期間頗高，尤其是1950年代末期。1953年廣東省大埔縣的人口為250,000，其中幹部3,000人。

表5.2　新豐縣人口數量和非農人口數量的變化，1949–1966

年份	人口數	非農人口數量	非農人口比例 (%)	非農人口年增漲率 (%)
1949	95,130	1,967	2.1	
1950	97,302	2,535	2.6	28.9
1951	99,272	3,084	3.1	21.7
1952	101,794	4,000	3.9	29.7
1953	104,617	3,711	3.5	-14.5
1954	106,159	4,250	4.0	14.5
1955	107,710	4,760	4.4	12.0
1956	109,022	5,246	4.8	10.2
1957	110,193	5,569	5.1	6.2
1958	111,602	6,701	6.0	20.3
1959	113,198	8,394	7.4	25.3
1960	113,710	7,854	6.9	-6.4
1961	115,884	8,738	7.5	11.3
1962	121,819	8,573	7.0	-1.9
1963	126,602	9,757	7.7	13.8
1964	130,545	9,044	6.9	-7.3
1965	135,067	9,642	7.1	6.6
1966	138,793	9,657	7.0	0.2

數據來源：新豐縣誌(1998)。

- 1952年，三反五反運動：18名幹部被拘留，15名被免職，26個案件上呈高層。
- 1956–1958年，整風和鎮壓反革命運動：2,560名幹部被調查，679人成為調查「對象」，595人被查出有「歷史問題」。
- 1958年，反右運動：472名幹部被打成右派，並送去勞改。
- 1958–1961年，多個政治運動：記錄在案的事件有2,236個，792個黨員成為「目標」。[19]

表5.3 廣東幹部隊伍中升遷和罷黜的人數，1949–1971（單位：千人）

年份	升遷人數	罷黜人數
1954	17.6	8.4
1955	11.7	3.3
1956	31.8	2.6
1957	6.2	11.4
1958	17.2	28.9
1959	23.3	4.5
1960	27.9	17.6
1961	29.9	26.5
1962	15.3	39.8
1963	23.9	18.1
1964	17.9	7.3
1965	15.1	9.7
1971	65.1	

資料來源：《中國幹部統計五十年》（黨史黨鑒出版社，1999）。

表5.4 廣西幹部隊伍中升遷和罷黜的人數，1949–1971（單位：千人）

年份	升遷	罷黜
1954	15.4	1.5
1955	11.2	1.1
1956	27.3	2.4
1957	2.9	5.2
1958	6.8	9.6
1959	10.1	2.5
1960	21.1	5.8
1961	12.3	16.9
1962	13.4	27.7
1963	14.6	13.7
1964	12.8	2.8
1965	10.3	3.6
1971	33.1	

資料來源：《中國幹部統計五十年》（黨史黨鑒出版社，1999）。

政治運動以及在群眾運動中切實的被降職的可能性對於所有幹部來說都有著重要的行為上的意義。如同梁女士和金先生的情況，提倡「紅」盛於「專」的傾向暗示在政治運動中標明自身「紅色」立場的重要性。而隨著事業升遷和降職成為一種零和遊戲，避免被降職對於國家官僚來說具有壓倒一切的重要性。弔詭的是，魏昂德指出規避風險的激勵反而把集體行動推向了一個更激進的方向。[20]

加害者受害記：陶鑄的故事

文革一開始，陶鑄響應毛主席的號召，頂替陸定一的位置出任中共中央宣傳部部長。陸是新的群眾運動中最早的一批受害者之一。1966年6月4日，陶在北京就任，同日《人民日報》發表了著名的社論〈橫掃一切牛鬼蛇神〉。如同時期其他領導人一樣，陶大概想像不到自己會被打成「牛鬼蛇神」。然而，很快他就被紅衛兵宣佈為「最大的保皇派」，理由是他被指與黨內第一、第二號走資派同流合污。就任七個月，陶便被囚禁了，之後經常成為批鬥大會的目標，直到1969年逝世。[21]

陶對於群眾運動的花言巧語和政治上的殘酷現實並不陌生，傳言他與毛主席以及林彪將軍的交情不淺。他冷酷無情的性格也相當有名。1949年後，他領導下的廣西剿匪為他贏得了黨內的聲望。據稱他曾拍電報給毛主席：「廣西殲匪45萬，殺人4萬，其中三分之一可殺可不殺」。[22] 1952年，他被派去監督廣東省前一年在地方領導下開展起來的土改運動。他同時推進兩股互相平行的運動，一股針對地主和富農，另一股則針對那些在土改中被認為犯下「錯誤」或「罪行」的幹部。[23]從中足見其政治上的老謀深算。為了把省裏的頭把交椅方方拉下馬，陶召開了地方幹部大會，會上方方的副手因其家庭出身和參加革命前的個人歷史而遭到攻擊。在好幾個手下都遭到「清算」之後，方方被迫交代三項罪行，但無一與省領導集體犯下的主要「錯誤」即「和平土改」有關。方隨後便從公眾視野中消失了。[24]

與許多其他幹部一樣，陶鑄是從北方南下廣東省的。「和平土改」成為了象徵錯誤土改形式的關鍵詞。整個廣東省的領導層都被指責在土改中推行了錯誤的實踐，即犯下了「路線錯誤」。趙紫陽，另一位北方來的領導及陶最得力的助手，則指責廣東省的官員「玩忽職守」。他斷言黨內被安插了壞分子。[25]於是全省各村開展了土改清算行動，據報道「野蠻的屠殺和毆打」大肆橫行。與此同時，大規模的幹部清洗也全面展開。根據一位高層省領導人秘書的個人傳記記載，僅在1952年5月，就有6,515名幹部被降職或遭到迫害。[26]多達80%的縣級，甚至層級更高的地方幹部在運動中丟了職位。[27]陶和趙成為了廣東省的第一和第二把手。陶深得毛主席的賞識，一度將他召喚至北京協助文革的開展。陶鑄作為一名共產黨官僚的浮沉揭示了他從加害者成為受害者的悲劇歷程。其他高層領導，包括劉少奇和鄧小平也有著同樣的經歷。作為文革的頭號受害者，劉少奇是1942年延安整風運動的策劃者和執行者。而鄧小平，僅次於劉的受害者，則謀劃了1957至1958年的反右運動。

陶鑄的故事使人得以一窺發生在中國的政治運動的關鍵性一面：群眾運動和幹部升遷之間的關係。關於1942年延安整風運動，高華寫到：「黨內上層的鬥爭和領導機構的改組始終處於中心地位。」[28]廣東省的土改整風運動中，絕大多數地方幹部因為不夠強硬務實地開展群眾運動而遭到了清洗。然而所謂的「犯錯」不過是一個藉口，為的是騰出職位給那些北方來的幹部，他們被認為對於中共政權更為忠誠。

包括陶鑄在內的一些幹部主動選擇了動員群眾的任務，他們表現出的意識形態上的堅定乃是出於其職業上的考慮。但是，更常見的情況是無論幹部們的意願為何，在其身處的環境之中，他們的選擇只能是積極參與到動員中去。幹部們也意識到他們中的一些人會在運動中遭到清洗，然而按兵不動會招致抵制運動的指責，而這一指責無疑會引火上身。毛主義者開展運動的目的是為了尋找隱藏著的階級敵人。在這一情況下，地方領導人們最安全的賭注始終是圍捕那些在之前的運動中已經被定性的「牛鬼蛇神」。[29]

激進化的邏輯

文革之前的政治運動是一種公共儀式，功能是釐清和鞏固權力關係。從和平集會到批鬥大會，從言語攻擊到身體虐待，在儀式既有的策略上有眾多選擇，所有的一切都顯示了一種權力等級。比如說，政治集會在訴諸武力之前包含的許多元素，有助於區別權力和身分。這些元素包括落座方式、上臺發言的次序以及指定的就座區域：哪些給「人民」安排的和哪些給政治背景有問題的人安排的。在批鬥大會的臺上遭到毆打和遊街示眾同樣在不訴諸於屠殺的情況下，顯示出權力以及一個人所處的位置。然而，集體殺戮這一殘忍的創新手段需要額外的解釋：執行公開處決將激進化上升到了新的層次。

束手無策時的策略創新

研究社會運動的學者早就注意到了對革新性集體行動的需求。新的策略可以引起公眾的注意並且製造新的參與浪潮。然而，一段時間之後，策略耗盡，群眾興奮的情緒減弱。用麥克亞當的話來說，隨之而來的是一個「動員停息期」。惟有新的行動形式才能恢復潛在的參與者的熱情並再啟進程。在他對二十世紀五十和六十年代美國民權運動的分析中，麥克亞當梳理了六次「策略創新」的浪潮，每一次都製造了動員活動的高潮。他還指出一種激進化的趨勢：每一種行動都比之前的一種更具破壞性也更有暴力傾向。[30]

1967年，文革的第一年，典型的地方社區經歷了很多事。批鬥大會和遊街示眾已變成每天進行的主要集體活動。常有虐待批鬥對象的方法被設計出來，許多新的誇張元素被用在了公開羞辱和虐待的場合。一位受訪者告訴我有一種用竹子做的給批鬥對象戴的帽子，約1米高，50斤重（即25公斤）。[31]在中國南方同樣常見的是將批鬥對象囚禁入關動物的竹籠，巡遊全鎮以展示「階級鬥爭的勝利成果」。[32]在這一段時間，從在城市中心（包括省城以及鄰近鄉村的大型的鎮）傳來的關於武鬥的新聞不勝枚舉。暴力致死的事情不再具有聳人聽聞的效果。[33]集體殺戮作為一種新的公共儀式策略，其源起必須放在上述背景下解讀。大多數運用這一公共行動的社區，都非其原創者。廣西省最早的一件殺戮事件發生在1967年10月，地點是全州。全州與湖南的道縣相鄰，而道縣駭人聽聞的屠殺則發生在同一年的夏天。[34]地方上的領導渴求群眾動員和批鬥活動的參與中能迸發出新的活力和激情，於是新的策略在社群之間擴散開來。

單位間的競爭

在挑戰現狀的團體挑起的社會抗議中，組織者尋求策略創新的另一個原因是：使他們的對手猝不及防。直到其對手懂得如何遏制運動帶來的破壞性的效果，其影響才得以消除。[35]在中國，除了公眾以及自己社區中的對手，地方上的官員在進行群眾運動時心裏還有一個對象，即希望自己的上級領導瞭解其表現。研究中國群眾運動的學者指出一種叫做「單位動員」的模式。單位是根據上級視角來定義的行政機構。在一個農村的縣之中，區、公社和村都是「單位」。同樣的，對於省級領導來說，縣也是一個單位。一次運動的過程可以做如下概述：首先，黨中央宣佈一般性的運動任務和目標，然後選擇一些實驗性單位。隨後，中央把它們作為模範單位大肆宣傳，在報紙、學習會議、墻報和工作組中進行曝光。最後，每一個相關的單位便會用極大的熱忱模仿趕超模範單位。這一做法在延安游擊隊時期便得到試煉，1949年後成為常規開展運動的方式。[36]

在運動中，上級不僅要求順從，也鼓勵創新。要求順從很容易理解，這源於列寧主義政黨的紀律。[37]一絲不順從的苗頭都會招致嚴重的制裁，從免職到政治迫害不等。然而，關於運動的指示常是一般性、無具體步驟可依的。目標在地方的達成必須要「因地制宜」。任何富有創新性的單位都可能脱穎而出成為模範，而帶領自己的單位獲得模範地位能夠為自己贏得高升的入場券。所以創造性地實行一般性政策是地方領導力求掌握的一項技術。

對於地方執行政策方式的另一重要影響是：上級獲得地方上服從指示的信息具有困難。上級無時無刻不在擔心地方上的忤逆行徑，所以總是傾向於獎勵那些可量化的行動的報告。學習小組、會議和開大會的數量是順從的證據。到了號召進行階級鬥爭的時候，典型的證據包括列舉批鬥大會、揭發陰謀小組、逮捕以及終極性屠殺的次數。依據這些報告，地方上的領導會被分類成所謂先進、中等和落後。先進成員可以獲得表揚和獎勵，而落後的人則要接受批判甚至遭到清洗。為了擠進先進的行列，避免被貼上落後的標籤，地方幹部常常要誇大他們上報的數據並努力策劃不尋常的事件。

監督的問題

在這一背景下，下級幹部會極盡所能壓制負面的信息，這為監督其工作製造了巨大的困難。魏昂德指出，當懷疑和異議的跡象擺在上級的面前，他們無法確定這些是不忠的表現亦或是政策中存在的實際問題。[34] 收集獨立信息的一種方法是派遣工作組。然而，這些上級官員可以從培養下級單位，並使它成為一個模範中獲得既得利益，所以他們通常會與地方幹部形成共謀關係，默許誇大和激進化的情況。一個更加普遍的方法是上級會在共產黨組織的動員中「雙倍下注」，以提高順從的要求。這種自我供給的過程會使上級對於可量化結果的胃口變得越來越大。直到一場整風運動開始這一過程才會停止，但除非出現大量肆無忌憚的行為，否則上級並不會輕易地開展整風運動。

這種組織上的原因解釋了1959至1961年發生的大饑荒，這是政治化的生產運動即大躍進造成的結果。對於這一不現實的經濟計劃提出異議的人不是遭到清洗就是被送入勞改營，產量數據被誇大，而關於食物短缺的新聞則被瞞而不報。這無疑是場災難：根據一項估計，三千萬人死於大饑荒。[39]發生在1967年至1968年間的集體殺戮顯然被相同的動力所驅動。雖然早在1967年地方社區中就開始發生屠殺，大部分的死亡則出現在1968年6月，即兩個黨中央的指示公佈之後。兩省政府將指示解讀及傳達為「對階級敵人先發制人」的要求，並要求具體的結果。集體殺戮的程序是一項地方創新。地方領導和上級權威之間的關係中內在的激進化邏輯解釋了集體殺戮為什麼會弔詭地發生在地方政府重新建立之後，而不是早前地方權威尚處於變動的時候。

毛時代的普通人

在之前的小節中，我勾勒出了一個社會動員的體系，它有一套內在的激勵機制使得國家官僚和其他與國家相聯繫的個人以瘋狂的熱情從事當時的政治活動。這一體系使得一些人成為集體殺戮的授權者。在這一節中，我將討論那些大多是直接參與到屠殺中的人，即組織者與殺人者。

組織者

「判我的徒刑，我沒怨言；就是殺我的頭，也沒有怨言，〔道縣的屠殺〕後果太嚴重了嘛！但判決書上說我在全縣部署殺人，我想不通。當時，我請示這個，請示那個，沒一個答覆，沒一個人說殺不得人，沒一個人出面制止。我一個區武裝部長怎麼負得起那麼大的責任呢？」[40]關有志在接受作家章成的一次訪談中這樣說到。當時道縣大屠殺已經過去十年，十年間他一直被關在政府監獄裏。儘管關有志認為自己在文革後的政治鬥爭中成了替罪羊，但他對其屠殺組織者的角色直言不諱。他的言論顯示上級默許了他進行屠殺的決定，並沒有採取任何行動阻止他的做法。同樣非常清楚的是，沒有人給他下達過一個明確的殺人命令，他按自己的意志做出了決定。他還向章成講述了作出這個重大決定的思考過程。

首先，他指出其對於黨堅定不移的忠誠。這種忠誠部分是由於他的感激和感恩之情。用他的話來說，「黨叫幹啥就幹啥」。他1950年參軍時成為黨員，然後被提拔成為幹部。八年後他復員並很快成為區人民武裝部部長。1967年屠殺開始前的九年任期裏，他努力成為一個模範幹部，還曾經參加省裏舉辦的「活學活用毛主席著作先進分子代表大會」，會上獎勵了他所在的區一台拖拉機以表彰他的工作。「你想，沒有共產黨毛主席，像我這樣的大老粗能當上幹部嗎？」[41]關有志的職位和背景代表了一類典型的殺人組織者。一個沒受過什麼教育的軍隊退伍老兵，卻當上了人民武裝部部長。[42]他做出屠殺決定時究竟徵求了哪些縣級領導並不清楚，但在他自己任職的區，他大概無須向任何人彙報。

然後關有志描述了他所接收到的總體政治形勢：「我天天學的就是千萬不要忘記階級鬥爭⋯⋯」最後，他提及自己做決定的直接理由：文革期間的派系鬥爭以及關於四類分子要造反的傳言：「文革武鬥時，造反派搶了武裝部的槍，又聽説四類分子要變天〔即恢復蔣介石政權的統治〕，反攻倒算，造紅色政權〔即新成立的革命委員會〕的反。」[43]

關有志在沒有上級命令的情況下在他管轄的區域策劃了屠殺，而在袁禮甫的個案中，自發性則更為明顯。袁禮甫是道縣的一個區長。他曾組織了一場歷時三天的殺人大會，共奪走569條人命。甚至在接到傳達停止屠殺的軍方指示的私人電話之後，他仍繼續著屠殺活動。根據章成的記述，在道縣大屠殺的高峰時期，零陵軍分區（監管各縣，包括道縣在內）發佈了一個指示，部分引述如下：「四類分子不宜濫殺，四類分子子女不應視為四類分子，必須按照政策團結教育，不能混淆專政對象和非專政對象的界限。」[44]為了貫徹這個指示，縣領導召開了一次會議，區一級的幹部，包括袁禮甫的副手蔣光德也都參加。會議結束後，他便打電話給袁禮甫。在傳達了指示的精神後，蔣光德補充到：「⋯⋯以後，該殺的可以殺，但要批了才能殺⋯⋯看情況，馬上就要剎車了，以後動手就沒有現在這麼方便了。形勢要求我們抓緊點。」袁禮甫後悔沒有更早展開殺戮。接著他很快召開殺人誓師大會，不僅敲鑼打鼓還設了宴席。在這之後，120名精英民兵被派去殺人。袁禮甫把這次在三天裏奪走569條人命的運動稱作「大掃除」。[45]當章成在監獄中遇見他時，他拒絕承擔責任。他的藉口是當時的氣氛：「判我的罪脱離了當時的歷史事實。要尊重歷史，尊重事實。從開始殺人到結束，我沒見到上頭有誰出來講一句殺人是錯誤的。只講造反有理，革命無罪；相信群眾，尊重群眾的首創精神……」就創造力來説，他大概指提升恐怖程度的意願。就像人民武裝部部長關有志一樣，他沒有提供證據證明來自高層的任何人指示他組織屠殺。[46]

與關有志和袁禮甫類似，大多數被記錄在案的殺人組織者是區、公社以及村的領導人。而在一些臭名昭著的例子中，縣領導直接參與到組織集體殺戮之中，包括王建勳和王貴增，廣西賓陽縣革命委員會的正副主任。縣誌記載這兩位縣高層領導組織了全縣的屠殺，共造成3,883人死亡，是全省範圍單一縣死亡人數最多的集體殺戮之一。[47]還有證據顯示一些縣領導召開幹部大會，要求地方政府拿出更具體的階級鬥爭的成果。一些會議結束後便出現殺害四類分子的事件以彰顯對政策的服從。杜建強，來自武漢的一名教師，為了避免與兄弟一樣的命運而委身於一間勞改營。與他關在一起的勞改犯告訴他，這個勞改犯所在縣的屠殺開始於一場在綿陽公社舉辦的、由縣領導組織的公示大會。[48]鑒於其他地方報告的類似會議和群眾大會的情況，這些時間的順序具有可信度。1987年一份由C縣整黨辦公室編纂的後文革報告指出共有三次類似的會議，並總結到他們極大地造成1968年的「隨意批判、隨意批鬥、隨意逮捕、隨意關押、隨意毆打以及隨意殺戮」。[49]其中文革中縣裏580起「非自然死亡」中的絕大多數是由隨意殺戮導致的。[50]

1968年5月24日，新成立的C縣革命委員會在梨埠公社舉行了一次政治工作會議。與會者包括第一副主任李選殿，副主任史剛，軍隊代表張希來，來自縣行政部門的造反派組織領導以及地方公社革命委員會主任和人民武裝部部長。之所以選擇在這一公社舉行，是為了表彰它兩週之前在運動中的出色表現。5月9日，縣號召地方公社開展「毫不留情地打擊階級敵人第一波行動」。雖然所有的公社都聽從了這一號召，梨埠公社大規模迫害的程度仍然顯得突出。公社的革命委員會和紅色造反司令部派出了上千名民兵，他們對545個家戶進行了徹底搜查，逮捕了11

人，對超過100人進行了批鬥，殺了5人。一場「活人展示」將10個批鬥對象拖到臺上。而5月24日會議的目的是為了向其他公社推廣梨埠的經驗。大規模的虐待和屠殺在1968年6月9日和10日第二次縣級大會上獲得了稱贊。這次會議同樣由全縣各公社的領導參加，會議上進一步對階級敵人的威脅作出誇大的宣傳。[51]

不同於廣西賓陽縣的官員直接採取行動的做法，上述案例中的縣領導並沒有直接組織殺人。但是，他們明顯給予地方幹部這麼做的放行信號。在那些沒有召開縣級幹部會議或者舉行致人性命的批鬥大會的縣，幹部也並非對縣以下地區發生的事情一無所知。區組織者關有志和袁禮甫的證言證實了這一點，但是，我的中心論點仍然成立，即組織者們並沒有得到殺人的指示，也沒有被脅迫這麼做。他們之所以殺人是出自自己的信念以及當時對於時局的理解。即使是在那些召開了縣級會議以鼓勵階級鬥爭活動的縣，縣領導也從未詳述過一個具體的行動進程。他們既沒有定義過目標人群的範圍，也沒有建議展開殺戮。[52]區、公社以及村各級中社群的領導們自行策劃並實施集體殺戮。我們又該如何來理解這些組織者的動機呢？

政治運動中潛藏著精英競爭和鬥爭的暗湧。[53]各種背景的領導們發現自己的興衰成敗取決於運動的風向。如果驅動生產被設定為首要的政治任務，那些專家和擁有管理技能的人便佔了優勢。如果開展的運動是一般性的，提高政治覺悟的學習會議，那麼那些在政治工作上受過訓練的人會變成新的領導。而當時局被形容為充斥著來自階級敵人的真實而切近的威脅時，武裝人員和安全系統的人員便佔據了中心位置。因此，地方領導在解讀上級的運動政策上互相較勁，並致力於將地方運動和局勢轉向對自己有利的一邊。這種「地盤爭奪戰」，即政府各部分的領導們在政治風向轉變時奪取核心領導權的情況，在之前的運動中司空見慣。通常鬥爭發生在「紅」和「專」——也就是政治人物和專業人員之間。一段時間之後，由於毛不斷升級政治運動並強調階級鬥爭論，「紅」的一方在各層政府中逐漸形成主導局面。[54]

然而，在文革期間領導權的更換有了新的特點。奪權運動以及之後的動亂提升了一群特殊的人的地位，[55]蒂利稱他們為「暴力專家」，他們是「一群控制著傷害人和損毀物品的各種手段的人」，這些人包括「軍隊裏的人、警察、保衛人員、獄卒、行刑人員以及司法人員」。[56]在中國農村的司法部門之中包括公安部和人民武裝部的領導及工作人員。人民武裝部的幹部至關重要，他們承擔著平民與軍隊之間的聯絡人以及民兵指揮官的雙重角色。縣級人民武裝部的部長一般也是穿著軍裝的軍官。民兵組織包括幾乎每一個成年男子，並一直深入村級。他們進行固定的訓練，並至少在每個村裏配備一些來福槍。在每一個層級，指揮官都是打過仗的老兵。老兵在各級幹部中的高比例並不是新鮮事：1949年之後，南下的軍官和地方上游擊隊戰士脫掉軍裝，成為了縣、區和鄉鎮的幹部。他們學著監督生產以及其他民政事務，並逐漸蛻變為文官。文革之前，公安部和人民武裝部是兩個十分重要的政府部門，但並不比(例如)衛生部或者交通部來得更重要。

1967年1月在上海開始的奪權運動迅速橫掃全國，一直蔓延到村級。所有的領導都被貶為「當權派」並被免職，其中大多數是由老兵轉業的文官。在成立新政府或者革命委員會時，黨中央制定了「三結合」原則。新的領導班子將包括老「革命幹部」、群眾組織代表以及部隊軍管代表，三者佔有同等比例。這一政策對人民武裝部的幹部極其有利，他們對於民兵的領導則是關鍵。一些人作為「老幹部」加入了新政府，民兵是他們的群眾基礎。另一些則將民兵轉型為群眾組織，並以群眾運動參與者的身分加入新領導層。他們與軍隊的聯繫也極為有利，因為新政府處處被軍官們滲透。動亂和日益增長的對階級鬥爭的鼓吹從根本上嚴重削弱了專家們的專業技能和制度資本的重要性。一旦掌握了權力，新的社區領導就全面掌握了社會秩序。並不存在什麼實際的潛在挑戰：肯定不會來自四類分子，在大多數情況下，甚至也不會來自於頑固的群眾組織。然而，在他們的同事(即那些剛剛在權力競賽中失敗的人們)看來，新領導們的權力和聲望還未得到試煉和鞏固。讓階級鬥爭升級，並最終變成極端暴力的展示，便是他們解決問題的方法。屠殺理清了當時的政治局勢，並將新領導們的權力深厚程度昭告天下。

殺人者

在第一章中，我談及湖南省小江村的鄭孟旭，他殺了沙凱初以及其他四個前地主的兒子。在土改之前，他是另一個村裏好吃懶做的流浪漢，由於他的懶惰、盜竊以及調戲婦女的行徑而惹人討厭。1949年之後，小江村請他去那裏生活，因為他的赤貧狀態，同時也因為他的一個親戚是村裏的領導。他還得到了原來屬沙家的一部分房子。土改以來，他便成為了一個民兵，並總是在隨後針對村中四類分子的運動中活躍在暴力行動的第一線。村裏的領導依靠著像他這樣的人來點燃群眾對於政治運動的興趣。他幾乎沒有接受過任何教育，所以他從未加入村領導的行列，在文革中也幾乎沒有這一可能性。儘管如此，比起一般村民，他還是有了更大的權力，享受到了更大的聲譽，因為他與村幹部關係親密以及在公眾眼前頻頻露面，雖然是通過一種讓大多數村民鄙夷的方式。我的受訪者猜測他或許從未克服低人一等的想法，他的隔壁鄰居，也是他房子的前任擁有者沙凱初不斷提醒著他這一點。小江村的文革大屠殺給予他徹底解決這一問題的機會。沙凱初死後，沙家便解體了。他的妻子帶著四個孩子中的三個改嫁，並離開了這個村子。被留下的那個兒子，一個十幾歲的孩子後來被判反革命罪並被下放到了一個勞改農場。[57]

章成在他關於湖南道縣某村大屠殺的詳細描寫中也提到了一個類似的人物。胡茂昌是個文盲，懶惰且脾氣壞，在村裏沒有什麼人看得起他。1967年的夏天，當他所在的村成立了一個「貧下中農最高法庭」並將24名四類分子判處死刑時，胡茂昌自願參加民兵的殺人小隊。「在殺階級敵人這件事上，沒人有權阻止我。」他說，當其他的志願者在行刑地表現出猶疑時，他從一名民兵手上搶過刀，砍死了七個受害者。殺完之後他還感覺意猶未盡，又返回村中尋找更多的目標。於是他跑去一個地主的家中殺死了兩個還在蹣跚學步的孩子。除了自認為的「英雄主義」

外，他還獲得了55元，這是一大筆錢，超過他一整年可從生產隊獲得的「分紅」。[58]

在1980年代早期，廣西省展開大規模的文革調查後不久，政府官員歡迎作家鄭義對集體殺戮和食人現象進行調查。根據他之後在海外出版的著作中的描述可以看出鄭義得以深入地翻閱內部報告和接觸目擊者。在一個案例中，鄭義訪談了一位殺人者易晚生，談話時，他正與其他兩位老人打牌。在一份由縣公安局提供的報告中，鄭義得知，在1968年5月，易晚生殺了一個十幾歲的少年，然後肢解了受害者並吃了他的肝臟。當被鄭問起當年的殺人和吃人事件，他變得惱羞成怒，並且毫無悔意地說：「對，我什麼都承認！我反正八十六歲了，反正活夠了，還怕坐牢？」他對為什麼殺死鄧姓少年的理由表述得並不算有條理，卻不乏自我辯護的意味：

> 為什麼要殺他？他們上山當土匪，弄得全村不安〔這裏，他指的應該是一般意義上的階級敵人。1949年之後的頭幾年，國民黨分子和地主對新政府發起了抵抗。但受害者鄧當時只是一個嬰兒或者一個蹣跚學步的孩子，但易明顯無視這一事實〕。我那陣子是民兵，每天晚上站崗巡過，幾十天時間，槍托子把衣裳都磨爛了！……他父親有什麼罪惡？有一年春荒，不借糧，反倒借外村人。上山當土匪，還帶土匪來攻村子……〔1949年之後〕……是我殺的，誰來問也是這個話……不怕！那麼多群眾支持，殺的又是壞人，不怕！哈哈，幹革命，心紅紅的！毛主席不是說：不是我們殺了他們，就是他們來殺了我們！你死我活，階級鬥爭！[59]

這一解釋證明殺手是從農村社區中那些不良分子中招募的。然而，毛的階級鬥爭意識形態在他們對屠殺任務的認知上也起了至關重要的作用。經歷過1949年之前日子的年長者尤其能夠將這一意識形態與他們的行動聯繫起來。雖然階級鬥爭的意識形態並不號召滅絕敵人的家庭，如同我在上一章中討論過的，但地方上的殺人者並沒有區分四類分子與他們的家人，特別是男性(詳見第四章)。

雖然殺人者是否僅從敵對的宗族中選擇受害者，這一點在上面的例子中並不清晰，但其他描述則顯示這是事實。我與來自廣東省金坑村的受訪者的訪談記錄顯示在一次集體殺戮前的大會上，來自李家、曾家和金家的民兵高喊著敵對宗族的四類分子的名字，讓他們上臺並跪下。章成記錄下了一次發生在道縣的會議，與會者對來自敵對系族的目標人物進行投票以產生受害者名單：

> 人到齊後，支部書記唐紹志組織骨幹討論，看殺誰不殺誰。他提一個名，大家討論一個，然後舉手通過。他們唐家的人就護唐家的人；我們周家的人也都向著周家的人。唐紹志頭一個提到周家的富農周玉良，唐家的人一致同意，全部舉手；周家的人卻沒有一個人作聲。等到提到唐家的地富，周家人也一致喊同意，也全部舉起了手，唐家的卻沒有一個人作聲。……最後決定12個全部殺光……[60]

通過這些個人檔案，我們可以發現共產黨灌輸的階級鬥爭的意識形態對於行兇者的影響。然而，不同於納粹的意識形態，毛版本關於迫害的意識形態從未號召殺人。如果殺人者和組織者對此產生了誤解，為何這一誤解恰好聚焦在屠殺這種最應受到譴責的行為上呢？我們同樣可以發現，如同小江村的鄭孟旭案例顯示的，存在著殺人者對受害者的個人仇恨。然而，一個殺人者常要為多位受害者的死負責，包括之前並未與他產生過節的那些。鄭孟旭不僅殺了鄰居沙凱初，還有村裏的其他四個人。胡茂昌殺了七人後，繼續搜索並殺害了兩個正在學走路的孩子。而對於那些要為十幾人甚至幾百人的死負責的組織者來説，個人仇恨已經不足以解釋他們的動機。行兇者有時會引述關於四類分子可能會發動針對全體貧下中農的集體行動的謠言。不用說，這些藉口完全站不住腳。

真正的原因在於集體殺戮的本質。作為一件無論何時發生都聳人聽聞的大事件，屠殺在整個社區面前展開。組織者和行兇者無意隱藏，恰恰相反，他們召開大會、敲鑼打鼓、設宴款待，甚至頒獎鼓勵。旁觀者們湧向河岸邊或者路邊去看他們的鄰居被處決。所以，這些事件首先是一種公共儀式，即是説其符號性展示意義更勝於實際作用。

殺人者之所以殺人是為了顯示他們之於村民的權力以及宣示並提升他們在社區中的社會地位。在他們進行屠殺的動機之中，我歸納出了下列幾項：意識形態信仰、對領導人的忠誠以及在部分個案中存在的，金錢獎勵；另外，還有公開屠殺的內在價值：宣稱擁有決定他人生死的終極權力。殺人者往往是聲譽不佳的個人，他們慣於受到社區裏其他成員的責備和蔑視。既未接受過教育也沒有什麼才能，他們幾乎沒有可能靠能力來改變他人的這些態度。殘酷無情成為提升自身地位的人力資本，也使得他們可以加入村領導、行動者和民兵精英的隊伍。在毛的統治時期，在村中響應國家的號召是為了最終進入社區主流之中。

結　論

集體殺戮的參與者，即殺人者、組織者以及授權者，全部都是「普通人」，他們的行動主要由個人利益或者避免個人損失所驅動。然而，他們與大多數的人還是有著顯著的區別。首先，他們都與國家有著聯繫，有的是地方幹部、民兵中的精英，有的則是上層的官員。其次，他們的個人履歷證明他們對毛的階級鬥爭理論有著深層的意識形態信仰。第三，雖然缺乏廣泛的證據，但一些殺人者似乎受心理因素困擾，這可以從他們殺戮特別弱小人群的意願以及有時顯示出的異乎尋常的殘酷看出。

儘管與國家存在聯繫，行兇者之所以殺人並非接受到直接的命令，或者受到脅迫，而是按自己的意志行事。這一點可以由這一事實證實，即在大多數其他地方，與他們處在相似境況的人，在解讀來自中央的指示時並沒有採取如此極端的行為。對於組織者來説，公開的殺人行為是他們向目標人群宣示其所擁有權力的方式。文革中地方政府的重構把那些暴力專家推到了新行政機關的中心位置。將群眾運動導向如此極端的方向使得他們能夠鞏固權力，壓制潛在對手。社區中一些社會地位不佳的個人成為了殺人者，希望以此提高自身在社區中的地位，可能的話，也包括政治地位。

群眾運動之所以會淪落為一系列暴行的原因有兩個。文革期間有策略創新的需要，因為此時缺乏殺人的暴力展示已經成了家常便飯。早期運動使得小規模的暴力行為已不再具有驚人的效果。即便上級領導並不支持殺人行為，卻也無法控制運動形式的升級，這是毛澤東政權在組織上的原因所決定的。一旦深陷一場血腥的運動，領導無法直接獲得足夠的信息以監督地方官員的行為。補救措施只有在人間慘劇發生之後才會出現。

農村生活的嚴酷性迫使青年男女加入幹部隊伍。然而，當他們成功後，卻發現這是一個脆弱的職位。一方面，由於人口增加和經濟狀況的惡化，新的職位十分稀缺。另一方面，政治運動越發成為領導和普通幹部生存的零和遊戲。這些便是潛在行兇者所處的「情境」中的因素。第六和第七章將描述針對暴力的法律限制是如何消失的，以及在集體殺戮之前的幾個月內，一種內戰的氛圍是如何被編造出來的。

注 釋

1 章成：〈道縣大屠殺〉，《開放雜誌》，2001年7、8、9以及12月刊。也可參見鄭義：《紅色紀念碑》(臺北：華視文化公司，1993)。

2 唐楚英編：《全州縣誌》(南寧：廣西人民出版社)，1998。也可參見《廣西文革大事年表》。

3 參見鄭義：《紅色紀念碑》(臺北：華視文化公司，1993)，頁334–335。他引述了一份有頁碼的內部文件，名為「全州文革大事記」。

4 同上。

5 同上。

6 同上。

7 Doug McAdam, Sidney G. Tarrow, and Charles Tilly, *Dynamics of Contention* (New York: Cambridge University Press, 2001), pp. 7–8.

8 Christopher Browning, *Ordinary Men: Reserve Police Battalion 101 and the Final*

Solution in Poland (New York: HarperCollins, 1992).

9 參見Stanley Milgram, *Obedience to Authority: An Experimental View* (New York: Harper and Row, 1974)；以及Stanley Milgram, "Behavioral Study of Obedience," *Journal of Abnormal and Social Psychology 67* (1963), pp. 371–378. 也可參考Phil G. Zimbardo, *Quiet Rage: The Stanford Prison Experiment* (錄影帶) (Stanford, California: Psychology Department, Stanford University, 1991).

10 Daniel Jonah Goldhagen, *Hitler's Willing Executioners: Ordinary Germans and the Holocaust* (London: Little, Brown and Co., 1996).

11 參見Michael Mann, "Were the Perpetrators of Genocide 'Ordinary Men' or 'Real Nazis'? Results from Fifteen Hundred Biographies," *Holocaust and Genocide Studies* 14(3): 331–66. 也可參考Michael Mann, *The Dark Side of Democracy: Explaining Ethnic Cleansing* (New York: Cambridge University Press, 2005).

12 也可參考Christopher Browning, *The Final Solution and the German Foreign Office: A Study of Referat D III of Abteilung Deutschland, 1940–43* (New York: Holmes & Meier, 1978)；以及Christopher Browning, *The Origins of the Final Solution: The Evolution of Nazi Jewish Policy, September 1939–March 1942* (Lincoln: University of Nebraska Press, 2004). 如果說布朗寧對服從權威這一論點的堅持使他仍然屬於從制度模型的角度來解釋種族滅絕的學派的話，那麼從他對地方上即興化和激進化的分析則顯示出他並不排斥派別論的主張。他的其他著作同樣也質疑將屠殺歸因於希特勒的「最終解決方案」忽略了其他的影響因素。

13 Benjamin A. Valentino, *Final Solutions: Mass Killing and Genocide in the Twentieth Century* (Ithaca: Cornell University Press, 2004), pp. 30–65.

14 值得說明的是下文提到個人並沒有捲入集體殺戮事件，但他們的故事有助於理解那些涉及集體殺戮的人所處的環境。

15 參見表5.2。

16 1981年我被大學錄取時，全國的錄取率是4%，顯然，若單獨統計像我這樣的農村學生，錄取率還要低得多。

17 Roderick MacFarquhar, *The Origins of the Cultural Revolution / 1, Contradictions among the People 1956–1957* (New York: Columbia University Press for the Royal Institute of International Affairs, 1974); Roderick MacFarquhar, *The Origins of the Cultural Revolution / 2, the Great Leap Forward, 1958–1960* (Oxford: Published for the Royal Institute of International Affairs, 1983); 以及Roderick MacFarquhar, *The Origins of the Cultural Revolution / 3, the Coming of the Cataclysm, 1961–1966* (Oxford; New York: Oxford University Press; Columbia University Press, 1997).

也可參考 Dali L. Yang, *Calamity and Reform in China: State, Rural Society, and Institutional Change since the Great Leap Famine* (Stanford, Calif: Stanford University Press, 1996); and Shiping Zheng, *Party Vs. State in Post-1949 China: The Institutional Dilemma* (Cambridge: Cambridge University Press, 1997).

18 Shiping Zheng, *Party Vs. State in Post-1949 China: The Institutional Dilemma.*

19 大埔縣地方誌編纂委員會編：《大埔縣誌》(廣州：廣東人民出版社，1992)。

20 Andrew Walder, "Implications of Loss Avoidance for the Analysis of Political Movements," *Hong Kong Journal of Sociology*, no.1 (2000), pp. 83–102.

21 鄭笑楓、舒玲：《陶鑄傳》(北京：中國青年出版社，1992)。

22 楊立編：《帶刺的紅玫瑰：古大存沉冤錄》(中國廣東省委黨史研究室，1997)，頁111。

23 在廣東某縣及廣西某縣進行的訪談。

24 Ezra F. Vogel, *Canton under Communism: Programs and Politics in a Provincial Capital, 1949–1968* (Cambridge, Mass.: Harvard University Press, 1969), pp. 110–20.

25 Ibid., p. 115. 以及楊立編：《帶刺的紅玫瑰：古大存沉冤錄》，頁113。

26 楊立編：《帶刺的紅玫瑰：古大存沉冤錄》，頁113。

27 Ezra F. Vogel, *Canton under Communism: Programs and Politics in a Provincial Capital, 1949–1968.*

28 高華：《紅太陽是怎樣升起的：延安整風運動的來龍去脈》(香港：香港中文大學出版社，2000)，頁xi。

29 這一點在發生在北京、廣州、武漢和上海的地方衝突之中得到了充分的記錄。參見Hong Yung Lee, *The Politics of the Chinese Cultural Revolution: A Case Study* (Berkeley; London: University of California Press, 1978); Andrew G. Walder, *Chang Ch'un-ch'iao and Shanghai's January Revolution* (Ann Arbor, Michigan: Center for Chinese Studies of the University of Michigan, 1978); Shaoguang Wang, *Failure of Charisma: The Cultural Revolution in Wuhan* (Hong Kong; Oxford: Oxford University Press, 1995); 以及Elizabeth J. Perry and Xun Li, *Proletarian Power: Shanghai in the Cultural Revolution* (Boulder, Colo.: Westview, 1997).

30 Doug McAdam, "Tactical Innovation and the Pace of Insurgency," *American Sociological Review* 48, no. 6 (1983), pp. 735–54.

31 2006年進行的個人訪問。

32 參見第七章關於階級鬥爭展示的描述。

33 參見第六章。

34 參見第一章，第2頁。

35 Doug McAdam, "Tactical Innovation and the Pace of Insurgency," *American Sociological Review* 48, no. 6 (1983), pp. 735–54.

36 Shinichi Tanigawa, "The Danwei and the Cultural Revolution: A Review Essay," *Ritsumeikan Journal of International Relations and Area Studies*, no. 14 (1999), p. 207.

37 Andrew G. Walder, "Collective Behavior Revisited," *Rationality and Society* 6, no. 3 (1994), pp. 400–21.

38 Ibid.

39 Thomas P. Bernstein, "Stalinism, Famine, and Chinese Peasants: Grain Procurements During the Great Leap Forward," *Theory and Society* 13, no. 3 (1984), pp. 339–77.

40 章成：〈道縣大屠殺〉，《開放雜誌》，2001年8月刊，頁81。

41 同上。

42 儘管帶有「武裝」二字，公社和地區層級的人民武裝部實際上是一個負責公共安全和民兵訓練的民用部門。平時，它與其他權力有限的政府分支，比如交通部、衛生部等無異。但是在文革期間，由於派系街鬥不休、地方政府不斷改組，人民武裝部成為了權力鬥爭的最大贏家。事實上，人民武裝部部長往往會成為官方認可的或者事實上的縣、地區或者公社政府的一把手。舉例來說，奪權運動後，C縣原人民武裝部部長溫學義和華縣原人民武裝部部長時義山（音譯）都成了縣裏的一把手。

43 章成：〈道縣大屠殺〉，《開放雜誌》，2001年8月刊。

44 同上，頁81–82。

45 同上。

46 同上。

47 賓陽縣誌編纂委員會編：《賓陽縣誌》（南寧：廣西人民出版社，1987）。關於他們在組織過程中具體的角色，也可參見鄭義：《紅色紀念碑》（臺北：華視文化公司，1993），頁2–40。

48 與杜建強進行的訪談，2006。

49 蒼梧整黨辦公室：〈造成嚴重後果的「三個會議」〉，未發表文件，1987年8月。

50 蒼梧縣誌編纂委員會編：《蒼梧縣誌》（南寧：廣西人民出版社，1997），頁482。

51 〈造成嚴重後果的「三個會議」〉。

52 不過，在蒼梧縣，激進派的領導似乎在後續的大會中獲得了表揚。

53 參考第三章。

54 參見Andrew G. Walder, "Property Rights and Stratification in Socialist Redistributive Economies," *American Sociological Review* 57, no. 4 (1992), pp. 524–39；以及Jonathan Unger, *Education under Mao: Class and Competition in Canton Schools, 1960–1980* (New York: Columbia University Press, 1982)，詳述了如何根據「紅」和「專」來進行精英的選擇。也可參見Shaoguang Wang, *Failure of Charisma: The Cultural Revolution in Wuhan*; 以及 Eddy U, *Disorganizing China: Counter Bureaucracy and the Decline of Socialism* (Stanford, Calif: Stanford University Press, 2007). 兩本書都記錄了在各種偽裝之下的爭奪地盤鬥爭，比如發生在新舊國家幹部之間的、政委和生產隊長之間的以及工人和知識分子之間的。

55 事件發生的順序請參考第六章和第七章。

56 Charles Tilly, *The Politics of Collective Violence* (Cambridge: Cambridge University Press, 2003), p. 35.

57 與沙凱平和李夫人的個人訪談。

58 章成：〈道縣大屠殺〉，《開放雜誌》，2011年9月刊，頁61。

59 參見鄭義：《紅色紀念碑》(臺北：華視文化公司，1993)，頁38–40。

60 章成：〈道縣大屠殺〉，《開放雜誌》，2011年9月刊，頁61、82。

第6章

解體法律

稱文革為一段無法紀的時期都算是一種保守的說法。劉少奇，中華人民共和國主席，未因任何罪行接受過審判，卻死在一個單獨禁閉的監牢。[1]現存的照片顯示曾任國防部長的彭德懷在臺上接受審判，雙手被綁在身後，一個巨大的標語牌掛在他的脖子上。在一次批鬥大會上，紅衛兵打斷了他的兩根肋骨。[2]彭真被紅衛兵「逮捕」並在北京遊街，就在幾個月前他還是北京市的市長。隨後他在沒有受到任何指控的情況下坐了八年牢。[3]而相比起那些公眾視野之外，農村裏成百上千個舊地主和富農的遭遇，針對這些大人物的不符合正當程序的做法根本不算什麼。

即使在這種缺失法律的情況下，中國也並不是不存在規則，更非處於無政府狀態之中。毛澤東統治下的中國是一個受到高度管制的社會，人的行為和思想被嚴格地引導和設定。社會可以稱得上「專制」一詞。在這樣的環境中，禁忌和界限無處不在，包括對於使用政治暴力的限制，即也包括禁止任何未經批准的針對平民團體的殺戮，即便是針對所謂階級敵人的。在這一章中，我將討論社會控制三種來源的枯竭，包括法律體系、黨國官僚體系以及政治群眾運動。在毛澤東時代，法律有過短暫的復興，但是社會控制迅速從法治的方向上轉向。在文革期間，政權用群眾運動取代了官僚控制這一主要的常規化權力形式。不僅(一般意義上的)法律解體了，在這一並非實行法治的社會中其他規範社會行為的規則和制度也不復存在了。

1967和1968年發生的集體殺戮事件中，公開殺人的行為持續數月都未被禁止，而行兇者數年內都未受到懲罰。這種情況部分是兩階段的「法律」解體造成的結果。這裏所謂的「法律」不僅是常規意義上的，同時也指由黨國機器維持的紀律規則。第一階段開始於1957–1958年，當時共產黨逆轉了建立法治國家的短暫進程。1954年憲法宣告保護國民的權利，然而當1957年的一場全國性運動導致成百上千的所謂「右派」被囚禁或者被迫進入勞改營後，所有希望都破滅了。[4]共產黨的權威被加諸到所有層級的政府官僚機構之上，包括所剩不多的名義上的執法機關。[5]西方所謂的法律，包括關於法典、正當程序以及個人權利的內容，幾乎都不存在。在接下去的10年裏，一個訓練有素的黨國官僚體系，結合著嚴格控制的群眾運動，進行著統治。社會和政治行為受到官僚指示的規管和指揮結構的制裁。文革以其標誌性的「奪權」運動，再一次改變了權力架構。群眾組織升級成為平行政府，而地方政府被重組為運動機器。

我的論點與兩個被普遍接受的觀點不同。在中國國內，關於當代中國的論述通常為過去發生的暴行而譴責「動亂」。「十年浩劫」是回溯地檢視文革時一個常用的學術討論框架。[6]而西方的許多觀察家卻持另一種觀點，他們指責毛澤東政權所具有的暴力和集權主義的性質，認為政治屠殺主要是蓄意制定的政策導致的結果。極權主義，又是一個太過簡化和籠統的概念，無法解釋為什麼在一些時間點發生的暴力事件比另一些更為嚴重。[7]而我將集體殺戮的發生部分歸因於毛澤東統治下的中國「法律」的崩潰。毛時代的中國組織性控制的形式對行為設定了界限。當這種控制在文革中不再有效，此前不被接受的行為便變得「時興」了。

改變社會控制的形式

毛澤東統治下的中國有三種「理想型」式的控制模式：法律、黨國官僚以及群眾運動。社會從1949年到集體殺戮前夜的演變，是一段實際控制模式的重心在三種模式之間不斷改變的歷史。在1967和1968

年，對暴力的法律限制的崩潰是兩個重要發展的結果：法律模式讓位給黨國官僚模式，然後黨國官僚模式又讓位給群眾運動模式。

我的分析是從學者們關於組織控制的研究作品中得出的。大內(William Ouchi)區分出組織控制的三種理想型，即市場、官僚和宗族。他還指出現實生活中的控制形式往往是這三種形式的混合形態。「市場」是一種有效的控制形態，但它要有充分的信息流才可以形成有意義的「價格」。而且它只監督行為的產出。「官僚」建基於成熟的權威結構，同時監督行為及其產出。它需要大量的人員來完成這一使命並且受困於種種組織性的問題，這一點自韋伯以來便被理論家們所認識。「宗族」是以喚起共同的價值觀和信仰為基礎的控制形態。它針對人的思想來實現預想的行為和行為的產出。[8]大內的概念性分類與艾齊厄尼三種順從的激勵形態相呼應。這三種形態是：報償性的、強制性的以及規範性的。達林和布列斯羅爾又將艾齊厄尼的激勵形態納入到他們對共產主義體系中政治恐怖的分析之中。[9]

學者們經常將毛澤東的做法歸咎於共產主義的意識形態教條，好似這些實踐都出自事先存在的劇本一樣。[10]畢竟，新政權是隨著革命性動員而建立的，這一動員曾許諾下一個平等的「天堂」。然而，這一觀點並沒有認識到毛澤東像大多數政治領導人一樣，在鞏固其統治時首先是一個實用主義者。中國統治者們面對的困境不難理解。他們不能只依賴獨立的法律系統建立其控制。因為在法治之下，按定義，只要不違反法律，國民可以按自己認為合適的方式任意而為。即是說，法律只能監督行為的結果，而不是行為本身。所以國家無法動員國民實行集體行動。同樣地，控制也無法僅依靠官僚。通過管制和一個訓練有素的等級系統，官僚控制可以同時監督行為以及行為的結果。然而這不僅需要大量的人力，還需要一種有效地監督官僚體系的方法。1949年之後的幾十年裏，中國的國家機器根本無法支持足夠數量的官僚。而且，官僚，按其定義便存在系統停滯和產生腐敗的風險。[11]官僚控制系統本身也需要一個外部機制來監控。

因此，群眾運動便可以發揮其作用。通過儀式，此種控制形態在道德至上的社區中動員起人們共同的價值觀和信仰。它不僅對行為和行為的結果有效，且對價值觀和信仰也會產生影響。它建立起一種新的精神以喚起自願性的順從。而且群眾運動產生了大量資訊，通常會揭發出那些據稱偏離了黨的方針路線的地方幹部。當「擴音器」可以直接與人群對話，地方幹部便得到了約束。這三種形態互相關聯。佐證是在文革中，導向群眾運動作為主要的控制形態不可避免地削弱了法律制度和官僚這兩種形態的作用。隨著法律制度和黨國官僚的解體，之前不被接受的行為公然出現，並缺乏必要的制衡。毛澤東統治下的中國逐步走向文革的歷史，也是這三種控制形態的組合發生改變的歷史。本章接下去的篇幅將詳細討論這個主題。

黨與法律：文革之前

新政權的第一個十年中，共產黨主動建立了一個新的法律體系，然而到了五十年代後期卻又發生了根本性逆轉。新法律體系的建立開始於對其之前制度的摧毀。1949年2月黨中央的發佈〈中央關於廢除國民黨《六法全書》和確定解放區司法原則的指示〉。為了摧毀國民黨時期法規的指導性，還發動了一場群眾政治運動。[12] 1950年10月周恩來簽署了一份國務院令，其中包含了馬克思主義原則的明確陳述：「法律是一個階級壓迫另一個階級的工具。」它譴責了政府工作人員還在使用國民黨時代的法律概念。在最初的幾年，處決犯人是以軍事法庭的形式行使人民正義。[13]

最為典型的程序是所謂的人民法庭，稍後這種形式在文革的集體殺戮中會經常被使用。「這一特殊的法庭不同於並獨立於常規的刑事和民事法庭。由工作小組的領導主持，政治積極分子擔任法官，人民法庭有巨大的司法權，不僅有傳訊、逮捕、拘留的權力，甚至可以宣佈判決以及裁定被告死刑。」[14]

彭真，北京市長，在文革期間曾遭受所謂人民正義的折磨。據報道稱他早前曾主持過一個此類法庭。在1951年3月他在一次批鬥大會前曾這樣說：

> 「同志們，我們要怎麼對付所有的罪犯、匪徒、特務、萬惡的地主和反動的道士頭目？」人群異口同聲地高呼：「槍斃他們。」市長認同地回應到：「這樣做不是殘酷，而是仁慈。我們這是在保護受到他們傷害的人們的生命安全……我們這是依法辦事。那些該殺的人，我們要殺。」[15]

前面章節中提到過的廣東省小江村沙凱初的父親，以及杜坑村杜政義的父親就是在這類法庭上被處決的。[16]

1954：希望之年

緊接著1949年後的三年，三部主要的關於婚姻、土地和工會的法律獲得通過。[17]然而1954年似乎預示著將出現一條新的國家建設的道路。1953年6月韓朝雙方簽訂停戰協議，朝鮮戰爭結束。壓制反叛活動的軍事行動也在1953年底結束。1954年9月15日在北京召開的第一屆全國人民代表大會通過了第一部憲法。按勞達一(Laszlo Ladany)的說法，它賦予了社會「一系列的自由」，包括言論、出版、組織、遊行和宗教等方面的自由。它還宣佈在沒有正當理由的情況下任何公民都不能被逮捕，並且規定來自舊資產階級家庭的成員將會獲得生活資料和勞動的權利。[18]毛澤東自己十分鄭重地對新憲法發表了這樣的評價：「(憲法)通過以後，全國人民每一個人都要實行。」[19]

全國人大還通過了幾部組織法以重建政府的重要分支，其中包括司法部(即人民法院和人民檢察院)。這些法律聲明法律體系的獨立性並宣告法律之下人人平等。比如，《人民法院組織法》規定了一個精心設計的司法組織的藍圖。它宣稱「人民法院獨立進行審判，只服從法律」。它繼而寫到，在法律框架之內，就審判過程來說，所有的公民無論種族、民族、性別、職業、社會出身、宗教、教育水平、財產或者居住長度，一律平等。法律制定的標準司法程序包括兩階段的審判(即初審和終審)以及上訴過程。另一部法律則針對人民檢察系統，就司法獨立和平等權利的規定方面也有相同的條款。[20]

完整的司法制度即將被建立。憲法和兩部組織法規定了法院和檢察院的架構、功能、管轄權以及法律手段。在最高人民法院之下，建立起三級法院系統。如果這些法律得到尊重，「人民法庭」將失去他們司法權力的合法性。至1957年6月，共有4,180部(或則)法律、法典、條例以及規定獲得通過。中國的法律學者樂觀地預測中國將進入「新的歷史階段」。[21]劉少奇，黨中央的二號人物，在1956年的講話上也強化了外界的這種印象：「現在，革命的暴風雨時期已經過去了，新的生產關係已經建立起來，鬥爭的任務已經變為……完備的法制就是完全必要的了。」[22]毛澤東則在1957年再次確認了這一想法：「一定要守法，不要破壞革命的法制。」[23]

1957–1958：逆轉

然而，新的法律制度胎死腹中。赫魯曉夫1956年譴責斯大林罪行的講話驚動了西方世界的很多人，卻警示毛澤東提防「修正主義復辟」的危險。[24]1957年夏天，成百上千的人被貼上了「右派」的標籤——一個新的階級敵人的類別，並被從國家編制中剔除出去。司法改革試驗的矛盾之中的核心問題是革命政黨和新國家之間的關係。「法院向相應的縣以及省級政府負責。檢察官辦公室獨立行動。然而，兩者都從屬於由毛澤東領導的權力巨大的共產黨。而且，直到1959年，毛澤東同時還擔任著國家主席的職務。」[25]一種批判性的觀點指出：「全國人民代表大會很少進行舉手表決和通過決議的正式程序。」[26]這一想法被另一觀點所支持：「在許多討論重要問題的場合，常常只有民主黨派人士發表意見，共產黨員拒絕開腔。這是否顯示黨已經進行了討論並且對相關問題作出了決定？」[27]黨是否高於法律？第三種批判性的觀點指出：「雖然憲法被強制執行，然而仍然有部分領導對法律持虛無主義的觀點，堅持認為黨取代政府很自然，黨的命令高於法律，而黨員的話被他們自己認為是『金科玉律』。」[28]

這些批判性的觀點在1957年早期被稱為「百花齊放」的那幾個月進入了公共領域。毛澤東鼓勵知識分子、非共產黨員以及政府工作人員發表觀點以幫助整頓黨紀。北京舉辦了13場辯論，這一做法也被地方上所仿效。到了5月，大學生們開始在校園裏貼大字報以表達他們的觀點和批評。[29]但是，批評之聲的規模和凶猛程度引起了毛澤東和共產黨的警惕，他們決定逆轉這件事的進程。第一個命令就是迫害那些批評人士。「反右」運動開始於1957年的夏天。C縣的一個受訪者告訴我，儘管國家政策已經逆轉，迫害運動開始後，地方領導和知識分子仍然被誘騙參加辯論，而他們的言論會立即被用來針對他們自己。[30]

根據毛澤東的估計，多達10%的非共產黨員和知識分子是「資產階級右派」。[31]這個比例被送去文化和教育部門以及地方政府機關。根據20年後出版的官方數據顯示，在1957至1958年，全國有552,877人被認定為右派。[32]而丁抒認為更為準確的數字應該為80萬。[33]他們相繼遭到揭發並被免職和解雇，其中很多人被從城市送入位於偏遠農村地區的勞改農場。根據縣誌記載，M縣、C縣、X縣的右派人數分別是148、310以及732人。在C縣的310名右派中13人被判刑，43人被送去勞改農場，89人被免職後送回家鄉的村莊，149人被迫在監督下進行勞動。[34]

這場運動標誌著新法律體系的終結。一旦被貼上右派的標籤，受害者會立即失去一切1954年憲法賦予的權利。批鬥的過程中人們互相攻擊，定罪時也沒有經過正當程序。這個模式將在後繼的政治運動中被不斷重複。雖然到了1957年6月，刑法草稿已幾經修改，新政治運動的開始卻結束了這個過程。一個共產黨的法律事務委員會向政治局做了如下報告：「根據我們國家的實際情況，現在不再需要制定刑法典、民法典和程序性的法律。」[35]運動之後，共產黨開始實施完全的組織性控制。1957年黨的一次會議上，毛澤東對新政策做了澄清：「地方政府的政治與法律，以及文化與教育部門必須接受來自省、市、自治區的黨委以及省、市、自治區的人民政府的指導，並確保沒有違反中央政策和規定的情況發生。」[36] 1957至1958年反右運動之後，群眾運動捲土重來成了主導性的權威體系，這一實踐曾在戰時打磨並於土改時升級。階級鬥爭成了解決社會和政治衝突的主要架構。文革之前的幾年，在一次有關此事最具説服力的陳述中，毛澤東在1962年的共產黨會議上提到：「在一個社會主義國家，我們必須認清階級和階級鬥爭的存在⋯⋯從今以後，階級鬥爭這個問題必須年年講，月月講，天天講。」[37]

基層的司法體系

根據縣誌的記載，檢察院和法院在1954年的一系列全國性立法之後便建立起來了，而公安局則成立得更早。即便經過1957至1958年的運動，一直到文革，這三個機構仍然作為政府分支存在並且發揮著有限的作用。關於它們的典型記錄如下：

> 建國後，番禺縣人民檢察院於1955年6月14日創建。1957年底，全縣開展「反右」鬥爭，檢察院的監督職能受到批判，檢察工作處於癱瘓。⋯⋯番禺縣人民檢察院於6月10日恢復。「文化大革命」開始後，1967年3月，縣公、檢、法由軍事管制小組「軍管」，檢查制度廢止，機構癱瘓。1968年3月1日成立「番禺縣革命委員會」，公、檢、法的職能，統一由保衛組代替行使，監察機構被撤銷。[38]

在縣誌中「公安局」和「人民法院」的部分也有相似的描述。[39]

> 一些縣誌中關於司法制度的數據顯示這些機構在1957後繼續運作。舉例來説，W縣誌記載，平均來説，在1955年至1957年，有511起刑事案件，1960年至1962年有294起，而1963年至1965年則有146起。[40]然而這些機構，遠非獨立於地方黨委和政府，而是配合著後者進行政治運動。例如，X縣誌中記錄到在1955年，反革命罪行佔刑事案件的60%。同時，大多數政治迫害發生在批鬥會和運動集會上，逾越了這些機構。

表6.1　中國民事和刑事案件，1950–1965年

年份	總數	刑事	民事
1950	1,154,081	475,849	678,232
1951	1,866,279	959,398	906,881
1952	2,202,403	723,725	1,478,678
1953	2,202,815	344,909	1,857,906
1954	2,186,826	896,666	1,290,160
1955	2,098,655	1,077,716	1,020,939
1956	1,523,344	722,557	800,787
1957	1,796,391	868,886	927,505
1958	2,372,808	1,899,691	473,117
1959	960,838	560,157	400,681
1960	864,686	543,868	320,818
1961	1,074,249	437,750	636,499
1962	1,187,850	317,769	870,081
1963	1,238,816	415,648	823,168
1964	929,030	262,199	666,831
1965	818,520	237,660	580,860
1950–65總和	24,477,591	10,744,448	13,733,143

資料來源：David Bachman (2006), "Aspects of An Institutionalizing Political System: China, 1958–1965."

雖然1954年後，法制讓了位，但是在1967年前，司法機關(比如警察和法院)作為黨國官僚機構的一部分，在某些情況下繼續施加控制。對於制裁那些政治運動範圍之外的個人犯罪，這些機構的存在尤其重要。比如說，執行死刑，仍然需要得到一定層級的司法機關的批准。[41] 表6.1列舉了1950至1965年期間中國的民事和刑事案件。案件的類型從政治案件如「反革命」，到個人案件，如謀殺、強姦、偷竊以及造假。[42] 罪案類型在不同年份會有所不同，但絕大多數保持一致。表6.2顯示了1950年至1965年因謀殺案而被起訴的數據。從兩個表格中的數據可以清楚地了解到司法系統在社會控制方面發揮了重要作用。

表6.2 中國罪案的類型，1950–1965年

年份	刑事案件	與財產相關的案件	傷害罪	謀殺	謀殺佔暴力傷害案件的比例（%）	強姦	強姦佔暴力傷害案件的比例（%）
1950	475,849	51,553	109,228	11,260	10.31	4,358	3.99
1951	959,398	70,539	92,427	16,887	18.27	19,060	20.62
1952	723,725	64,872	159,384	13,193	8.28	41,118	25.80
1953	344,909	70,900	211,101	17,606	8.34	44,349	21.01
1954	896,666	5,350	25,718	–	–	16,559	64.39
1955	1,077,716	34,763	24,034	–	–	17,815	74.12
1956	722,557	75,834	126,948	8,066	6.35	21,094	16.62
1957	868,886	133,467	166,760	8,315	4.99	24,938	14.95
1958	1,899,691	360,547	114,833	17,621	15.34	48,641	42.36
1959	560,157	108,891	46,288	7,931	17.13	16,499	35.64
1960	543,868	161,687	29,170	10,727	36.77	11,050	37.88
1961	437,750	153,045	30,878	9,096	29.46	6,472	20.96
1962	317,769	26,412	40,518	5,457	13.47	6,974	17.21
1963	415,648	105,584	192,702	5,393	2.80	13,822	7.17
1964	262,199	39,531	65,067	4,960	7.62	11,988	18.42
1965	237,660	33,929	61,473	4,599	7.48	12,639	20.56

資料來源：David Bachman 2006, "Aspects of An Institutionalizing Political System: China, 1958–1965."

專業的司法程序似乎僅僅是司法機構日常運作的一小部分工作。他們的職員少得可憐，這反映了政府可用來供養國家編制內工作人員的資源是有限的。在1958年，C縣公安局僅有10個幹部和職員，而全縣人口為90,302人。[43]更重要的是，他們主要作為廣大的群眾組織網絡——即那些由民兵兼職的村治安委員會——的指導機構而存在。1951年，C縣在69個鄉鎮和814個村建立了治安保衛委員會，共有1,482名兼職工作人員，[44]這還不包括其他不在委員會之中的民兵。1951年，C縣的每一個村都有40至50個民兵，並配備15至20把步槍。隨著1953年全國性的發展民兵組織政策的頒佈，民兵佔到人口的20%，16至45歲的男子每一個都要加入民兵組織。[45]

毛澤東不斷警告全國人民，「帝國主義」國家有可能發動戰爭，開始是美國，之後則是蘇聯。他的兩句口號在農村的牆上到處可見：「全民皆兵」以及「大力發展民兵隊伍」。[46] 每一本縣誌都有一個部分題為「軍事」，其中「民兵」是一個重要的部分。《興寧縣誌》是個典型的例子，其中提到在1958年有321,819個民兵，佔人口的47.3%（顯然，民兵成員並不僅限於男性），而到了文革則為24.5萬名。雖然其他的法律機構在文革期間有所萎縮，民兵組織卻擴大了。[47] 在不斷重複的群眾運動之中，民兵是最為關鍵性的群眾和國家暴力機器之間的連接點。它承擔著警察、檢察官以及法院的職責，並且是構成人民法院的支柱，而正是人民法院在1967至1968年間謀殺了四類分子以及他們的家庭成員。

官僚對陣運動：文化大革命

共產黨也利用群眾運動來攻擊和重組它的官僚隊伍。地方上轉型中的權威創造出官僚和群眾運動之間新的互動模式。在一些方面，官僚控制弱化了，而另一些方面，則增強了。這一存在矛盾性的過程促使了集體殺戮的發生，而這種極端的集體暴力形式在過去從未發生過。

毛澤東時期的中國有一部政治運動的歷史，如表6.3所顯示的，新的、重大的運動年年都發生。政治運動服務於兩個目的：一個關乎精英，另一個關乎群眾。領導監督下屬的方法寥寥無幾，群眾運動則彌補了信息不足的問題。此外，運動還可以騰出官職以獎勵年輕的積極分子。在糟糕的經濟表現使得官僚規模停滯不前的情況下，清洗成為了產生新職位的主要方法。[48] 為了使清洗正當化，精英衝突被置於階級鬥爭的框架下進行。所以，運動還有更新群眾之中人為的階級分化的功能，這成為了階級鬥爭「現實」的基礎。

運動威脅到了既已存在的權威，在文革之前運動由黨國官僚主導，時常也得到前者派遣的工作隊的協助。這一模式在文革中發生了改變，

表6.3 1950–1969年發生在中國的運動

年份	運動	範圍
1950	整黨/整軍	黨組織
1950–52	農業改革	新解放的地區
	鎮壓反革命	全國
1950–53	抗美援朝	全國
1951	整黨與建設	黨組織
	批判《武訓傳》	文化與意識形態領域
1951–54	互助小組	農村
1951–52	民主改造	工業企業
	思想改造	知識分子、教師
	三反	全國
1952	五反	城市的工業資本家
1952–54	黨員登記	黨組織
1953	新三反	黨以及政府官員
	組織初級農業生產合作社	農村
	學習馬列主義	農村幹部
	學習黨的基本路線	全國
	批判俞平伯和胡適	文學領域
1953–54	反對高、饒反黨集團	高層黨員幹部
1955	農業集體化	農村
1955–56	反胡風	全國
	反唯心主義	學術及文化領域
	對私人企業的社會主義改革	私人企業家
1955–57	抓出隱藏的反革命分子	黨、政府和軍隊
1957	「雙百」方針	知識分子
1957	整黨	黨組織
1958	批判馬寅初	學院/大學
1957–58	反右	全國
1958–59	大躍進	全國
	社會主義和共產主義教育	農村
1959	批判資產階級文藝	文學與藝術領域
1958–60	人民公社	農村

1959–60	反右擴大化	黨組織
1960	設立公社群眾大禮堂	農村
	學習鞍山鋼鐵廠	企業與大城市
	加強意識形態工作	軍隊與政府機關
1961	人民公社整風	農村
	黨員再教育	黨組織
1963	學習雷鋒	全國
	批判文藝學術權威	文化與學術領域
1963–64	五反	黨與政府機構
	文藝界整風	專業組織
1964	學習大慶	工業與運輸部門
	學習大寨	農村
	整黨	黨組織
1964–66	社會主義教育	農村幹部
1965	備戰	全國
1966–69	文化大革命	全國
1969	整黨	黨組織

資料來源：中國共產黨中央委員會黨史研究辦公室編：《中國共產黨歷史大事記》(北京：人民出版社，1989)；中央黨校黨史教學與研究辦公室：《黨史研究與教學》。

一場史無前例的運動解體又重構了地方官僚單位。想像這樣一種情景，擁擠的村廣場被兩股機制控制：一隻高音喇叭和一群執法官。大喇叭賦予執法官權威，執法官通過大喇叭作出指示。突然，大喇叭呼籲群眾取代執法官，混亂繼而產生。

運動下鄉

如其名所示，文化大革命起初要在文化和教育部門掀起一場運動。結果，一系列政策使得運動擴大到了大眾領域。第一個有關運動的重要文件，1966年頒佈的「五．一六」通知下達至鄉級政府。[49]縣領導不僅進行了學習，還努力通過在其小小的文化和教育部門(即在教師、藝術家、醫生以及學生之中）組織運動，發掘地方上與此文件的關聯性。兩個月後的8月8日頒佈的另一份重要文件上仍然強調「**大中城市**的文化教育單位和黨政領導機關，是當前無產階級文化大革命運動的重點」。[50]到了1966年年底，黨中央在12月15日發佈了另一份關於縣運動政策的文件。而此時，農村的群眾組織已經如「雨後春筍」般出現，早已衝破了政府機構以及文化教育單位的限制。[51]

縣誌大事記部分顯示，直到1966年9月，農村的運動一直由官僚系統控制。在第一階段，農村開展運動的典型做法是成立一個文革委員會，再向全縣發佈一個通知，這是對新政治運動訴求的一種傳統的回應方法。在廣東和廣西，三分之二的縣曾報告成立過委員會，三分之一則稱發佈過這樣的通知。[52]當權者時常向「重點單位」派遣工作組，這些單位包括高中、醫院和劇院。大約有三分之一的縣有過這樣的報道。他們的靈感可能來自於報紙上對城市中心地區做法的報道。然而，如果城市中心地區的工作組是對學生造反造成混亂的一種回應的話，那麼在農村縣裏的實踐是否僅是形式上的模仿尚不能確定。一些縣誌明確地提到派遣工作組的目的：其任務不是消除混亂或者制造造反事件，而是協調有組織的群眾行動。而且，各省約有三分之二的縣將群眾組織起來批判「三家村」，即三個被打倒的北京的領導。一些縣的縣誌則記錄了其他行動，比如「揪出黑五類」。「黑五類」指地方上類似三家村那樣行為的個人，或者那些有「歷史問題」的人（比如舊地主）。第四種回應包括組織教師互相批判的學習會議。類似的學習和批鬥會也在醫院、劇院和作家協會的工作人員和幹部中展開。結果，校長、教育局局長、文化局局長以及分管文化、教育和健康部門的縣委書記和縣長成了第一批遭到清洗的領導。

作為一種新的政治現象，地方上的縣第一次聽說紅衛兵是通過新聞。[53]1966年8月18日，毛澤東在天安門廣場檢閱百萬紅衛兵，全國各大報紙都對這一事件進行了大肆報道。四天後，以《人民日報》為首的各大報紙慶祝北京和各大城市的紅衛兵走上街頭，開始「破四舊」運動。這一運動意在破壞所有「舊思想、舊文化、舊風俗、舊習慣」的實體象徵物。[54]接下來的日子，縣裏的學生也依樣畫葫蘆，燒書、入戶搶劫並折磨那些與「四舊」相關聯的個人。學生一般由學校共青團的領導組織。學生佩戴的臂章和攜帶的其他裝備由地方政府購買並進行分發。從這一運動中獲得權力的學生逐漸得到了自主權，其中的許多人最終不再認可他們政府中的資助者，轉而針對他們。一開始，他們主要針對身邊的權威人物，多為那些在學習和批鬥會上被政府指定為合法攻擊目標的教師和校長。

1966年9月5日，黨中央和國務院聯合通知組織紅衛兵上北京學習「革命經驗」。[55]雖然通知似乎僅適用於省級，然而大多數縣同樣從學生和教師中選擇紅衛兵代表參與這一活動。一般來説，平均每縣會有幾百個學生和老師被政府挑選出來加入天安門廣場上的人群接受毛澤東檢閱。同時，一波又一波來自主要城市的紅衛兵來到縣上，參加大串聯。地方政府被要求進行支援，一般需設立接待站為紅衛兵提供住處並制作標語和海報。縣政府不僅在組織上，也在經費上資助紅衛兵串聯，期待著培養出忠誠的群眾組織。[56]

然而，這些外來的和從北京回來的紅衛兵卻讓地方官僚感到震驚。在山西華縣，縣領導盡職地在巴士站組織起人員接待一群歸來的紅衛兵。但是，「就在第二天，出現了一個新的標語，『粉碎兩個委員會(即縣黨委以及在當時被稱作人民委員會的縣政府)，將革命進行到底！』一夜之間，縣城的街道就貼滿了新的大字報。」[57]縣領導小心翼翼地挨過文革頭幾個月的政治風暴。到了年底，混亂卻再也無法避免，因為毛澤東呼籲攻擊全中國官僚體系中所謂的資產階級反動派。與此同時，一項新的國家政策將組成群眾組織的權力從學生擴大到廣大群眾手上。

第一波非學生的群眾組織產生於政府機關中的工作人員和底層幹部之中。這些機關包括縣黨委，縣政府以及各種功能性的局。縣行政部門早期成立的非學生組織，通常稱為赤衛隊，他們的主要功能是在政府辦公大樓維持秩序以及阻擋紅衛兵造反派。他們通常得到地方執法部門的支持。但就像他們的紅衛兵同僚一樣，赤衛隊的自主性不斷增加，且兩

表6.4　廣東和廣西有記錄的武鬥及其相關死亡人數

	廣東	廣西
縣的數量	54	64
發生武鬥的縣的數量	30	46
每縣死於武鬥的人數	2.91	24.83

資料來源：縣誌。

者為新一波的組織提供了群眾基礎。湖北和廣東大約一半的縣，以及廣西70%的縣稱首批非學生群眾組織成立的時間為1966年的10月和11月。

到了年底，地方運動必須選出一些縣裏的高層領導作為新的目標。此時，所有在國家官僚機構擔任領導的人都被稱為「當權派」，任何人被當成目標都是合理的。在日常的批鬥大會上，領導們會被拉上臺接受檢舉揭發。成千上萬的普通群眾會在廣場上參加批鬥會或者遊街。群眾組織在該批鬥誰該保護誰的問題上意見並不一致，這一點不奇怪。關於不同領導命運的討論經常會促使兩個組織聯盟的出現，互相指責對方「保守」。但當1967年1月的奪權運動擴散到縣級，一派主張奪取地方政府的權力，另一方則挑戰奪權的合法性。在接下去一年半的時間裏，群眾派系鬥爭成為運動的主要形式。歷史學家稱兩個組織聯盟為「群眾派系」。

在許多地方，這類派系都會升級成為武裝街鬥，時常會使用槍械並造成多人死傷。在一些案例中，群眾派系之爭和暴力事件在新政府成立後持續數月。群眾衝突的嚴重性反映在街鬥的次數以及其造成的死傷中，縣誌中稱這些街鬥為「武鬥」。廣東和廣西的縣發生武鬥的範圍以及人為影響如表6.4所示。在廣西，64個縣中的46個（即71.9%）發生過武鬥；而在廣東，54個縣中的30個（55.6%）發生過武鬥。就武鬥中的死亡人數來說，廣西為每縣24.8人，廣東為3人。

轉型中的當權者[58]

1967年的第一個星期，上海，中國最大的城市的群眾組織向全國宣佈，他們從市委市政府手中奪取了權力。這一行動據稱事先得到了北京的認可，全國主要的黨報上都刊登了這一消息。《人民日報》的社論稱「徹底粉碎資產階級反動路線的新反撲」。[59]在其後的一個月中，一場奪權運動席卷全國，一直延伸到村級行政單位。[60]在縣級，廣西83%的縣誌以及廣東70%的縣誌都記錄了奪權事件的內容，但很有可能，每一個縣都執行了這一政策。運動進行得相當徹底，每一個工作單位中的高層領導都按定義成為了「當權派」並被拉下馬。[61]

儘管名字聽上去頗為懾人，奪權運動更像是一場改革而非革命。革命一般針對政治體系，而奪權運動針對的是被稱為當權派的個人，這些人被指控偏離了正確的政治路線。由於他們所被指控代表的舊體系，即資產階級反動路線，是虛構出來的，所謂鏟除也只是強化了毛澤東的統治體系，這一體系的特徵是階級鬥爭、群眾運動和自上而下的權威結構。新的群眾組織如雨後春筍般湧現。然而，縱向的黨國控制並未受影響。確實，當中共中央在1967年3月11日發佈指示後，地方政府忠實地執行，設立了「抓革命，促生產」指揮部，使之成為新的行政機構以填補權力真空。[62]比如，M縣縣誌這樣記錄到：「(1967年)3月20日，縣人武部抓革命促生產指揮部成立，行使原縣黨政機關職權。各區也相應成立『抓促』指揮部。」[63]大多數的縣都有關於類似事件的記載，事件一般發生在3月中央指示之後。

但是，奪權運動對於官僚以及國家—社會關係都產生了深刻的影響。群眾運動作為一種社會控制機制得以發展並取代了官僚機制。這通過下述兩個相關的過程得以實現。首先，出現了兩個平行的地方權威，即政府機構和群眾組織。而群眾組織的行事越來越像政府：發佈指示、組織民兵、持有武器並選擇性地迫害目標。其次，政府機構不僅在規模上正在縮減，其中的職位也被騰出來讓給那些群眾組織和運動所支持的積極分子。仍然在任的領導，其職務往往與安全和軍事相關。奪權運動之後，毛澤東和黨中央向地方上派遣了官員和戰士以保證當地的秩序。公安局(即人民武裝部)局長處於有利地位，因為他們控制著持有武裝的人事，同樣重要的是他們管控著廣大的民兵部隊。C縣的人民武裝部部長溫學義宣佈他對一個高中生造反小組的支持並奪取了縣政府的權力。然後，他成為了「抓革命，促生產」指揮部的頭兒，繼而成為革命委員會的主任。[64]山西華縣的縣誌未接受過審查，其中也詳細記錄了另一位人民武裝部部長相似的通向權力之路。[65]群眾組織似平行政府般運作著，政府本身則成為一個群眾運動組織。官僚控制被削弱了。領導層的組成不斷變化，其權威不斷被群眾組織所挑戰。功能性的機構(如安全和法律部門)停止運作，群眾組織則擁有之前只屬於政府的權力。同樣重要的是，新的地方政府通過成為運動機器並獲益於法律和官僚部門的控制被移除，而發展出了額外的能力。政府由安全和軍隊相關的機構主導，不僅變得軍事化且實踐權力的方式也發生了相應的改變。它指揮著一大群主要由民兵組成的群眾。政府力量的削弱與增強創造出了一個空間，在此間社會控制無法阻止集體殺戮的發生。

廢除法律途徑

1957至1958年的逆轉極大地削弱了法律體系。他們的功能在文革伊始便減弱了，奪權運動之後則被全部廢除。迫害，包括行刑，通過群眾正義在法律以外的領域實行。為了煽動群眾，黨中央頒佈了一系列指示以制約公安力量的干預。早在1966年8月22日，中央就通過公安部傳達通知，「不准以任何藉口，出動警察干涉、鎮壓革命學生運動」。甚至下令「如革命學生打了警察，不准還手」。[66]在群眾派系衝突的高峰，群眾組織爭先恐後地取得武器，嘗試通過地方上的軍事基地。這些行為被解讀為是得到另一個指示的縱容，這一指示由中央軍委在1967年4月6日頒佈：「對於過去衝擊軍事機關的群眾，無論左、中、右，概不追究。只對業已查明特別壞的右派頭頭，要追究。但應盡量縮小打擊面，不能僅僅根據是否衝擊軍事機關這一點來劃分左、中、右。」[67]

毛澤東對於資產階級反動路線的判斷大多落在政府的法律部門。羅瑞卿，當時的公安部部長，很快便給打倒了。他的繼任者，謝富治，要求解體安全和法律體系。在1967年8月7日的一次公開講座上，他說：「從文化革命開始，一直到今年一月風暴以前，大多數公、檢、法機關都是死保當地走資本主義道路的當權派，鎮壓革命群眾。」他亦提出極端的解決方式：「現在公安機關如果不徹底改變，不把舊機器徹底打碎，要轉變過來是困難的，你推翻一層，搞一個勤務組，還是一樣。」[68]在地方上的縣，奪權運動之後，法院和檢察院被置於軍管之下並停止了運作。革命委員會建立之後，這兩個部門被「保衛組」所代替。這個委員會集公、檢、法的功能於一身。[69]這些法律機構直到1978年才得以恢復運作。[70]大多數的刑事犯罪通過群眾運動解決。在1967年、1968年和1969年，記錄在案的刑事案件總數只有1966年的三分之一。[71]

死刑：政策和實踐

社會控制的模式改變了，行為的邊界也相應地收縮和擴張。在這一部分，我將討論死刑，它由各種原則、組織框架和目標範圍所支配。其中之一是革命之後中共在國家建設和治理過程中對運用暴力高度重視。早在1927年，毛澤東在他著名的〈湖南農民運動考察報告〉中明確表示「這樣的大土豪劣紳，各縣多的有幾十個，少的也有幾個，每縣至少要把幾個罪大惡極的處決了，才是鎮壓反動派的有效方法」。因為「這樣的大劣紳、大土豪，槍斃一個，全縣震動，於肅清封建餘孽，極有效力」。[72]相似的言論在1949年後的運動中不斷出現。[73]針對抵抗行為的軍事運動之後，毛澤東認為處決仍是必要的，因為「反動派繼續存在」，雖然「數量上已經大幅減少」。[74]同年，毛又說：「從今之後，我們應該少抓一點人，少處決一些人。但是我們不能宣佈將不再進行處決或廢除極刑。」[75]

第二個支配動用死刑的原則是缺乏對法律和司法程序的尊重。對於毛澤東和共產黨來說，新中國建立之前的法律僅是一種上層建築，是資產階級國家的一部分。於是，法律便成了無產階級革命必不可少的目標。遵循馬克思和列寧的理論，毛澤東和共產黨將國家機器當作一個階級鎮壓另一個階級的工具。新的國家則標榜「無產階級專政」，[76]而「政治和法律不再專屬於穿著官袍的官員，而屬於工農階級……他們按自己的信念制定法律」。[77]然而，在毛澤東統治下，幾乎沒有制定新的法律，而那些實施中的則很快讓位於其他政治需要。

第三個相關原則是那些獲判死刑的人的罪行不是按被告人的所作所為而判定，而是可以建立在政治理由之上。毛澤東和中央經常會給出指標以決定反動派的人數。在文革前的一次早期運動中，根據毛澤東寫的指示而發佈的中央指令提及：「每省反動派的人數必須限制在一個特定比例：一般來說，在農村不得超過人口的千分之一；城市地區，合理的比例為千分之一人口的一半……通常，十個人中要有一兩個被處決。」[78]全國的官員都努力完成這個指標。官方數據顯示實際處決的受害者超出了上述比例：在運動中，2,630,000人被捕，其中712,000人被處決。[79]

張寧區分出在毛時代處決和殺害平民的四個時期和類型：(1) 1920年中期湖南農民起義期間，傳統剿匪時的殺人行動；(2) 1930年至1931年江西和1942年延安紅色革命根據地時期，共產黨內部斯大林式的「清洗」；(3) 1940年代，戰爭和土地改革期間在共產黨根據地宣佈的軍事判決；(4) 和平時期，毛政權之下的死刑模式，始於1950年代的鎮壓反動派。[80]其中涉及三種制度框架。第一種是軍事性的，即類型(1)和(3)：這兩類中的目標雖然為平民，藉口卻是為了贏得戰爭。第二種是政治性的，即類型(2)：因政治理由而定罪，懲罰則通過官僚過程得以展開。第三種是法律性的：類型(4)中的許多處決經過類似法律的程序得以確定。

這一討論主要涉及1949年後和平時期的殺人事件，但我認為這三種制度架構同時發生著作用。而何種的作用更為突出則取決於當時的政治條件，也就是說，哪種社會控制的手段更為顯著以及運動的激進程度都可以用上述三種架構中何種佔據主導地位來衡量。文革期間法律和官僚架構的式微使得殺人行為變得更為激進。在第七章中還將提及農村地區近乎展開內戰，而四類分子則被當作敵軍那樣遭到殺害。運動的規模還可由目標的範圍來衡量。在一個不那麼激進的運動中，官員盡力將被選定的死刑犯與他們承認的所作所為相聯繫。其實，官方發佈的運動指示一般要求對犯下罪行的人施以懲罰，但在判決前要求提供相應的證據。舉例來說，在1951年下發的《關於鎮壓反革命》的報告中詳細說明了17項罪行，包括嚴重叛國、策反、武裝叛亂、間諜罪、散佈反革命思想、非法越境等等。[81]然而現實中，大型的運動以身分來選擇目標，尤其是那些之前被貼上階級敵人標籤或者有所謂「歷史問題」的人特別容易被選中。一旦選定目標，他們的「罪行」會通過批鬥會上的「群眾揭發」被揭露或捏造出來。潛在目標人群的親屬也很有可能成為目標，然而文革之前，一般他們不會遭到滅頂之災。受害者要實施了特定的行為方可被定罪，即便這些行為往往是杜撰，這一程序還是限制了死刑的波及範圍。選擇處決目標最為激進的範圍是根據「關係」，主要是血緣關係。在中國，一人犯案株連九族的做法有著悠久的傳統。[82]共產黨的統治延續了這一傳統，即給整個家庭貼上地主或富農的標籤，其理由是這些遭到處決者的家人會產生反制度的情緒。而將處決波及到受害者的家庭成員使得政治運動的激進性又上升了一個層次。毛澤東時期的運動有激進化的傾向，即是說從法律性轉向軍事性殺人模式，並且將定罪的範圍從依據個人行為擴展到依據身分與關係。之所以發生這一轉向是由於暴力和恐懼是動員新運動的有效工具。而煽動一個社區是地方領導可以藉以表現其服從的政治任務。更重要的是，對於官員政績的評價需要量化的標準，而迫害和處決的人數是最有力的數據。然而，文革之前，依據關係來決定處決目標的情況還非常少見。部分的原因是由於存在著三種阻礙情況升級的力量。首先，運動之後，通常會對極端的行為進行總結。狂熱分子常會得到提拔，但是地方領導也有可能被批評為「極左分子」，即指責他們行事太過激進或極端。其次是因為死刑的重要性，而且黨中央經常會下達指示澄清並確定究竟哪一方擁有處決平民的權力。

比如「隨著鎮壓運動的展開，為了防止朝『左傾分子』的偏離，組織上決定，從6月1日開始，全國範圍⋯省政府擁有排他性的處決權力。」[83]另一個例子是「所有判處死刑或長期監禁的案子，在執行得到省長批准之前都必須經過法院的指示與判決。」[84]最後，1951年毛澤東提出了「冷靜期」，即「死刑前有兩年的緩刑期」。但是這些阻礙性的力量卻極少能減少群眾運動中的殺人事件，因為運動的發展極大地取決於地方上的情況。比如，兩年緩刑期的建議在大多數的集體殺戮案例中未獲得重視，這些案例通常很快就會被執行。總之，這一建議直到文革結束多年之後才成為正式法律的一部分。[85]

1967和1968年國家對集體殺戮事件的反應

沒有記錄顯示黨中央對極端的暴力，即殺害來自四類家庭的兒童、婦女以及老人進行懲罰。[86]其實，在那些恐怖的日子裏，省政府不斷下達警告試圖阻止這類事件發生。當有嚴重的事件被揭露，中央和省政府甚至會派軍隊到當地制止事件的發展。早在1966年11月20日，中共中央向全國地方政府下達一份北京市委的重要通告，稱：「任何廠礦、學校、機關或其他單位，都不許私設拘留所、私設公堂、私自抓人拷打。」通告稱這些做法「違反國家的法律和黨的紀律」。[87]所以可以認為，「要文鬥，不要武鬥」的原則透過一系列重要的政策聲明得到中央的一再重申。[88]

雖然省政府（如廣西）對過度使用暴力的警告是否名副其實存在爭議，它確實明確地做過這些聲明。1967年12月，新一輪的集體殺戮在全省肆虐之後大約一個月左右，省政府發佈了一份十點命令（《緊急動員起來，立即停止武鬥，保衛毛主席的無產階級革命路線》），包括如下的要求：「群眾組織不准隨便抓人、打人、殺人，已抓的人一律釋放。」從這一刻起，一個新詞被創造出來了：亂打亂殺。[89]這個詞被用來形容猖狂的暴力對於社會和政治秩序的破壞。比如，1968年1月18日，省政府發佈了一份關於容縣黎村亂打亂殺事件的報告；在1968年5月3日，在對九個縣進行調查後簽發了一份停止亂打亂殺的指令；1968年6月24日，省政府簽發了另一份《關於禁止亂殺人、亂抓人的指示》的文件；1968年9月19日，省政府充公了群眾組織的槍支；最後，1968年9月23日，省政府簽發了《堅決制止亂殺人、亂抓人的通知》。[90]

官員反對過度使用暴力的最具説服力的證據是在許多地方，一旦關於處決的消息被送達高層，上級政府便會派遣領導或者軍隊進行干預。比如，在最早一起發生在北京郊區的集體殺人事件中，一位縣領導五進馬村勸停殺。他的努力也涉及北京市的高層領導。[91]在發生在湖南道縣的極為嚴重的集體殺人事件中，軍隊被派遣到當地制止屠殺。[92]儘管縣誌中沒有關於集體殺人事件如何結束的具體記錄，數據顯示這些事件常集中發生在一段時間。在大多數的縣，殺人事件的高潮只出現一次，這説明高層施加了外部約束。

類似來自中央和省政府的政策指令無疑防止了群眾暴力事件的進一步升級，然而這些努力相對來説並無很大成效。原因之一是這些官方政策並沒有施加任何真正的懲罰。書面的勸告通常只能成為對未來事態發展的指引。1968年5月15日，公安部部長謝富治的講話是一個生動的例子，顯示對於施暴者的寬大。這篇講話原意是要譴責暴力，然而謝卻暗示暴力行為不會受到懲罰：「即使是反革命，也不要殺嘛，只要他願意接受改造要給予出路，至於活活把人打死，那就更不對了。當然，這些事情都是由於沒有經驗所造成的，不要去追查責任，主要的是總結經驗，要認真貫徹、堅決執行毛主席指示，只准文鬥，不准武鬥。」[93]直至事情發生的十年後即七十年代後期，行兇者才被起訴。無論如何，對於極端暴力的警告的影響力被抗衡性的指示所削弱。比如，廣西警告集體殺人的指示清單與另一份關於迫害階級敵人的政策的長清單同期發佈。雖然省政府認為公社和村裏的亂打亂殺事件是未經許可的，它卻鼓勵針對城市地區的對立群眾組織展開暴力，這一激勵因素削弱了政府作為社會秩序保衛者的角色。

另一個讓政策無效的原因是文革的本質，即為了解體再重建地方政府，它摧毀了官僚等級制度，打亂了行政管理系統。到了1967年8月，公安部長謝富治呼籲打擊公安和司法系統。[94]根據縣誌記載，1967年，公安和司法系統的相關單位在縣、公社和村級都停止運作。拘留和起訴的標準不再是法律而是依據當時的政治標準。雖然中央和省政府仍然會頒佈政策，然而政府裏已經沒有常設的行政機關來執行這些政策了。

文革的一個關鍵結果是信息流動的渠道被阻礙。特別是當底層行政區域發生惡性事件，只有等到事態惡化上層政府才能夠了解事由。當地方政府宣傳他們在運動中的「成績」時，暴力的部分會被掩蓋。比如，在1967年1月，北京市政府提交一份關於清華大學新的管理層該如何忠實執行中央政策的報告，其中刻意提到那些做了「壞事」的人如何受到了良好的對待，並給予改過自新的機會。報告得到了毛澤東的注意，他指示將這份報告作為模仿對象在全國範圍傳達。[95]到了1978年才出現另一份報告，發表時的政治氣候已經完全不同。這份報告反駁了最初的說法，詳細説明了大學裏批鬥對象們真正的處境。在為期兩個月的階級清洗運動中，超過十人被殺。[96]同樣，在地方上的縣，自下而上信息傳遞的失敗導致上層政府往往要等到大量殺人事件發生後才可能進行干預。

結　論

根據「國家」的定義，國家在其國土範圍內管理著暴力的使用，[97]毛澤東時代的共產中國也不例外。在本章中，我討論了法律架構，即國家管理暴力的規則，在這一架構下，1967年和1968年發生了集體殺戮。儘管1949年之後革命黨從未掩飾其通過使用暴力來進行統治的事實，然而集體殺戮，因人的血緣關係而決定被殺與否的事件，即使按毛主義的標準來看都是一種極端的情況。這種極端的暴力根植於文革前國家建設過程的歷史，以及文革最初幾年前所未有過的群眾運動之中。

在國家建設的年代，管理社會生活的規則發生了兩個重要的轉變：(1)從受到法治的啟發到由共產黨壟斷的官僚控制；(2)從官僚控制到利用群眾運動重組官僚機構。相應的，暴力手段首先演變成為黨控制意識形態工具的一部分，然後在文革期間以人民法庭的形式實踐，當地方政府介入後仍然如此。當本就脆弱的正當法律程序走向虛設，集體殺戮這種極端行為便出現了。

對暴力的法律限制的崩潰與社會運動研究中政治機會模型提到的「開放性」這一概念相呼應。如果國家有能力執行預期中的控制，集體殺戮事件將不會被允許。群眾運動開展一年之後，地方政府被徹底地改革了一番，不僅法律制度被置之不理，行政指令系統也遭到了破壞。基層地區的群眾運動，特別是發生在遠離政治中心的社區中的那些，在所謂策略創新方面完全不受限制，所以才會出現包括滅絕性屠殺在內的、在中國共產主義史上前所未有的事件。

所以，中國的集體殺戮並不是執行國家法律，而是國家失控的結果。這一動態過程與國家政策模型所描述的大屠殺形成鮮明的對比。舉例來說，蘇聯的斯大林政權，保留了刑法和一定的法律程序。根據索爾仁尼琴(Aleksandr Solzhenitsyn)的研究，所有的政治受害者都依據1926刑法第58款進行了裁判。[98] 同樣的，從1937年開始，納粹德國頒佈了一系列法律，細緻地對猶太人和其他受到歧視並最終將遭滅絕的目標人群進行了定義。[99] 雖然滅絕性的屠殺在地方上很普遍(順帶提及，國家政策模型對此未提供解釋)，系統性的滅絕政策，即所謂最終解決方案卻是自上而下由納粹黨中央下達的。正是在1940年代初數量眾多的毒氣室和劊子手定義了納粹對猶太人的大屠殺。[100]

然而，地方上的行動者們組織和參與集體殺戮需要的不止法律和行政體系失控這一條件。在第七章，我將討論在一個社區中，道德限制的缺失帶來的影響。

注釋

1　〈檔案解密：共和國主席劉少奇冤死實錄〉，《河北日報—書刊報》，2005年

1月2日，http://news.china.com/zh_cn/history/all/11025807/20050112/12061076.html，2008年9月10日登入。

2 〈挨批鬥被打斷兩根肋骨：彭德懷生命最後時光〉，《文摘報》，2008年8月15日。

3 Pitman B. Potter, *From Leninist Discipline to Socialist Legalism: Peng Zhen on Law and Political Authority in the PRC* (Stanford, CA: Stanford University Press, 2003), p. 5.

4 丁抒：《陽謀：反右派運動始末》(香港：《開放雜誌》社，2006)；Yang Dali L., *Calamity and Reform in China: State, Rural Society, and Institutional Change Since the Great Leap Famine* (Stanford, CA: Stanford University Press)；以及Zheng Shiping, *Party Vs. State in Post-1949 China: The Institutional Dilemma* (New York: Cambridge University Press, 1997).

5 Zheng, *Party Vs. State in Post-1949 China.*

6 CCP Central Committee 1981, "Resolution on Certain Questions in the History of Our Party since the Founding of the People's Republic of China," in Michael Schoenhals, (ed.), *China's Cultural Revolution, 1966–1969: Not a Dinner Party* (Armonk, N.Y.: Sharpe, 1996), pp. 296–303.

7 在她關於毛時代死刑的研究中，張寧指出：「這一刑法系統常代表著一種極權主義的形式，法律淪為一種實施控制和鎮壓的簡單工具。這一觀點並非誤判，只是沒有勾勒出毛主義的具體特點。」參見Zhang Ning, "Political Origins of Death Penalty Exceptionalism: Mao Zedong and the Practice of Capital Punishement in Contempoary China," *Punishment & Society* 10 (2008), pp. 117–18.

8 William G. Ouchi, "A Conceptual Framework for the Design of Organizational Control Mechanisms," *Management Science* 25 (1979), pp. 833–48.

9 Amitai Etzioni, *A Comparative Analysis of Complex Organizations: On Power, Involvement, and Their Correlates* (New York: Free Press of Glencoe, 1961); and Alexander Dallin and George W. Breslauer, *Political Terror in Communist Systems* (Stanford, CA: Stanford University Press, 1970).

10 參見如Michael Mann, *The Dark Side of Democracy: Explaining Ethnic Cleansing* (New York: Cambridge University Press, 2005); and Benjamin A. Valentino, *Final Solutions: Mass Killing and Genocide in the Twentieth Century* (Ithaca: Cornell University Press, 2004).

11 中國猖獗的官僚病症，可參見Harry Harding, *Organizing China: The Problem of Bureaucracy, 1949–1976* (Stanford, CA: Stanford University Press, 1981); 以及Ezra

F. Vogel, *Canton under Communism: Programs and Politics in a Provincial Capital, 1949–1968* (Cambridge, MA: Harvard University Press, 1969).

12 Zheng, *Party Vs. State in Post-1949 China*, p. 53.

13 Laszlo Ladany, *Marie-Luise Näth, and Jürgen Domes, Law and Legality in China: The Testament of a China-Watcher* (London: Hurst, 1992), pp. 61–62.

14 Zheng, *Party Vs. State in Post-1949 China*, p. 57.

15 Ladany et al., *Law and Legality in China*, pp. 62–63.

16 參見第一章和第三章。

17 它們是1950年4月頒佈的《婚姻法》，1950年6月頒佈的《土地改革法》以及1950年6月頒佈的《工會法》，參見Ladany, et al., *Law and Legality in China*；以及 Zheng, *Party Vs. State in Post-1949 China*.

18 《中華人民共和國憲法》(1954年)；以及Ladany, et. al., *Law and Legality in China*, p. 66.

19 參見Zheng, *Party Vs. State in Post-1949 China*, p. 59.

20 《中國人民共和國組織法》(1954年)，第四、五以及十一條；《中國人民共和國法院組織法》，第五、六、十五以及十六條。

21 Zheng, *Party Vs. State in Post-1949 China*, pp. 58–60.

22 Ibid., p. 61.

23 Zheng, *Party Vs. State in Post-1949 China*.

24 肖東連、謝春濤、朱地以及喬繼寧：《求索中國：文革前十年》(上)(北京：中國紅旗出版社，1999)，頁37–52。

25 Ladany, et al., *Law and Legality in China*, p. 66.

26 Zheng, *Party Vs. State in Post-1949 China*, p. 65.

27 Ibid.

28 Ibid.

29 Ibid.

30 與趙先生的個人訪談，2006。

31 Zheng, *Party Vs. State in Post-1949 China*.

32 Ibid.

33 關於運動以及受害的情況，參見丁抒：《陽謀：反右派運動始末》；朱正：《反右派鬥爭始末》(上、下)(香港：明報出版社，2004)。關於高層右派的傳記，包括解放後首任司法部長史良，參見章怡和：《最後的貴族》(香港：牛津大學出版社，2006)。

34 蒙山縣誌編纂委員會編：《蒙山縣誌》(南寧：廣西人民出版社，1993)；蒼梧縣誌編纂委員會編：《蒼梧縣誌》(南寧：廣西人民出版社，1993)；興寧縣地方誌編修委員會編：《興寧縣誌》(廣州：廣東人民出版社，1998)。

35 Zheng, *Party Vs. State in Post-1949 China*, p. 74.

36 Ibid., pp. 74–75.

37 肖東連、謝春濤、朱地以及喬繼寧：《求索中國：文革前十年》(下)，頁952。

38 番禺市地方誌編纂委員會編：《番禺縣誌》(廣州：廣東人民出版社，1995)，頁642。

39 同上，頁634–53。

40 五華縣地方誌編纂委員會編：《五華縣誌》(廣州：廣東人民出版社，1998)，第432頁。

41 參見本章後面的部分關於死刑的討論。Yang Su, "Tumult from Within: State Bureaucrats And Chinese Mass Movement, 1966–71" (Ph.D. dissertation, Stanford University, 2003).

42 最高人民法院研究室：《全國人民法院司法統計歷史資料彙編：1949–1998》(刑事部分)(北京：人民法院出版社，2000)。

43 《蒼梧縣誌》，頁419。

44 同上，頁553。

45 同上，頁606。

46 在X、C和W縣進行的訪談，2006。

47 《興寧縣誌》，頁604–605。

48 Andrew G. Walder and Yang Su, "The Cultural Revolution in Countryside: Scope, Timing and Human Impact," *The China Quarterly* 173 (2003), pp. 74–99; Yang Su, *Tumult From Within: State Bureaucrats and Chinese Mass Movements, 1966–1971*, (Ph.D. dissertation, Stanford University 2003), Chapter 3，以及Yang Su, "State Sponsorship or State Failure? Mass Killings in Rural China, 1967–68" (Irvine, CA: Center for the Study of Democracy, University of California, Irvine, 2003).

49 國防大學黨史黨建政工教研室：《文化大革命研究資料》(上)(北京：中國人民解放軍國防大學黨史出版社)，頁1–4。

50 同上，頁76，粗體為作者所加。

51 同上，頁189。

52 同上，頁129、133。

53 在北京，第一個紅衛兵小組由清華附中的一群學生組成。他們早在1966年5月便將小組命名為「紅衛兵」。在8月初，他們的一封信和三張大字報通過江青轉交到了毛澤東的手上。毛不僅公開表揚了他們，而且在他在天安門廣場上對「革命小將」進行的一系列視察的第一次，將自己也算作紅衛兵的一員。

54 《文化大革命研究資料》(上)，頁86–89。

55 同上，頁412。

56 平南縣誌編纂委員會編：《平南縣誌》，頁38；恭城瑤族自治縣縣誌編纂委員會編：《恭城縣誌》(南寧：廣西人民出版社，1992)，頁305；田東縣誌編纂委員會編：《田東縣誌》(南寧：廣西人民出版社，1998)，頁482；以及陸川縣誌編纂委員會編：《陸川縣誌》(南寧：廣西人民出版社，1993)，頁26。

57 華縣地方誌編纂委員會編：《華縣誌》(未審查出版版)，頁11。

58 在一個沒有法律的環境中，官僚式的控制成為界定行為邊界的主要機制。由群眾運動引發的爭端要由官僚式的方法解決。即使是在群眾運動最殘酷的時候也是這樣。中共的二號人物，國家主席劉少奇從很早的時候起便遭到批判。1968年，北京各地的群眾團體包圍了中南海，即中央政府所在地，群眾要求對他實行拘留。雖然毛澤東和周恩來並沒有將他交出，闖進中南海的群眾被允許對他進行批鬥和遊街。但這事並沒有以群眾正義而結束。同時，官僚程序也發揮著作用。1968年10月18日，一個特別調查委員作出了最終的裁決。我的一位訪談者1968年後為W縣政府工作。他和其他委員會成員調查了成百上千的由群眾運動造成的案件。如果運動中的行動者知道之後會面對這類官僚裁決，應該會在運動進行中有所收斂。不過官僚結構和權威在文革中的轉移減緩了調查和裁決的展開。針對集體殺戮的調查直到1978年後才開始，遲了十多年。

59 《文化大革命研究資料》(上)，頁231–256。關於上海的一月奪權運動，參見Andrew G. Walder, *Chang Ch'un-ch'iao and Shanghai's January Revolution* (Ann Arbor, Michigan: Center for Chinese Studies of the University of Michigan, 1978). 也可參見Elizabeth J. Perry and Xun Li, *Proletarian Power: Shanghai in the Cultural Revolution* (Boulder, Colo.: Westview Press, 1997).

60 對於發生在村一級的「奪權運動」生動的描述參見 Anita Chan, Richard Madsen, and Jonathan Unger, *Chen Village under Mao and Deng* (Berkeley, CA: University of California Press, 1992). 我在訪談中也耳聞了類似的案例。比如在廣東的金坑村，權力從李姓宗族手上轉移到了曾姓手上。

61 參見Su, *Tumult from Within*, chapter 3.

62 《文化大革命研究資料》(上)，頁344。

63 《蒙山縣誌》，頁26。

64 《蒼梧縣誌》；同時參見2006年在廣西的訪談。

65 《華縣誌》（西安：陝西人民出版社，1992）。

66 《文化大革命研究資料》（上），頁91。

67 同上，頁390。

68 同上，頁530。

69 比如參見《番禺縣誌》，頁642。

70 比如參見《蒼梧縣誌》，頁549–569。

71 最高人民法院研究室：《全國人民法院司法統計歷史資料彙編：1949–1998》（刑事部分），頁1。

72 Mao 1967, Vol. 1: 26, cf. Zhang Ning, "Political Origins of Death Penalty Exceptionalism: Mao Zedong and the Practice of Capital Punishement in Contempoary China," in *Punishment & Society* 10 (2008), pp. 117–36.

73 參見如Mao 1984: 403; cf. Zhang Ning, "Political Origins of Death Penalty Exceptionalism," pp. 117–36.

74 Mao 1977: 378, cf. Zhang Ning, "Political Origins of Death Penalty Exceptionalism," pp. 117–36.

75 Mao 1977: 281–2; cf. Zhang Ning, "Political Origins of Death Penalty Exceptionalism," pp. 117–36.

76 Mao 1984: 4; cf. Zhang Ning, "Political Origins of Death Penalty Exceptionalism," pp. 117–36.

77 Mao 1920, cf. Zhang Ning, "Political Origins of Death Penalty Exceptionalism," pp. 117–36.

78 逄先知和金沖及編：《毛澤東傳（1949–1976）》，轉引自Zhang Ning, "Political Origins of Death Penalty Exceptionalism," pp. 117–136.

79 楊奎松：〈中國「鎮壓」反革命運動研究」〉，《史學月刊》，2006。

80 Zhang Ning, "Political Origins of Death Penalty Exceptionalism."

81 楊奎松：〈中國「鎮壓」反革命運動研究〉。

82 Ladany et al., *Law and Legality in China*, p. 37.

83 Mao 1977: 40, cf. Zhang Ning, "Political Origins of Death Penalty Exceptionalism," pp. 117–36.

84 Mao 1999: 198, cf. Zhang Ning, "Political Origins of Death Penalty Exceptionalism," pp. 117–36.

85 David Johnson and Franklin Zimring, "The Death Penalty in China," in Johnson

and Zimring (ed.), *New Frontier: National Development, Political Change, and Death Penalty in Asia* (New York: Oxfor University Press, 2009).

86 中央並不支持滅絕性屠殺，這一事實可以從湖北幾乎沒有發生這類屠殺中窺見一斑。從這一點看來，湖北在全國三十多個省中更具代表意義。在湖北和大多數其他省份，中央一早便站在了挑戰省權威的造反派一邊。這與廣東和廣西所處的政治環境截然不同。更詳細的討論參見第二章和第八章。

87 〈中共中央批轉北京市委重要通告〉，1966年11月20日，《文化大革命研究資料》(上)，頁163。

88 參見如1966年12月15日、1967年1月28日、1967年4月6日、1967年6月6日、1968年5月15日、1968年7月3、24及28日，《文化大革命研究資料》(上)(下)。

89 「亂」既意味著隨意、無差別和混亂，也可用來描述違反法律和秩序的行為，特別是對抗或者缺少適當權威的情況之下。

90 《廣西文革大事年表》(南寧：廣西人民出版社，1990)，頁58–127。加州洛杉磯中國出版服務中心重印，1995。

91 張連和：〈五進馬村勸停殺〉，者永平編：《那個年代中的我們》(呼和浩特：元方出版社，1998)，頁398–404。

92 章成：〈道縣大屠殺〉，《開放雜誌》，2001年12月，第71頁。

93 《文化大革命研究資料》(中)，頁119–120，粗體為作者所加。

94 謝富治，1967年8月7日，《文化大革命研究資料》(上)，頁530。

95 〈中共中央、中央文革轉發北京市革命委員會轉來駐清華大學的工人、解放軍宣傳隊關於《堅決貫徹執行對知識分子「再教育」「給出路」政策》的報告〉，1969年1月29日，《文化大革命研究資料》(下)，頁275–281。

96 《文化大革命研究資料》(上)，頁281–283。

97 Max Weber, *Economy and Society: An Outline of Interpretive Sociology* (Berkeley, CA: University of California Press)；以及John A. Hall and G. John Ikenberry, *The State* (Minneapolis: University of Minnesota Press, 1989).

98 Ladany et al., *Law and Legality in China*, p. 56; Aleksandr Solzhenitsyn, *The Gulag Archipelago, 1918–1956: An Experiment in Literary Investigation, I–VII* (New York: Harper & Row, 1974–1978).

99 Saul Friedlander, *Nazi Germany and the Jews, Volume I: The Years of Persecution, 1933–1939* (New York: Harper Perennial, 1997), pp, 177–210.

100 Saul Friedlander, *Nazi Germany and the Jews 1939–1945: The Years of Extermination* (New York: Harper Perennial, 2006).

第7章

構建戰爭

1968年7月25日凌晨一時，周恩來、康生和其他六個位高權重的中央領導人在北京人民大會堂接見了廣西群眾組織領袖的代表，包括「無產階級革命派聯合指揮部」(下稱「聯指」)和「四二二」派——廣西兩大群眾組織派別——的成員。領導們的講話極度偏向「聯指」，同時批判與其敵對的「四二二」派。周恩來和康生還宣佈存在一個龐大的反革命陰謀組織，並稱其為「反共救國團」。他們沒有拿出任何確鑿的證據，事實上此類證據並不存在，然而這一指認卻使得外界認為反共勢力已經廣泛存在，遠非僅限於廣西省境內。[1] 會議有效地支持了現在由聯指控制的省政府運用的戰爭論調：「聯指」在此前就已經聲稱他們中的政治對手「四二二」派中有反共救國團的成員。集體殺戮事件由廣西的縣開始，很快便波及到了廣東。

自1949年成立之初，新政權便維持著政治性建構的階級劃分和以階級鬥爭的綱領進行統治(詳見第四章)。這一綱領並非僅存於理論層面，而是以自我實現的方式，通過經常性的針對「階級敵人」的運動成為了「現實」。針對國家的「破壞行為」被定罪，雖然所謂的「行為」不是誇大就是杜撰虛構出來的。歧視、迫害和虐待則當眾進行以反覆顯示階級鬥爭的「真實性」。而那些被階級鬥爭論鎖定為目標的人，會因為一些站不住腳的所謂事實根據便遭到迫害。按研究社會運動的學者大衛．斯諾和威廉．甘姆森的理論，階級鬥爭也在另一層意義上被建構，即作為一種定義問題、指出承擔責任的各方以及針對問題所應採取的行動的論述框架。[2] 從這個視角來看，階級鬥爭也是一個用階級鬥爭的語彙來界定社會和政治問題的框架，它認定「階級敵人」要為此負責，鼓動群眾運動採用針對他們的行動。用斯諾和羅伯特·本福特(Robert Benford)的說法，階級鬥爭是一種主框架，即一種用來解釋每一個問題的支配性的框架，無論是為了分析還是為了行動。[3]

而在文革期間的種種政治問題之下，這一主框架將經歷一種「框架轉型」。[4] 如果說階級鬥爭的框架認為威脅雖然廣泛存在，但尚在潛伏，那麼在北京的午夜會議上發佈的政策公告則認為威脅已形成組織，並且來勢洶洶，迫在眉睫。「戰爭」成為了新的主框架。儘管細節的佈置上仍未明朗，行動的升級已成定局。此時的政治形勢對於這一轉型也相當重要：在建立新的政府組織(即革命委員會)的過程中，廣西和廣東等一些省無法使群眾組織解體，也未能解除城市中心區域武鬥派系的武裝。武鬥一直持續到1968年底，這也為用「戰爭框架」來解讀政治問題提供了「事實基礎」。

然而這一新的主框架中有兩項含義是黨中央的政策制定者未必有意設計的。首先是它的應用範圍。他們直接針對的是城市地區的群眾派系，他們擁有武裝且經常發生摩擦。然而這一主框架迅速由急於表現其順從的官僚向農村社區進行傳達，在那裏階級敵人更易得到辨認，然而暴力衝突並沒有如城市中那樣嚴重。其次，主框架缺乏具體性。雖然新的主框架基於殘酷的判斷要求將行動升級，然而各級政府官僚可以按自己覺得合適的情況，採取具體的行動。用框架分析的語言來說，政策制定者只提供了問題框架和診斷框架，而未提供行動框架。地方行動者創新的做法應運而生，比如我將在本章中提及的「階級鬥爭展覽會」。集體殺戮作為一種新的行動形式便是為了解決階級衝突而在這一背景下出現。

真正的戰爭並沒有發生，尤其是在農村社區中，新組建的行政機關似乎全面控制著社會秩序(詳見第五章)。然而一旦戰爭的理念成功地被構建起來，就在社區中創造出了關於暴力的新道德標準。過去，身體上的虐待和偶爾執行的死刑已是暴力行為的上限，而在「戰時」，快速地屠殺「敵人」在充斥著政治狂熱的社區之中成了不那麼極端的行為。對於集體殺戮的道德限制解體了。本章，我的論述始於文革中最紛亂的時期。首先，我將簡述城市中發生的群眾派系武鬥，這是黨中央要求立即解決的政治問題，並針對性地構建出了戰爭框架。其次，我將描述中央和地方政府如何架構新發現的「威脅」，並發展「事實」基礎以將階級鬥爭轉換為「戰爭」。再次，我會討論戰爭的框架是如何在農村社區中獲得共鳴的。在農村，雖然缺乏城市地區的群眾衝突，階級敵人卻極易確定。最後，我將探討戰爭框架是如何移除針對極端暴力的道德限制的。讓我先由現有文獻中關於戰爭和集體殺戮的關係入手，開始本章的討論。

戰爭與滅絕性的屠殺

大量殺害非武裝平民，其中時常還包括婦女與兒童，這樣的行為通常出於戰爭狀態的行為準則。僅僅將這些受到監視和歧視的個人歸入非人類別，就像1950年代土改之後所謂的「階級敵人」那樣，是不夠的。它還需要整個社區都深信威脅近在咫尺。這一認知與兩個條件有關：(1)有一場戰爭正在展開；(2)潛在的受害者為敵人提供關鍵的支持，於是為了消滅敵人必須殺死其支持者。在1967年和1968年，群眾派系之間持續不斷的街鬥營造出一種戰爭情境，而政府對於陰謀集團的確認支持了將政治衝突當作迫在眉睫的叛亂信號這一想法。

關於大屠殺的歷史個案大多與戰爭有關。亞美尼亞種族大屠殺發生在第一次世界大戰的背景下，受害者們被認為向相鄰的敵對國家提供了避難所、情報等各種支持。一些亞美尼亞族的團體甚至進行了武裝起義。在納粹德國，猶太人被認定為是威脅國家安全的敵人。當戰爭升級，並當德國人在1939年面對戰敗的可能性時，「猶太人問題最終解決方案」成了一個明確的政策。在1994年的盧旺達大屠殺，圖西族自鄰國發動游擊戰，時常侵擾邊境地區。在前蘇聯和柬埔寨發生的大屠殺中，雖然沒有發生真正的戰爭，卻在國家與其中某一群體之間存在持續的敵對狀態。[5]

大屠殺在反游擊戰中尤其常見。在大多數個案中，游擊隊員直接依賴地方上的民眾的支援，包括提供食物、庇護、補給以及情報。而沒有人會比中國共產黨更加理解這一事實，1949年前他們針對國民黨政府和日本侵略者發動了一次又一次成功的游擊隊式造反行動。毛澤東曾寫到：「游擊戰爭不能一刻離開民眾，這是最基本的原則…… 許多人認為在敵人的後方游擊隊不可能長時間存在，這一想法顯示缺乏對人民和部隊之間應該存在的關係的理解。游擊隊必須活動於人民之中，猶如魚游於水中一樣。」[6]

當游擊隊和民眾之間的魚水關係得以建立，對於反游擊戰的策劃者們來說，大量殺害平民便是一個策略性的選擇，失去了民眾支持的游擊隊便成了無水之魚。本杰明．瓦倫蒂諾在討論大屠殺與游擊戰的關聯時指出：「反游擊勢力常會通過威脅恐嚇平民中游擊隊的支持者們以平息叛亂。對那些疑似協助叛亂者的個人的殺戮常常以公開的、有時甚至是以一種特別恐怖的方式進行。經由這種方式領導者們試圖恐嚇其餘的民眾，使他們不再支持游擊隊或者提供關於游擊隊活動的情報。」[7] 中國人熟悉的一個例子是三十年代末、四十年代初日本人的暴行。日本軍隊在疑似與共產黨有關聯的地區對平民實行所謂「三光政策」：殺光、燒光、搶光。有資料顯示，在日本佔領下，約有至少八百萬平民喪生。[8]

儘管反游擊隊的策略和大屠殺之間的關聯難以被推翻，六十年代末發生在中國的情況仍然不同尋常。原因之一是當時並沒有真的發生戰爭。城市地區的一些群眾組織確實武裝了起來，並且偶爾會發生小規模武鬥，一些軍人也確實分裂成相互競爭的陣營並可能給予上述活動以支持，然而卻不存在針對整個毛政權的公開反抗，反而兩邊都宣稱自己才是毛和共產中國真正的保衛者。另一個原因是，即便是存在武裝抵抗，農村地區的四類分子根本無法對其提供任何形式的支援。事實上，他們被敵對的雙方當作替罪羊。所以，無論是戰爭還是所謂的受害者與「敵人」之間的聯繫都是無中生有。

鄭義、宋永毅、曉明和小平頭等作家認為廣西發生的極端暴力行為是一個保守派系針對其對手而組織起來的運動，政府則成了他們的工具。[9] 所以，極端暴力所發生的背景比我所描述的情況更像是一場真正的戰爭。這一普遍性的看法所依賴的兩個前提就我的研究發現來看並不站得住腳。其一，它認為垂直的派系劃分從城市地區一直貫穿至地方上的公社和村莊，後兩者是集體殺戮發生的地方。然而儘管在大城市中，政府支持的派系與其反對派系之間的衝突的確存在，卻沒有證據顯示這種派系分化深入了地方社區層級。成為「保守派」還是「造反派」在大城市和在縣級以下的行政區域意味著兩件完全不同的事。例如，在廣西C縣和廣東X縣，地方上的派系與省級派系的名稱都不同，且在兩個縣「造反派」都控制著縣政府。而且，許多地方上的公社和村莊在開展針對四類分子的集體殺戮之前，根本完全沒有經歷過派系鬥爭。

其二，「真正的戰爭」的論點認為屠殺的受害者確實提供了或者說有可能會提供重要的幫助予反政府派系。這個假設同樣站不住腳。如我在第四章中縝密描述過的，四類分子無論是在文革前還是文革之中都受到嚴密的監視並被剝奪了政治權利。他們在運動中的角色僅限於做替罪羊，包括在文革的最初幾年裏。從一開始，黨中央便特別簽發指示規定將這些「階級敵人」排除在運動之外。謠言之外，完全沒有證據可以證明這些受害者為任何群眾派系提供了重要的支援。毛時代中國的政治無時無刻不以關於階級鬥爭的對抗性語言所構建。然而當時的政治任務面對著一種新的現實：助長那些有能力開展武裝抵抗的群眾組織。廣西和廣東在建立新的地方政府，即革命委員會方面落在了其他省份之後，並造成了地方上的焦慮以及許多來自中央的干預。中央的決定集中體現在1968年7月3日和24日措辭強硬的通知上（即「七三佈告」和「七二四佈告」），雖然通知針對廣西和陝西兩省，卻在全國範圍內作了傳達並進行了大張旗鼓的宣傳。這兩個通知，連同中央領導人在之前幾個月裏的講話，承認了地方政府反游擊隊策略的正當性，彷彿發生了戰爭一般，將恐怖和殘暴提升到了新的水平。

毀滅性的屠殺絕大數發生在村莊之中，而群眾派系和街頭武鬥主要是發生在城市裏的現象。[10] 這一情況呼應了卡利瓦斯（Stathis Kalyvas）在關於內戰中暴力的研究中所描述的「中央與邊緣的斷裂」。「比起導致戰爭的分歧，在地的行動通常與地方上的或者私人的議題關聯性更強。」他接著寫道，「個人或者地方上的行動者利用戰爭來解決私人恩怨，這些衝突與導致戰爭的原因或者是交戰雙方的目標很少甚至根本沒有關聯。」[11]

四類分子與城市中的團體並無聯繫這一事實在毛時代階級鬥爭的邏輯下顯得無關緊要。根據階級鬥爭理論，任何一個現時的敵人都代表著過去的有產階級，比如地主和富農的利益。當缺乏證據時，有組織的批鬥會和屠殺製造出一種「戰爭」的感覺。恐怖成了自我實現的寓言。村裏的四類分子之所以成為目標不是因為他們在派系鬥爭中發揮了任何作用，而是因為作為公認的「敵人」，他們弱小且全無設防。

城市中的街鬥

在1968年的夏天，廣東和廣西兩地的城市地區都在進行著新一波的街鬥。在廣州，武裝衝突在敵對的兩派之間持續，一派是得到省政府和軍隊支持的總派，另一派是造反派紅旗派（旗派）。在被稱為「大武鬥」的暴力浪潮中，[12] 有六個事件因其嚴重性和影響力顯得尤為引人注目。5月3日，在廣州造紙廠發生的武鬥中，超過150人受傷，其中50人重傷。[13] 5月20日，在廣州發電廠的一次行動中，燒毀了一棟房屋，造成5人死亡（包括一個兒童），43人受傷，其中有11名傷者是被派去現場干預的戰士。這場武鬥由使用大字報互相謾罵而引發，隨後升級成為鬥毆，總派的楊子清用匕首致一人死亡，一人受傷。[14] 6月1日，總派在對旗派位於市二十二中的根據地的襲擊中，動用了機槍、手榴彈以及軍用衝鋒梯。69名紅旗派參與武鬥的人士被捕繼而遭到虐待。後來，總派宣稱他們進行攻擊是因為早些時候據守在學校的旗派襲擊了一個軍事基地以奪取武器，許多戰士在此過程中受傷。[15] 6月3日，中山大學的旗派組織圍攻了物理系大樓，幾乎將它付之一炬。40名總派參與武鬥的人士被捕，隨後遭到虐待。[16] 6月6日，當一個旗派成員被總派組織俘獲後，市二十九中的學生開展了一次營救行動，結果導致10人受傷，以及高中生陳志奕的死亡，他被共事者追認為優秀紅衛兵。[17] 6月8日，來自四個總派組織共200個武鬥參與者衝擊廣雅中學，燒毀了科學大樓並點燃了宿舍，9位受害者跳樓身亡。[18]

在全國範圍內，1967年9月毛澤東以及黨中央要求「革命大聯合」，意要結束持續了一年多的不斷升級的群眾動員活動，並為地方上政府的統一鋪路。[19] 然而30個省級行政區域(1967年河北省天津市升格為直轄市之後，全國共22個省、5個自治區、3個直轄市——編者註)聽從這一要求團結的號召的速度則各有差異。到了1967年底，6個省慶祝他們實現了「大聯合」的目標，並建立了相應的革命委員會。另外10個省則在1968年冬天加入了這一行列。[20] 但是多數的省落後於原定計劃。毛澤東對於處於分裂狀態的、好戰的民眾感到憂慮，他規定落後省份要在1968年2月農曆新年開始時成立革命委員會。[21] 然而，直到1968年9月，最後一個革命委員會才在新疆建立起來，一些更為基層的委員會則直到1969年9月才建立起來。[22]

1967年11月14日，在與廣東省群眾組織代表的一次座談會上，周恩來提及:「在今年年底，有希望成立革命委員會，現在還有一個半月。」[23] 結果，廣東在1968年2月20日才成立革命委員會，同一天廣州市的革命委員會也成立了。但是這些成就只存在於紙上，而非真正意義上的「大聯合」，即實現解除武裝，解散敵對的群眾組織。新政府以及廣州市級革命委員會的成立極大地有利於總派，然而旗派拒絕讓步。

中央政策要求革命委員會按「三結合」方式組成，即軍管代表、革命幹部和群眾組織代表各佔三分之一。起初，在新的省政府之中，兩派代表所佔人數相當，但是很快總派的代表人數大比例地超過了旗派。一些旗派代表被革職：王世琳被逮捕並關進了監獄，武傳斌被省革命委員會隔離反省，另一些遭到了公開的群眾批判。與此同時，總派出身的群眾組織領導人被安排擔任關鍵性的領導職位。其中，梁秀珍被任命為副主任，林李明、馬甫和焦林義負責政府的日常運作。在省以下的委員會中旗派的處境更為糟糕。比如說，在海南地區旗派只佔革命委員會80個成員中的5席，而在普寧、懷集、陵水和崖縣的縣革命委員會，則沒有一個旗派代表。[24]

雖然省領導和軍方支持總派已超過一年時間，就相對實力來說，旗派仍然是一個不容小覷的群眾聯盟，這主要有三個原因。首先，一直到1968年7月黨中央還給予廣東的兩股勢力差不多的待遇，甚至偶爾偏袒旗派。在1967年4月至11月間周恩來與其他中央領導至少與兩派的代表見過五次，以證明中央認為兩派都具合法性。1967年4月14日在廣州的第一次見面中，周許諾中央會繼續支持軍隊司令黃永勝，也是當時省裏掌握實權的人。然後在總派代表們雷鳴般的掌聲中，周說到：「有人說，地總、紅中〔總派組織〕是『老保』組織（保守派組織），我就不同意這個說法……」然後，他為了照顧在場旗派的情緒，迅速補充到：「他們只不過有過（些）偏於保〔守〕罷了。」儘管中央維持其對於省核心領導們的支持，並將這種支持延伸至總派，但當時中央同樣通過鼓勵性的聲明努力強化旗派的勢力。周還單獨與旗派的代表會面了三次。[25]

其次，中央一般支持像旗派這樣更為激進好鬥的派系。根據徐友漁關於全國範圍內省級衝突的整理，在29個省級行政區域中的24個，毛和黨中央都支持那些挑戰文革前權威人士的群眾派系。[26] 為成立革命委員會，所有的省府都經歷了派系的群眾動員和無數次政府重組。兩個對立的聯盟出現了。通常來說，一個試圖推翻文革前的政府，而另一個的要求則比較溫和甚至替政府辯護。在1967年的一月風暴之後，權力時常在這兩方之間轉移。但是6月20日的武漢事件後，在湖北以及其他23個省級行政區，權力的平衡被打破了。由於得到了中央私下的支持或者明確的贊同，更加激進好鬥的派系被認為更富有「革命性」，或者是得到了官方的支持。政府被徹底重組，溫和的聯盟也不再得人心。更為激進好鬥一方的成員被大量吸納進新政府。[27]

廣東和廣西是上述五個例外省份之中的兩個。根據徐友漁的研究，處於國家安全的考慮，中央對於邊境地區的政策有所不同。[28] 除廣東、廣西以外，這些省還包括內蒙古、新疆以及西藏。在這些省，支持現任政府的派系被認為是「革命」的。這些派系的成員組成了新的革命委員會的主要成員，這就意味着更為激進好鬥的造反派會得到壓制。這種政策上對較溫和派系的偏袒直到1968年中旬才清晰地傳達給旗派，當時周恩來與其他中央領導將他們與反革命陰謀組織，如反共救國團等聯繫到了一起。在此之前，旗派及成員與他們在其他省的「同志」們一樣充滿希望。

旗派堅持不懈的第三個原因是造反派有能力在廣大群眾基礎上打造強大的組織。造反派是否曾在重要的方面依賴過那些在文革前的制度下利益受損的個人所形成的網絡，這一點仍有爭議。[29] 但在文革的第一年，地方政府迫害了成千上萬個幹部和群眾，這些人後來很多都加入了造反派組織。在文革最開始的幾個月，廣東省的黨政機構以及廣州市政府捲入了有組織的針對「黑五類分子」個人的運動。到1966年8月，多達30%的幹部被指名並受到批判。在一個局級政府部門，更是涉及80%的成員，其中10%被認為是政治上無可救藥的「牛鬼蛇神」。[30] 早期的迫害波及面極廣以至於許多被罷免的幹部、受害者投靠造反派，貢獻其人脈和領導力。而且，當時軍隊也無法獨善其身，軍事學院的學生，出於對失勢司令員的忠誠，也經常會加入造反派組織。

在廣州軍區駐地發生的一起備受矚目的事件中，1967年8月出現了一張針對溫玉成最高指揮官的大字報。兩個政治特派員抓住這次造反的機會試圖把溫拉下馬。但當事與願違之時，特派員便指責相關人士貿然黏貼大字報，認為這是一起「反革命事件」，超過200人受牽連並被要求進行自我批評。這在軍中製造了一大批同情造反派的人。[31] 當運動升級到群眾組織之間的街鬥，兩派都通過襲擊武器庫獲得武器。若軍隊認真抵抗，這種情況不可能發生。一位受訪者告訴我所謂的「襲擊」在多數情況下是虛晃一槍。軍事單位會向群眾領袖暗示武器的所在之處，而「襲擊」時，戰士不是按兵不動就是很快撤退。[32]

到了1968年的初夏，廣東和廣西的旗派不再得到中央偏袒，中央轉而支持有政府背景的派系。7月3日，中央高調地向全國發佈了「七三佈告」，要求「立即停止武鬥，拆除工事、撤離據點」。雖然通知意在解決「廣西問題」，卻在全國範圍內傳達並要求全國各地都採取具體行動。[33]表面上，通知針對的是各種群眾組織，但中央同時公開表示支持兩省現在的省政府領導層。[34]通過譴責旗派和「四二二」派，政府所支持的派系，即總派和聯指，被確定為政治鬥爭的勝利者。他們對於敵對派系的猛攻被官方宣稱等同於戰爭。

在廣西，韋國清，一個在1949年之前的戰爭中取得顯赫戰功的將軍，被毛澤東委任為這一邊境省份的軍區第一政委。廣西毗鄰越南，而在1967年和1968年正是越南戰爭戰事正酣的時候。為了動員群眾造反，毛與黨中央坐視華中華南其他省份軍隊高層領導人的倒臺。然而韋國清和廣東省軍事管制委員會主任黃永勝，在文革的群眾運動期間一直得到中央堅定不移的支持。這是出於地理上的原因：廣東與香港相連，而香港當時是英國的殖民地。[35]

但是廣西南寧市的造反派，「四二二」派勢力強大。事實上，在1967年8月24日北京舉行的一次會議上，周恩來宣佈「四二二」派是「造反派」，而聯指僅為「群眾組織」。在當時文革的語彙中，**造反**是革命的同義詞。所以當時中央偏袒的是「四二二」派。[36]「四二二」派是當時全國最不服管的群眾聯盟之一，而它的實力可由其在南寧和其他主要城市發動的範圍廣泛且大規模的武鬥證明。即使在1968年4月成立了南寧市革命委員會，1968年6月成立了省革命委員會之後，這種情況仍然持續，而上述兩者都由聯指領導。[37]

儘管在各個城市中心地區每天都發生街頭武鬥，廣西則因為地方上的聯指在「四二二」派薄弱或者不存在的地區發動的軍事攻擊，而被稱為文革中最可怖的省份。由於有政府命令和軍隊人員撐腰，民兵利用壓倒性的實力橫掃懷疑窩藏「四二二」派士兵的地方，一般包括偏遠的省會城市、鄉鎮和村。如本章開頭所描述的，1967年11月在容縣黎村發生的即是一起典型的事件，69人被殺，包括遭到懷疑的「四二二」派成員、四類分子和普通農民。[38]

這些運動在農村製造了恐怖與放肆，在那裏並沒有「四二二」派，而發生屠殺的原因也與派系鬥爭完全無關。最早的滅絕性屠殺事件發生在1967年10月2日，全州縣東山公社。兩天內，76個來自四類分子家庭的成員被推下了懸崖。[39] 這一屠殺事件明顯是受到臨近的湖南道縣發生的事件的影響。在道縣，1967年7月到8月間超過4,950名四類分子及其子女被殺。[40] 全州的屠殺事件始於一次會議，會議由地方民兵領導和聯指的積極分子參加，會上傳達了道縣事件。[41]

到了1967年底，聯指派明顯已在群眾派系的鬥爭中佔了上風。韋將軍正享受著黨中央的全力支持，省領導推動著提倡大聯合的運動並要求解散「四二二」派。而政府和軍隊控制的傳統民兵與聯指的群眾組織之間的界限也逐漸消失。民兵是一個龐大的組織，包括工廠工人以及農村的農民。在政府的每一級，一直深入到農村，他們都由軍方通過各級人民武裝部控制。雖然「四二二」派拒絕解除武裝，它的實力已不能與聯指相提並論。地方上民兵進行的集體殺戮事件也明顯是為了震懾「四二二」派。作為回應，1967年12月26日，「四二二」派在南寧成立了「反屠殺委員會」，地方各縣的代表都有參加。他們在廣西軍區禮堂組織了兩千人的大會，要求省政府和軍隊停止縣裏的「屠殺」事件。[42] 類似的針對集體殺戮的和平抗議在整個1968年間不斷進行。[43] 在1968年上半年，政府、軍隊和聯指暴力瓦解了城市中心地區的「四二二」派，而在農村，地方領導屠殺了幾千個四類分子以及他們的家人。

揭露「陰謀網絡」，開展階級鬥爭展覽會

到了1968年，政府、軍隊和聯指為攻擊「四二二」派開始合作準備更宏大的理論依據。他們說法的核心是反共救國團。儘管同名組織在1949年後的最初一段時間與新的共產黨政府抗爭，原先的反共救國團可以追溯到很久以前。新組織則是虛構出來的，被認為威脅過中國政府，而現在其核心則是「四二二」派。從根本上來說，聯指通過將其敵對派系與國民黨殘餘聯繫起來，試圖污名化並使其喪失合法性，儘管眾所周知，國民黨在內戰中已經被徹底擊敗。

聯指最早是在容縣事件之後杜撰出這一陰謀網絡的。1967年7月，400個聯指成員攻擊了容縣黎村的「四二二」派組織，致12人被殺，21人受傷，另有一千人逃到了廣東省附近的邊境地區。省政府對此事件進行了調查，然而由於政府的構成，其得出的結論偏袒聯指。為了為那些襲擊和屠殺事件找到正當的理由，聯指的報紙搬出虛構出來的反共救國團。1968年2月2日的一篇報道稱反共救國團在容縣無處不在，並懷疑在省城和其他公社也有他們的蹤影。[44]「獵巫」行動在廣東和廣西的其他縣也開始展開。1968年5月20日，廣西省政府和軍區向黨中央發出一份聯合報告，其中確認了這一新的「威脅」。一個月之後，聯指的報紙《廣西聯指報》重申了反共救國團與「四二二」派之間可能的存在的聯繫，並發佈了下述行動聲明：「反共救國團，深藏於『四二二』組織之中，『四二二』的頭頭就是『反共救國團』。」並且號召「無產階級革命派」行動起來，清查「反團」，對「抗拒緝捕者，可以就地處決」，「要從政治上、組織上、軍事上把他們打個人仰馬翻，殺個片甲不留」。[45]

遍及兩省的階級鬥爭展覽會的熱潮把這一假定的危險進一步誇大了。廣東省的一次展覽會甚至贏得了毛主席的讚賞。[46] 1968年5月12日，10個被聯指拘禁的幹部被放入一個木頭籠子，在廣西南寧遊街三天。上千人前來參觀這一所謂的「『禽獸』展覽」(即活人展覽)。所有被捕的幹部都遭到了野蠻殘酷的虐待。1968年8月12日，在某南寧軍隊總部進行了另一場展覽，持續了52天。參觀者多達489,365人。籠子裏的受害

者被捆綁著，每個人背後都插著一個標語牌，上面寫著叛徒、特務、反共救國團分子和戰犯。1968年8月16日，第三場展覽在地方政府總部舉行，7個幹部被關在籠子裏，3,000人前來參觀。而最驚人的一次展覽則是在廣西大學舉行的，報道稱，來自全國25個省和地區的，共一百六十多萬人次參觀了展覽。廣西有超過萬人成為了這些展覽的受害者。[47]

廣東也進行了類似的展覽會，展覽的對象包括武器、監獄、文書、虐囚的地牢以及日常設施。展覽的地點是從之前被敵對群眾組織佔領的大樓中選出來的。一座大樓坐落在廣州沙河，展覽會開始於1968年6月，而此前直到5月，屬旗派的組織還佔領著大樓。在重奪大樓後，省和市政府組織了展覽，內容包括武器、子彈、聯絡設備、醫療用品、毒藥和日常必需品。在另一個展覽地點，參觀者可以看到監獄和地牢，宣稱是用來虐待「革命群眾」的。參觀群眾被告知旗派領袖會殺死俘虜，並吃掉他們的心。這些展覽會被認為取得了巨大的成功，廣州軍區司令員黃永勝甚至發了一封祝賀電報並呼籲更多的展覽會。他的呼籲也確實得到了響應。[48]

在1968年7月25日的會議上，周恩來確認陰謀網絡的大本營在廣州。他嚴厲批評「四二二」派：「你們組〔指廣西「四二二」〕組織裏就沒有反共救國團？廣西為什麼發生這麼多反革命罪行，就是後面有黑手。反共救國團總團在廣州，你們廣西有分團。他們有空子就鑽進來，雙方都要查。」[49] 康生則譴責一個「四二二」派組織是反共救國團的「溫床」：「恰巧你們這裏有反共救國團。總團在廣州，分團在廣西。你們不是與廣東旗派有接觸嗎？旗派的頭頭有的當了反共救國團的頭頭，恐怕在你們那裏也有這個問題。」[50] 反共救國團所帶來的威脅還預示著更多更大的危險。[51]

這些來自中央領導的斷言無疑支持了當時省政府對「戰爭似的」政治氣氛的定義，而這種定義是省政府為了自己派系鬥爭的目的而設計出來的。1968年5月17日，廣西省政府發了一份電報給黨中央，這份電報題為〈破獲蔣匪中華民國反共救國團廣西分團一案報告〉，其中將所謂的陰謀組織與1949年前的敵對政府聯繫了起來。[52] 電報稱：我區破獲一起蔣匪中華民國反共救國團廣西分團反革命組織，已捕獲團長一人，副團長三人，政治部主任三人，經濟部長一人，支隊長四人，聯絡站負責人共63人。繳獲反動組織綱領、反革命刊物、入團登記表、印鑒、與國外敵特機關聯繫的秘密通信地址及部分槍支彈藥等罪證。[53] 一個月後，省政府頒佈了下述公告，稱：這個反革命集團的骨幹分子，混入了群眾組織(指「四二二」派中)，有的還當了群眾組織的頭頭，打著造反旗號，狡猾地利用群眾組織養護他們進行反革命活動。[54]

廣西政府對此公告表示歡迎，在7月11日在全省範圍內組織了群眾大會，有多達300萬人參加。在縣裏，政府要求針對公告內容採取特別行動。而在對黨中央方面，廣西政府在後續的一個名為《貫徹〈七三佈告〉的情況簡報》的備忘錄中列出地方上取得的進展。《廣西日報》登載了9篇社論要求在公告的精神指導下採取行動。[55] 等到1968年7月25日，在人民大會堂舉行會見的時候，廣西已經成了人間地獄。

在沒有調查派系鬥爭原因以及與其相關的做法的情況下，黨中央發佈所謂「七三佈告」，要求迅速結束鬥爭，包括解除群眾組織的武裝，並將它們解散。周恩來和康生的講話不但沒有壓制住屠殺，反而為事件的發展火上澆油。他們不僅釋出黨中央贊同地方上做法的信號，而且還要求其他省份也要執行「七三佈告」。此外，他們認可了廣西政府與「四二二」派之間的鬥爭，將虛構出來的反共救國團當成事實，甚至認定其總部在廣東首府廣州。周恩來和其他共產黨領導無意卻有效地將廣西屠殺四類分子的事件輸出到了廣東。

被當成替罪羊的農村四類分子

黨中央的支持對地方社區的影響既迅速又充滿暴力。階級鬥爭展覽上升到了一個新的高度。更重要的是縣和鄉里的民兵針對想像的敵人展開了海嘯式的襲擊。「到1968年10月」廣西省德保縣的縣誌編纂者記載到，「全縣逮捕所謂『反共救國軍』1,504名，關押在各地的『集中營』(倉庫、教室或岩洞)裏。」集中營中都設有「公堂」和許多虐囚工具。而在每個社區都會召開萬人批鬥大會,「會上,民兵和群眾任意對那些『犯人』拳打腳踢,棒擂石砸,全縣被打死逼死284人,打傷致殘127人,打傷1,016人,失蹤24人」。[56] 在都安縣,在省裏發表6月17日針對反共救國團的報告之後,立即「掀起揪斗『壞人』,斬斷『黑手』,挖『暗殺隊』的群眾運動」。

運動直達村級。在8月2日,拉烈公社的三表大隊被發現是陰謀的溫床,不僅有反共救國團的存在,而且還有其變種組織「青年黨」和一個「刁江聯絡站」。[57] 最為嚴重的一起集體殺戮事件則發生在臨桂縣:「〔1968年〕從6月中旬至8月底,被扣上『暗殺團』、『反共救國軍』、『XXX黑班子』等莫須有罪名而遭殺害的達1,991人。……全縣161個大隊,只有會仙的文全和宛田的東江兩個大隊沒有亂捕、亂殺人。」[58] 而全州縣,即在1967年10月發生76個地主和富農家庭被推下懸崖事件的縣,在新一波的恐怖事件中也未能倖免:「〔1968年〕7月4日,鳳凰公社召開萬人大會槍殺四類分子及其子女36人。……7月至12月,各公社先後成立所謂『貧下中農法庭』。全縣槍殺850名四類分子及其子女。」[59]

在廣東,運動的凶殘程度與廣西也不相上下。1968年7月27日,封開縣革命委員會舉行了五千人參加的批鬥大會,號召與會群眾執行中央的「七三佈告」和「七二四佈告」。至年底,5,000人遭到迫害,其中524人被殺。在河源縣,1968年8月有1.02萬人遭到迫害,他們被認定為「特務」、「走資派」、「國民黨殘渣餘孽」和「叛徒」,其中26人非正常死亡。[60] 在和平縣,有人宣稱國民黨殘餘勢力未被揭發。多達3.8萬多人在大會遭到批鬥或者慘遭遊街,其中750人致傷致殘,249人非正常死亡。[61] 1968年10月7日,懷集縣革命委員會在縣工會職工球場組織了一場群眾批鬥大會,臺上掛著的橫幅上寫著「懷集縣徹底清查反革命集團動員大會」。會議聲稱縣裏存在一個「反共救國團」的反革命集團,牽涉超過200人,最後有13人被迫害致死。[62]

並沒有證據顯示農村地區的四類分子向城市中的武裝派系提供過任

何支持。事實上，除了被當成批鬥目標外，四類分子無法參與任何運動。在文革的開頭兩年，金志中，廣東省X縣金坑村一個地主家庭唯一的倖存者，是江西省尋鄔縣的一個松蠟採集者，在深山裏工作。1968年6月，當江西省政府下達指示將省裏所有的外來工人驅逐出省時(這是當時時常發生的情況)，他返回了廣東的老家，但立即成了被監視對象。就像其他四類分子一樣，金志中沒有參與任何政治運動，也沒有公開説過一句評論當下運動的話。他對於村裏正在發生的事情幾乎一無所知，更別提那些發生在遙遠如廣州的事情了。然而，他很快便和其他四類分子一樣，成了村批鬥大會和遊街的目標。

金志中最大的考慮是如何在遭受批鬥時避免受傷。幸運的是，負責每天監視他的民兵金鐵光與他來自同一個宗族，對他照顧有加。比如如果當天批鬥需要長跪(通常大會組織者會故意在地上撒上石子)，便會提醒他穿厚一點的褲子。「七三佈告」所掀起的政治熱潮中，在一次村的批鬥大會中，所有的四類分子被聚集起來進行公開處決。後來殺人的熱潮有所降溫，他與另一些四類分子才得以倖免遇難。[63] 同樣的，廣東W縣杜坑村倖存的杜氏兄弟也説他們與派系鬥爭沒有任何關聯。[64]

我所閱讀的一百二十多本廣東和廣西的縣誌顯示，派系間的武鬥在縣一級很常見，然而在鄉鎮和村裏則極為罕見。這會不會僅僅是由於記錄缺失所導致？畢竟縣誌在編纂時可能會忽略在縣以下層級發生的事件。然而，兩條旁證指出派系武鬥在鄉鎮和縣級確實少見。首先，一般來説，縣誌對於發生在鄉鎮和村裏的，類似集體殺戮這樣的大事件並不會隱瞞，通常還會清楚地指出具體大隊和小組的名字。其次，我對四個縣(每省各兩個縣)的田野調查發現，縣之外僅有一起武鬥的記錄(事件發生在廣東X縣羅崗公社，為兩個高校學生派系武鬥)。這一發現證明了縣誌中鮮有農村武鬥的真實性。

城市中發生的鬥爭與農村的四類分子之間既沒有組織上的，更沒有心理上的關聯。一系列頗具影響力的、研究發生在城市中心地區鬥爭的文獻指出，保守勢力與激進勢力之間存在分裂，造反派與政府支持的派系之間處於交戰狀態，而造反派由那些所謂家庭出身有問題的人員組成，其中還包括四類分子。然而近幾年，越來越多的研究揭示所謂「保守—激進」命題是一個錯誤的認識。派系間的界限之所以產生並不是原先的階級結構造成的，而是源於自1966年6月至年底發生的早期運動，這些運動的受害者家庭出身好壞參半。[65] 王紹光曾詳細列出武漢造反派的主要成員，他指出這些主要領導者其實都是黨國幹部，他們對在文革之前或者運動一開始的半年裏曾遭到的不當對待心懷怨恨。[66]

事實上，在這兩個省，農村的四類分子和城市裏的武鬥派系之間唯一的聯繫就是虛構出來的、經省領導鼓吹的所謂反共救國團。這些領導者試圖讓其他人相信他們的敵對派系，如「四二二」派或者旗派成員那樣的叛亂分子，與1949年前的政府與軍隊的殘餘分子相互勾結。這一政權的唯一餘孽就是四類分子。然而他們只是象徵性的餘孽。畢竟，他們中的大多數從未擁有過財產，尤其是在文革期間。他們或是不幸地與有產階級有所牽連，或者根本就是地方上為了達到一早設定的配額而將他們硬歸類到這類家庭。到了文革，四類分子已被剝奪政治權利多時且根本沒有參與當時任何的政治鬥爭。事實上，出於象徵性的原因，任何在毛時代的中國尋求合法性的派系(如「四二二」派和旗派)都對這些四類分子深惡痛絕。

無論如何，省會中交戰雙方，即擁護現有權威的聯指(南寧)和總派(廣州)，以及其反對派「四二二」派(南寧)和旗派(廣州)之間的分裂，並沒有深入到縣及以下的層級。在我進行了深入訪談的四個縣，其中三個的派系分裂與省會不一致。在C縣，1967年1月發生的奪權運動是由一群縣人民武裝部支持的高中生發動的。而大多數縣裏的幹部則反對，組成了日後與省聯指相聯繫的派系。人民武裝部部長溫學義和學生組成了另一支派系，自稱「四二二」派。溫仍然是縣裏的頭把交椅，於是縣裏的派系劃分與南寧的模式正好相反：縣裏的「四二二」派支持縣領導，而聯指則是挑釁的一方。[67] 而在W和X縣，兩個派系甚至沒有使用廣州對應派系的名字。他們的派系叫做：「紅衛兵革命造反聯合總部」(「紅聯」)和「紅旗革命造反司令部」(「紅旗」)。這是廣州造反派紅旗派之中，兩個主要團體的名字。[68]

部分縣一級的派系鬥爭與省會的一樣激烈，即便是在全國性的「大聯合」政策頒佈的1967年年底，情況也是如此。1967年12月，廣西C縣陷入了派系鬥爭的混亂狀態。「全縣形成『無產階級革命派聯合指揮部』(簡稱『C縣聯指』)、縣『革命造反大軍總部』(簡稱『C縣四二二』)兩派群眾組織，他們分別佔據縣委大樓、幹部食堂、縣供銷社、電影院，用高音喇叭互相攻擊，有時深夜也會出現槍聲。」[69] 李義標在與「四二二」派同僚自行製作手榴彈時，被爆炸弄傷了右手。他立即跑去縣醫院，不幸的是接診的醫生是聯指的成員。這名醫生立即向聯指匯報「四二二」派的「犯罪計劃」，而且根據我得到的消息，他還很可能是不必要地切除了李的手。第二天，聯指組織了大規模的示威譴責敵人的陰謀。他們展示的證據正是裝著李慘遭切除的手的玻璃罐子，這明顯是那位醫生提供的。[70]

然而，衝突主要圍繞舊政府中哪些領導要被革職以及哪些運動積極分子要被安插入新的政府這一類問題，而非意識形態的分歧。雙方都誓要保衛毛以及他的革命路線。敵對派系對於「階級敵人」，即四類分子的態度也相同。為了不落下在階級鬥爭中站錯隊的口實，沒有任何組織允許四類分子或者其家庭成員加入。而且，為了顯示革命熱情，雙方經常在階級鬥爭的活動上騷擾和迫害四類分子。自中央下達的有關運動的公告指控四類分子企圖持續製造混亂，然而事實卻是他們正是在混亂中受到最多折磨的人。

城市中的衝突與農村中四類分子之間的聯繫不是通過後者展示其對於不得勢派系的支持，而是通過毛時代中國階級鬥爭理論的邏輯而建立起來的。這一論述在1967年和1968年尤其擲地有聲。一則典型的對於政策的敘述是1968年的元旦社論，聯合發表在各大黨的先鋒性刊物上：「毛主席說：『一切反動勢力在他們行將滅亡的時候，總是要進行垂死掙扎的。』混在內部的一小撮叛徒、特務，黨內一小撮死不悔改的走資本主義道路的當權派，社會上的牛鬼蛇神(即沒有改造好的**地、富、反、壞、右**)，以及美帝、蘇修和他們的走狗，絕不會甘心於自己的滅亡，他們一定還會採取各種形式，造謠誣衊，挑撥離間，繼續進行破壞和搗亂。」[71]

所謂階級敵人就是任何地方政府認為阻礙建設新社會秩序的人。「能不能自覺地克服派性，」元旦社論中還強調，「是在新形勢下願不願做真正的無產階級革命派的重要標誌。」[72] 而在另一些情況下，黨的政策只提出了基本通則而非具體的執行步驟。儘管相關政策會強調「階級敵人」的存在以及他們潛在的威脅，卻沒有指出任何鑒定的標準。地方政府於是可以自由發揮，自行定義「階級敵人」。而為了彌補一般性公告的缺陷，黨中央推廣了一系列模範性的地方實踐。比如，上述元旦社論發表後的第四天，中央發佈了一個指示，讚揚了黑龍江省「深挖叛徒」的工作。[73] 到了年中，一篇關於北京某工廠「對敵鬥爭」經驗的報道在全國範圍廣泛宣傳，並被給予高度讚揚。[74] 農村政府也模仿起這些模範事迹，以配合全國性的政策，並使之適用於本地的情況。為了將反政府勢力的「階級根基」連根拔除，四類分子及其家人成了最惹人注意的目標。

廣西政府前後準備了六份備忘錄向中央報告其在執行中央指示方面的功績。這也顯示了「七三佈告」是一項要求地方政府拿出實質性成果的政策。在縣級，縣領導開會動員基層幹部和代表，討論如何開始具體的行動。在其中的一些會議上，四類分子被殺害以顯示對於政策的遵從。杜建強，那位W縣的教師，為了不走上與他兄弟一樣的道路而不惜入獄避難，在勞改營中，獄友告訴他，他們縣的屠殺從一場在綿陽公社的殺人展示大會開始，組織者是縣領導。[75] 這一連串的事件與其他地方所報告的會議和大會的情況相同。1987年由C縣整黨辦公室編纂的文革調查報告詳細記錄了三次會議。報告的結論是三次會議極大地導致了1968年「亂批判、亂批鬥、亂抓人、亂關人、亂打和亂殺」的情況。[76] 而其中提到的「亂殺」則造成文革中該縣580個「非正常死亡」案例中的絕大部分。[77]

波及面廣泛的虐待和殺人事件在1968年6月9日與10日召開的第二次縣級會議上獲得了讚揚。會議同樣由全縣各公社的領導參與，會上關於來自「階級敵人」的迫近的威脅的論述得到升級。在所有報告虛構出來的陰謀小組的人之中，新地公社革命委員會主任吳超傑提到：

> 梨埠會議之後，情況大大改變。一些臭名昭著的陰謀集團被揭發出來。首當其衝的就是主要由地主和富農組成的廣西反共救國團。30個成員共開會密謀過四次。他們的計劃包括佔領新地大隊作為基地，攻擊新地公社，炸毀大隊，搶銀行和穀倉。他們最終的目標是攻下梧州，並與其他組織聯合起來攻打到廣州再殺回廣西。其次是由新地大隊的地主李繁清領導的「蒼梧大隊反共救國團」。他們在古茂礦召開過會議。第三個是有36個成員的「反紅旗軍」。他們有公章和活動經費。

會議還清點了截止到開會時被殺害的四類分子人數：根據10個公社的統計，共有109人被殺。[78] 10天后，縣革命委員會召開了第三次類似的會議。到了6月11日，共有6個反革命小組被揭發，涉及183人。至7月底，共有367人被殺。[79]

大環境助長著公社和村裏關於陰謀的謠言和威脅。關於迫近威脅的臆測更是滿天飛，不斷有「刺殺小組」和「行動宣言」被揭發出來。在前述廣西全州縣的懸崖殺人事件中，公社民兵頭目剛參加完臨近的縣舉行的會議，指示他的下屬四類分子即將行動，目標首先是幹部和黨員，然後是貧農。[80] 三個省的縣誌中提供的相關資料有限，不過章成詳細描寫湖南道縣的書中引用了一位縣領導的講話，闡釋了在進行大屠殺前為製造出迫近的威脅而採用的典型論述方式：

> ……當前階級鬥爭複雜，前幾天，六區出現了反動標語，階級敵人造謠説，蔣幫要反攻大陸，美帝要發動世界大戰，戰爭一旦打起來，先殺正式黨員，後殺預備黨員。一區有個偽團長，天天找到大隊支書和貧協主席，鬧翻案、鬧平反。[81]

戰爭設定移除道德限制

對地方社區來說，大規模屠殺和戰爭一樣，都不是遙遠的概念。1949年以前的戰爭影響過廣東和廣西大部分的縣。許多普通農家的兒女為敵我雙方而死。地方上的歷史學家在縣誌中羅列了長長的當地共產黨烈士的名單。在廣西C縣，共有175個當地人死於1949年前的國共內戰以及1950、1951年的粵北剿匪運動，另有113人死於抗日戰爭。[82] 在廣西M縣，烈士的人數為46人，而多達229人曾加入過國民黨軍隊。[83] 在廣東省X縣，共有686人參加過各次戰爭，包括1949前的內戰和五十年代初的朝鮮戰爭。[84] 在廣東W縣，僅計算鄉農會長或中隊長及以上軍銜者的話，革命烈士總數是160人。[85] 在抗日戰爭期間，M縣和C縣被日軍佔領並在很多社區執行了臭名昭著的「三光政策」。[86] 內戰時期，W縣和X縣都是八路軍游擊隊的重要基地。而在1928年2月17日，國民黨軍隊的剿匪運動中，2,000個平民被殺，包括游擊隊領導古大存的10個家人。[87]

在1949年建國後的最初幾年，反共產黨的陰謀和叛亂事件確實存在。殘餘的國民黨軍隊勢力與地方上的地主及富農合作，組織戰士部署在深山之中。在一些情況下，「反共救國團」也恰是那些發動游擊戰的團體的名稱。1949年7月22日，一個地主帶領一伙叛亂分子攻擊W縣登峰鄉，殺死了一個副鄉鎮長及他的全家。[88] 在1950年4月29日，百餘匪徒攻擊了C縣勝州鄉，殺死了三個工作隊員並抓走了一名女性成員。1950年6月8日，七十個叛亂分子襲擊了獅寨，搶走了大量的食物和錢財，並殺死兩個村幹部。同年還發生了另外4起相似的事件。1951年7月當C縣宣佈剿匪結束時，記錄在案的大小戰鬥有542起，消滅土匪1,510名，繳獲槍支13,086支。幹部或群眾中共有88人被殺。[89] 1950年8月16日，X縣人民法院在一次群眾大會上判處四人死刑，他們被指控是「華南反共救國軍閩粵邊縱游擊司令部」的匪特。當地縣誌稱，至此共消滅匪特三百餘人，繳獲超過四千支槍。在另一次大會上二十二個「匪特」被處決。[90]

在文化大革命期間，集體殺戮發生在公眾的眼前。一般來説，批鬥大會在村廣場上舉行，期間會列舉四類分子的「罪狀」然後宣佈「人民民主專政」的決定。然後受害者會被帶到一個空地，比如河岸邊以行刑。普通農民被強制要求參加大會，而面對恐怖他們報以沉默。一些年輕且好奇心強烈的人會自願跟著由民兵和受害者組成的隊伍一路行至河岸。

廣東省W縣杜坑村在1968年7月和8月間共舉行了6次群眾批鬥大會，共殺害了63個男性四類分子及他們家族中的男性後代。其中一次屠殺中，黃彩橋，一個16歲的地主兒子卻沒有死。殺人工具一般是各種農具，但並不總是好用。他醒來之後，殺人者和觀眾們已經散去，他開始緩慢爬行。他爬到了靠近河邊的一所房子，裏面住著他叫她「姑媽」的寡婦。他想要一些食物和水。姑媽被他的到訪嚇壞了，説：「彩橋，姑媽對不起你。我不能幫你，你快走吧，別連累你的表兄弟妹們。」可能是由於姑媽的出賣，黃彩橋很快便被捕了，第二天又被押送到了同一個河岸。民兵強迫他的表兄，一個貧農的兒子將他處死。一個目擊者告訴我，他的表兄拿著鋤頭，「一直在發抖」。[91]

1968年6月16日清晨，廣西C縣捻村的一個地主婆和她的兩個兒子在一個大會上被折磨致死。「由於殺人過程過於殘酷，大多數受驚嚇的群眾在結束前已經先行離開了現場」，C縣整黨辦公室在文革調查報告中這樣寫到。[92] 為了貫徹梨埠會議「精神」，幾天之前，鍾陽昭被捕，並遭到由兩個村領導帶領的民兵的折磨，這兩人對鍾家懷恨在心。預知自己接下去的遭遇，鍾陽昭從押送他的民兵那裏搶了一支手槍逃跑。他打死了發現他藏身之處的秦崇搵。不久之後，鍾被發現並殺死。公社和村裏的民兵還圍捕了他的四個兄弟和守寡的母親。兩個成年的弟弟很快被殺，母親和兩個年幼的弟弟則被留給秦所在的大隊進行報復。6月16日的大會上，秦的兄弟割下了鍾的母親及弟弟的耳朵，再將他們捅死。有上百個村民在台下圍觀暴行。[93]「報復是要報復的，不過那樣殺人也太過份了一點。」根據一位負責調查文革的幹部的記錄，當時許多村民這樣評論這件事。[94] 一個主持文革調查的幹部告訴我，一般村民的想法是：「她們應該為鍾陽昭的罪行去死，不過這樣殺人的方法殘酷到讓人難以接受。」[95] 然而，儘管絕大多數村民反對當時極端的暴力行為，但除了保持沉默之外，他們沒有其他現實的選擇。

長期將四類分子當做敵人，並持續鼓吹可能存在的叛亂威脅，移除了針對濫殺的道德限制。另一個反面的實例也說明了這一點。在1968年7月「先發制人地打擊階級敵人」的高潮中，廣西C縣廣平公社河口村的一群大隊領導拘留了甘炳昭，一個年輕的貧農出身的「四二二」派支持者。在一系列嚴刑拷打之後，執行死刑看來無可避免。李某，一個作為工作組成員被派去大隊的縣幹部，得知這一情況後勸說大隊領導停止行刑。李某是一個有良知的幹部，也在其他地方制止過殺人事件。他這樣解釋到：「甘炳昭不能被殺。他可是出身貧農家庭。毛主席教導我們貧農是革命聯盟的一部分。如果有貧農被殺，會惹大麻煩的。」他的邏輯也暗示著如果被囚者是來自四類分子家庭，即使殺了他也不會有什麼問題。[96]

結　論

在廣東和廣西，縣及以下層級的地方社區大多建立了新的革命委員會或者政府，而城市地區仍然不斷發生群眾武鬥事件。根據傳統的「階級鬥爭」指示，黨中央支持省裏對於當前問題的判斷並鼓勵建立新的戰爭框架。陰謀小組被認為廣泛存在，官僚們則用階級鬥爭展覽會和殘酷無情的迫害來支持這些主張。戰爭框架在一些農村社區中得到巨大的響應，道德限制因此被移除，集體殺戮事件不斷蔓延。

國家政策模型對於大屠殺的描述中，幾乎沒有論及職業行刑者對其參與屠殺的解釋。只有下達命令的上級的動機得到了解釋。而屠殺所引起的一切後果則由高層承擔。然而，如果將集體殺戮看作是集體行動的一種特殊類型，參與者則是出於其自己的動機而行動。對他們來說，參與的依據，即認識問題、尋找原因和其背後的肇事者，並採取行動，是導致他們屠殺行為的動機中最重要的因素之一。比起其他形式的集體行動，集體殺戮作為一種公共事件，其極端的本質要求投入其中的參與者表現出更大的決心。根據研究集體行動的學者的說法，集體行動參與者之所以能如此投入得益於行動支持者所倡導的框架。

六十年代後期，黨中央直接參與倡導戰爭框架。這一事實初看，似乎支持了強調自上而下滅絕性政策的國家制度模型理論。但是，進一步的分析顯示了國家制度模型論證上的瑕疵。上層政府支持的戰爭模型並不表明其有展開屠殺的意圖。它僅僅涉及建立框架中三個關鍵性環節中的兩個，即確認問題並將問題歸咎於「階級敵人」。但它並沒有明確指出針對這些階級敵人要採取什麼樣的行動。這第三個環節，制定行動，或者說設計行動方案，則是由殺人組織者自行完成的。[97] 換句話來說，構建集體殺戮框架的過程是由黨中央、中層領導和地方社區的行動者共同完成的。只有通過對這一分工的認識，才能夠解釋為什麼在同樣的政權統治下，在相同的中央政策的指示下，有些社區發生了屠殺，而另一些則沒有。而這也從另一個角度支持了社區模型。

本書完成了對導致文革時期農村集體殺戮的五個過程的敘述：(1) 社會群體形成的歷史基礎；(2) 殺人類別的界定；(3) 潛在行兇者的儲備；(4) 法律的解體；以及 (5) 通過構建戰爭框架移除道德限制。在第八章，我將總結屠殺的實證規律以及死亡人數以進一步評價社區模型的適用性。

註 釋

1 「七二五講話」，轉引自小平頭關於文革秘密檔案的五份報告：〈廣西「反共救國團」冤案始末——文革機密檔案揭密之一〉，https://67.15.34.207/news/gb/kanshihai/shishi/2006/1101/172175.html，2008年8月24日登入；〈廣西融安大屠殺——文革機密檔案揭密之二〉，http://www.xianqiao.net:8080/gb/7/1/6/n1581000.htm，2008年8月24日登入；〈廣西「上石農總」冤案始末——文革機密檔案揭密之三〉，http://news.epochtimes.

com/gb/7/3/8/n1639613.htm，2008年8月24日登入；〈廣西軍區圍剿鳳山「造反大軍」真相——文革機密檔案揭密之四〉，http://boxun.com/hero/2007/xiaopingtouyehua/63_1.shtml，以及http://boxun.com/hero/2007/xiaopingtouyehua/63_2.shtml；〈廣西文革人吃人事件揭密——文革機密檔案揭密之五〉，http://www.64tianwang.com/Article_Show.asp?ArticleID=2319，2008年8月24日登入。也可參見聞於樵：〈文革七二五講話：不僅僅是造反組織的終結〉，《華夏文摘》，287期（2002年增刊），www.cnd.org，2008年8月24日登入。

2 David A. Snow, E. Burke Rochford, Jr., Steven K. Worden, and Robert D. Benford, "Frame Alignment Processes, Micromobilization, and Movement Participation," *American Sociological Review* 51, no. 4 (1986), pp. 464–481; William A. Gamson, *The Strategy of Social Protest* (Homewood, IL: Dorsey Press, 1975); William A. Gamson, *Talking Politics* (New York: Cambridge University Press, 1992); William. A. Gamson, "Construction Social Protest," in Hank Johnston and Bert Klandermans, (eds.), *Social Movements and Culture* (Minneapolis, Minnesota: University of Minnesota Press, 1995), pp. 85–106; David A. Snow and Robert D. Benford, "Master Frames and Cycles of Protest," in Aldon D. Morris and Carol McClurg Mueller, (eds.), *Frontiers in Social Movement Theory* (New Haven, Conn.: Yale University Press, 1992), pp. 133–55; and Robert D. Benford and David A. Snow, "Framing Processes and Social Movements: An Overview and Assessment," *Annual Review of Sociology 26* (2000), pp. 611–639.

3 Snow and Benford, "Master Frames and Cycles of Protest."

4 參見關於「框架轉型」的討論：E. Burke Rochford, Jr., Steven K. Worden, and Robert D. Benford, "Frame Alignment Processes, Micromobilization, and Movement Participation," *American Sociological Review* 51, no. 4 (1986), pp. 464–481.

5 Samantha Power, *A Problem from Hell : America And The Age of Genocide* (New York: Basic Books, 2002); Michael Mann, *The Dark Side of Democracy: Explaining Ethnic Cleansing* (New York: Cambridge University Press, 2005); Hannah Ardent, *Eichmann in Jerusalem: A Report on the Banality of Evil* (New York: Penguin Classics, 1994); Saul Friedlander, *Nazi Germany and the Jews, Volume I: The Years of Persecution, 1933–1939* (New York: Harper Perennial, 1997); Saul Friedlander, *Nazi Germany and the Jews 1939–1945: The Years of Extermination* (New York: Harper Perennial, 2006); Robert Conquest, *The Harvest of Sorrow: Soviet Collectivization and*

the Terror-Famine (New York: Oxford University Press, 1987); Ben Kiernan, *How Pol Pot Came to Power: Colonialism, Nationalism, and Communism in Cambodia, 1930–1975* (Second Edition)(New Haven, CT: Yale University Press, 1985); and Benjamin A. Valentino, *Final Solutions: Mass Killing and Genocide in the Twentieth Century* (Ithaca: Cornell University Press, 2004).

6 Mao Zedong, *On Guerrilla Warfare* (New York: Prager, 1961), pp. 44, 92–93. Cf, Valentino, *Final Solutions*, p. 198.

7 Valentino, *Final Solutions*, p. 200.

8 John W. Dower, *War without Mercy : Race and Power in the Pacific War* (London: Faber, 1986), pp. 295–296; cf., *Valentino, Final Solutions*, p. 204.

9 鄭義：《紅色紀念碑》(臺北：華視文化公司，1993)；宋永毅：〈中共的國家機器行為〉，頁15–26，宋永毅編：《文革大屠殺》(香港：《開放雜誌》社，2002)。小平頭在網上發表了一系列報告，參見書後參考資料部分的「其他未出版的中文文章」一節。曉明：〈廣西文革列傳〉，見http://www.fireofliberty.org/oldsite/level4/issue3/4-wengeliezhuan-cover.htm.

10 Yang Su, "State Sponsorship or State Failure? Mass Killings in Rural China, 1967–68" (Irvine, CA: Center for the Study of Democracy, University of California, Irvine, 2003); Andrew G. Walder and Su Yang, "The Cultural Revolution in Countryside: Scope, Timing and Human Impact," *The China Quarterly* 173 (2003), pp. 74–99.

11 Stathis N. Kalyvas, "The Ontology of 'Political Violence' : Action and Identity in Civil Wars," *Perspectives on Politics*, vol. 1, no. 3 (Sep., 2003), pp. 475–494.

12 海楓：《廣州地區文革歷程述略》(香港：友聯研究出版社，1972)，頁369。

13 同上，頁370–375。

14 同上。

15 同上。

16 同上。

17 同上。

18 同上。

19 國防大學黨史黨建政工教研室：《文化大革命研究資料》(中)(北京：中國人民解放軍國防大學黨史出版社，1988)，頁582–584。

20 《文化大革命研究資料》(上)、(中)。

21 Shaoguang Wang, *Failure of Charisma: The Cultural Revolution in Wuhan* (Hong Kong: Oxford: Oxford University Press, 1995), p. 181.

22 〈北京大學革命委員會勝利誕生〉，《人民日報》，1969年10月6日，引自《文化大革命研究資料》(中)，頁373。

23 海楓：《廣州地區文革歷程述略》，頁342。

24 同上，頁353–358。

25 舉例來說，在1967年8月14與16日，他在北京接待了11個紅旗派的組織。他表揚了他們所彙報的成就：「很不錯，你們可以成立革命委員會嘛。」其中的一個組織「八一戰鬥兵團」，早前被軍方列為反革命團體。他們的代表在會上指出這一情況，周承諾給予糾正。結果，在1967年8月20日，黃永勝和其他軍隊領導向中央遞交了自我批評信。同上，頁121、236–300。

26 徐友漁：《形形色色的造反：紅衛兵精神素質的形成及演變》(香港：中文大學出版社，1999)，頁86–108。

27 Wang, *Failure of Charisma*, pp. 149–202.

28 徐在書中指出，在江西也發生了類似的政治事件，儘管江西並非處於邊境地區。參見徐友漁：《形形色色的造反：紅衛兵精神素質的形成及演變》，頁100–108。

29 關於保守派和激進派的討論，參見Hong Yung Lee, *The Politics of the Chinese Cultural Revolution : A Case Study* (Berkeley and London: University of California Press, 1978); Anita Chan, Stanley Rosen, and Jonathan Unger, "Students and Class Warfare: The Social Roots of the Red Guard Conflict in Guangzhou (Canton)," *The China Quarterly* 83 (1980), pp. 397–446; Andrew G. Walder, "Beijing Red Guard Factionalism: Social Interpretations Reconsidered," *Journal of Asian Studies* 61 (2002), pp. 437–471; Andrew G. Walder, "Ambiguity and Choice in Political Movements: The Origin of Beijing Red Guard Factionalism," *American Journal of Sociology* 112 (2006), pp. 710–750; and Yang Su, "Tumult from Within: State Bureaucrats And Chinese Mass Movement, 1966–71" (Ph.D. dissertation, Stanford University, 2003).

30 海楓：《廣州地區文革歷程述略》，頁37–38。

31 同上，頁40–42。

32 2006年在廣西的個人訪談。

33 《文化大革命研究資料》(中)，頁138–139。

34 廣州軍區司令員黃永勝，也是紅旗派的長期目標，後被提拔為人民解放軍總參謀長並進入政治局。參見海楓：《廣州地區文革歷程述略》，頁355。

35 徐友漁：《形形色色的造反：紅衛兵精神素質的形成及演變》，頁98–99。

36 同上；同時參見《廣西文革大事年表》(南寧：廣西人民出版社，1990)，頁49–50。1995年由加州洛杉磯中國出版服務中心重印。會議之後，駐紮柳州的第五十五軍下達了正式聲明，保證支持「四二二」派，《廣西文革大事年表》，頁50。「四二二」派似乎還得到了中央文革小組的秘密支持。1967年8月22日，一位記者找到了「四二二」派的駐京代表，並代表中央文革小組給予了指示。記者表示中央很快會解決「廣西問題」，並要求他們多做準備，以接受中央對韋國清的處置。參考《廣西文革大事年表》，頁49。

37 在一次早期的衝突中，從1967年6月11日開始的四天裏，數百「四二二」成員圍堵一輛火車超過三天，直到周恩來干預才平息下來。第一次嚴重的暴力事件發生在南寧一中。當時「四二二」和聯指的成員在一場武鬥中對打石頭仗，雙方各二三百人受傷。1967年8月4日，聯指組織上萬人的隊伍進攻「四二二」派佔領的廣西日報社大樓。1967年8月18日，三百多名「四二二」派戰士在金雞村洗劫了一輛開往越南的軍用火車，將四千枚炸彈佔為己有。中央文革來電要求他們歸還軍用物資。1968年4月11日梧州的街頭武鬥中，「四二二」派使用了槍支和火炮。武鬥之後，聯指衝擊了軍分區，並搶走軍用物資。同上，頁36–37、47–49、80。

38 參見小平頭：〈廣西「反共救國團」冤案始末——文革機密檔案揭密之一〉，https://67.15.34.207/news/gb/kanshihai/shishi/2006/1101/172175.html, pp. 12–13，2008年8月24日登入；也可參見《廣西文革大事年表》，頁58。在另一次大型行動中，好幾個縣的公安辦公室在1968年8月18日進行了一次聯席會議，之後，「…每個縣的人民武裝部積極執行『命令』。約4,400個武裝的聯司成員(這一數字超過了會議規定的人數)圍攻了『7．29』成員(一個反對派的群眾組織)。他們逃到了鳳山縣的南山和北山。」超過10,000人被拘留(當時全縣人口103,138)。在圍攻和之後的拘留中，1,016人被擊斃，佔該縣文革中死亡總人數的70%。……暴力橫掃該縣之後，鳳山縣革命委員會終於在1968年8月25日宣佈成立。《廣西文革大事年表》，頁119。

39 唐楚英編：《全州縣誌》(南寧：廣西人民出版社，1998)。

40 章成：〈道縣大屠殺〉，《開放雜誌》，2001年6月、8月、9月及12月。

41 《文化大革命研究資料》(上)，頁53。

42 同上，頁63。

43 同上，頁66，71。

44 參見小平頭：〈廣西「反共救國團」冤案始末——文革機密檔案揭密之一〉，頁12。

45 《廣西文革大事年表》，頁90–97。

46 海楓：《廣州地區文革歷程述略》，頁401。

47 中共南寧地委整黨辦公室：《南寧地區文化大革命大事記1966–1976》，未發表文件，1978。同時參見小平頭：〈廣西「反共救國團」冤案始末 —— 文革機密檔案揭密之一〉，頁35、36。

48 在三元里，一個農村的公社，舉辦了第三場展覽會，目標不僅是要教育城市居民，也包括農民。1968年8月30日，第四場展覽開始。它主要以揭露「反革命集團」活動為中心內容，這些集團包括「反共救國團」以及所謂的「中國人民黨」。得到展示的有行動宣言、日常文件，以及被指用來與臺灣聯絡的電臺設備。參見海楓：《廣州地區文革歷程述略》，頁401–404。

49 小平頭：〈廣西「反共救國團」冤案始末 —— 文革機密檔案揭密之一〉。

50 同上。

51 康生同時指出當前的衝突在敵人與人民之間，敵人中還有托洛斯基派和國民黨的殘餘實力。他說：「今天在廣西存在革命與反革命的問題，『七三』佈告已經指出了，人民內部矛盾很多，但敵我矛盾是主要的，『反共救國團』就是在你們那裏，還有托派分子和國民黨殘渣餘孽。」同上。

52 同時參見小平頭：〈廣西「反共救國團」冤案始末 —— 文革機密檔案揭密之一〉，頁12。

53 《廣西省誌》，大事記編，頁390。

54 《廣西文革大事年表》，頁98。

55 同上，頁99–120。

56 德保縣誌編纂委員會：《德保縣誌》（南寧：廣西人民出版社，1998），頁353。

57 都安瑤族自治縣地方誌辦公室：《都安縣誌》（南寧：廣西人民出版社，2002），頁649。

58 臨桂縣誌編委：《臨桂縣誌》（北京：方誌出版社，1996），頁493。

59 《全州縣誌》，頁17。

60 河源縣地方誌編纂委員會：《河源縣地方誌》（廣州：廣東人民出版社，2000），頁51。

61 和平縣地方誌編纂委員會：《和平縣誌》（廣州：廣東人民出版社，1999），頁25。

62 懷集縣誌辦公室：《懷集縣誌》（廣州：廣東人民出版社，2005），頁29。

63 2006年在廣東的個人訪談。

64 同上。

65 關於保守和激進的討論，參見Lee, *The Politics of the Chinese Cultural Revolution;*

Chan et al., "Students and Class Warfare"；對其的批評可參考Walder, "Red Guard Factionalism"；Walder, "Ambiguity and Choice in Political Movements."

66 Wang, *Failure of Charisma*.

67 2006年在廣西的個人訪談。同時參考蒼梧縣誌編纂委員會：《蒼梧縣誌》（南寧：廣西人民出版社，1997），頁48、480–483。

68 2006年在廣西和廣東的個人訪談。同時參見五華縣地方誌編纂委員會：《五華縣誌》（廣州：廣東人民出版社，1998）；以及興寧縣地方誌編修委員會：《興寧縣誌》（廣州：廣東人民出版社，1998）。

69 《蒼梧縣誌》，頁49。

70 2006年在廣西的個人訪談。

71 《人民日報》、《紅旗》雜誌、《解放軍報》〈1968年元旦社論〉，《文化大革命研究資料》（中），粗體為作者所加。

72 同上，頁4。

73 〈中共中央、國務院、中央軍委、中央文革轉發黑龍江省革命委員會《關於深挖叛徒工作情況的報告》的批示〉，1968年2月5日，《文化大革命研究資料》（中），頁16。

74 〈中共中央、中央文革轉發毛主席關於《北京新華社印刷廠軍管會發動群眾開展對敵鬥爭的經驗》的批示的通知〉，《文化大革命研究資料》（中），頁126–130。

75 2006年在廣東的個人訪談。

76 蒼梧整黨辦公室：〈造成嚴重後果的「三個會議」〉，1987年8月未發表文件。

77 同上。

78 同上。

79 同上。

80 《廣西文革大事年表》，頁53。

81 章成：《道縣大屠殺》，2001，頁68。

82 《蒼梧縣誌》，頁673–685，794–807。

83 蒙山縣誌編纂委員會：《蒙山縣誌》（南寧：廣西人民出版社），頁618–629。

84 《興寧縣誌》，頁908。

85 《五華縣誌》，頁673。

86 《蒙山縣誌》和《蒼梧縣誌》。

87 《五華縣誌》，頁655–656。

88 同上，頁28。

89 《蒼梧縣誌》，頁35–37。

90 《興寧縣誌》，頁38–39。

91 2006在廣西的訪談。

92 蒼梧整黨辦公室：〈株連一家七口的命案〉，1987年7月31日。

93 同上。

94 2006年在廣西的個人訪談。

95 同上。

96 同上。

97 關於關鍵性的框架建設任務的討論，參見Benford and Snow, "Framing Processes and Social Movements."

第8章

殺戮的模式

在第一章中，我提出了兩種截然不同的集體殺戮模式。國家政策模型認為是國家的滅絕性政策導致了屠殺的發生，並預期國家組織和軍人會執行這一政策。而相反的，我在本書中提出的社區模型顯示即使沒有有關屠殺的國家性政策，集體殺戮也會發生，而且地方上的情況會將衝突變為暴行，平民亦可以成為集體殺戮執行者。同時，在第一章中我呈現了一系列我認為有利於助長基層屠殺事件的因素，理論依據則來自於國家動員和國家崩潰的理論。

在第二至第七章，我呈現了大量支持社區模型、質疑國家政策模型的證據。在1967年和1968年，並不存在由中央下達的全國統一的政策要求大規模滅絕任何一個群體。集體殺戮的執行者也不是由中央命令統一調度的專業行刑者。各省、縣、鄉鎮和村發生集體殺戮的情況均各有不同。國家政策模型一般僅關注國家層面的暴行和其發生的條件，然而要解釋各種屠殺模式需要將各地的情況納入考慮之中。而探究這些差異性理論上的意義是本章的重點。我將會討論為什麼一些社區廣泛發生了屠殺事件，而另一些情況相似的社區卻沒有。換句話來說，哪些因素導致了研究單位之間的差異性？

在至少一個關鍵性的例子中，社區模型和國家政策模型作出了不同的推測。國家政策模型認為一個社區與國家的政治結構融合得越緊密，越可能發生集體殺戮事件。地方間的差異可以用國家是否深入控制農村社區來解釋。而社區模型的推測則相反：越是遠離國家控制的社區越可能發生最為嚴重的集體殺戮事件，而政治上與黨中央的整合性則有抑制集體殺戮的效果。

我認為集體殺戮是國家動員與崩潰共同作用下的結果。所謂**動員**指存在國家性的政策鼓勵創造政治類別並對個人進行政治歸類，尤其是階級敵人這一類別；並且構建戰爭框架和論調（**全局性的動員**）。同時，動員也涉及地方上對於上述政策、框架和論述的詮釋以及執行上的創新，並將這些導致極端暴力形式的創新視為對上級的服從或者謀求職業發展的手段，這屬**地方性的動員**。**崩潰**則指法律制度的解體（**全局性的崩潰**）、上層政治權威失去監控的能力且無法控制地方層次的行動者。毛澤東時代的中國，全局性的動員可以深入到社會最偏遠的角落。然而國家結構無法統合各社區的處境，使得地方性動員和崩潰在社區中的效果各有不同。我的假設之一是社區在地理位置和組織層級上離中央越遠，越有可能經歷權威的崩潰並按自己的方式進行地方性動員，也越有可能發生集體殺戮事件。一系列與國家動員和崩潰有關的因素會助長集體殺戮事件的發生，包括（1）引發法律和官僚權威解體，以及（2）助長農村精英衝突和戰時框架構建的條件。具體地說，在文革後期派系鬥爭激烈的地方，戰爭框架的構建影響也更大，因為派系衝突只在某些省和縣繼續存在。我同時主張，宗族歸屬強並伴隨地方性的跨宗族衝突（尤其是客家之間）且缺乏少數民族的地方，更易發生集體殺戮。

我將從三個層次分析這些假設。我首先討論總體的城鄉差異。農村地區發生的集體殺戮事件遠多於城市地區。其次，我會將集體殺戮情況最嚴重的廣東和廣西與其他省份做跨省比較。例如各項特徵都相似的湖北幾乎沒有發生集體殺戮事件，而各省的平均值均值略高於湖北的水平。最後，根據從縣誌中匯總的數據，我將進行一系列迴歸分析以檢驗上述假設並分析廣東和廣西兩省各縣的數據。之所以能夠使用迴歸分析的方法，得益於縣誌不僅有與屠殺相關的資料，也記錄著各縣地理、人口、政府收入、政黨組織和其他相關變量。根據兩省122卷縣誌（1965

年兩省農村地區共有162個縣)，[1] 我建立了一個數據庫，其中有這些縣集體殺戮以及其他基本情況的信息。首先，我使用嚴格的標準確定一個縣是否發生過集體殺戮，通過檢視縣誌中的相關文本內容，衍生出了我在第二章中描述和使用的謹慎測量方式。判斷集體殺戮的類別測量上，我使用的分界值是：在一個特殊時間和地點是否有10名(或以上)受害者。這個類別測量會在下述討論中大量被提及。對於因變量，即在多元線性迴歸中會使用到的變量，我則採用集體殺戮死亡總數。這個變量的值為：縣誌中文革死亡總人數減去死於「武鬥」的人數。[2]

城鄉差異

城市與農村社區之間的差異是顯著的。本書中所提到的所有屠殺事件都發生在鄉鎮或村莊，發生在農村居民之中。[3] 與之形成對比的是，大量關於大城市的文革研究中未談及類似的事件。其中包括對發生在北京、上海、武漢、廣州和杭州的文革事件詳盡的大事記，這些論述也都成為了當代研究文革的經典之作。[4] 除此之外，本書中使用到的關於廣西和廣東的未出版文稿中，也沒有如南寧和廣州這樣的城市中發生集體殺戮事件的記錄。[5] 甚至連縣城這樣的城市區域也沒有相關記錄。縣領導時不時會參與集體殺戮事件，不過一般會選擇公社一級的地點召開屠殺展示大會。縣城也是幹部會議召開的地方，但公社(即鄉鎮級)和大隊幹部會等回到自己的社區後再進行這些「髒活兒」，在第五和第七章我已經對此進行了論述。

國家政策模型中提到的因素無法解釋城市地區為什麼沒有發生集體殺戮，而且城市居民中也不乏遭到指定的階級敵人。城市人口中有舊資本家和歷史反革命分子。1957至1958年的反右運動又誕生了新型的敵人，其中大多數都在城市裏。在工人、幹部、教師和其他職工中，也有成千上萬人是前地主和富農的兒女。城市中亦不缺少潛在的組織者和執行者。幹部和群眾運動積極分子同樣急切地希望為各種政治任務貼上

「階級鬥爭」的標籤。的確，毆打和虐待的情況廣泛存在。更重要的是，城市中的民兵，並不比農村的民兵組織缺乏力量，反而可能更強。北京和上海這樣的城市，以工人出身的民兵著稱，他們在文革前後以及過程之中的各個階段中都發揮著關鍵性作用。[6]而且，文革中的派系鬥爭在城市之中的激烈程度是農村社區無法相比的。所有上述提及的城市都發生過群眾組織間的街頭武鬥，並造成了無數死傷。而在農村地區，武鬥即使存在，也主要發生在縣城。

為何存在上述差異？基於社區模型，我提出三個可能的原因。第一個原因有關信息流。發生在城市中的滅絕性屠殺的新聞很容易得到證實並快速傳達到黨中央。由於並沒有支持集體殺戮的中央政策，此類行為只會遭到譴責而非政治獎勵。的確，鄉鎮和村裏發生的集體殺戮事件在規模擴大前也會被省會南寧和廣州的領導層獲悉。然而，由於事件發生在偏遠地區，這使得這些消息聽上去更像謠言而非事實。等到暴行得到證實，上級會出動軍隊去制止事件繼續擴大，關於行刑的政策也會得到澄清。由於沒有關於執行屠殺的中央政策，城市地區並不鼓勵集體殺戮行為。

其次，弔詭的是城市地區激烈的群眾衝突可能抑制了集體殺戮。在城市地區，通常存在兩支實力不相上下的群眾派系。反對政府權威的造反派時常記錄並廣泛散佈政府及其群眾代理人的「罪行」。在南寧，「四二二」派舉行了眾多大會譴責農村地區發生的「無差別殺人事件」。[7]這些公示活動很有可能有助於傳播關於這些惡劣事件的新聞並促使黨中央進行干涉。如果南寧也發生類似的屠殺事件，則與造反派相關的報道將變得更為可信，抑制效果也將更快得到體現。但是城市中的群眾衝突可以部分解釋農村裏亂扣帽子的做法，這與該衝突對城市地區集體殺戮事件的抑制作用並不矛盾。我在本章後續部分將提到，經歷過武鬥的縣（大多發生在縣城）集體殺戮的死亡率要比沒有發生過武鬥的縣高得多。原因是城市中的衝突製造了一種戰時氣氛，允許農村社區的領導人取巧地將這一戰爭論適用於地方，而事實是地方上並不存在有組織的抵抗。

最後，城市與農村社區中社會組織呈現出不同的模式，而他們與宗族各自不同的關聯也是造成差異的原因之一。在城市，單位由來自各種家庭出身的人組成。單位的安排不會特別體現出同姓系族或者宗族成員的關係，來自各種家庭背景的人被混合在一起，並在工作和生活單位形成交叉認同性。而在農村地區，生產小隊和大隊是按系族和宗族組成的。宗族認同得到完整保留，甚至可以說在新的社會環境中獲得強化。宗族之間汰弱留強的競爭傳統為將外族人想像成「他者」——更進一步，可殺的「他者」——提供了文化基礎。我在第三章中已對此進行了論述。

省際差異

接著我將探討屠殺事件的省際差異。如我在第二章中提到的，其中關鍵性的是同為情況最嚴重的廣東和廣西兩者之間的差異，以及兩者與相對平和的湖北之間的差異。儘管在人口地理特徵等一些方面近似，就集體殺戮的規模來說，湖北與兩廣差距巨大。在我收集的1,530個縣誌樣本中，廣西的每縣平均死亡數字是574人，廣東為311人，而湖北僅為11人。[8]此外，廣西和廣東的屠殺事件為全國最嚴重，且根據縣誌的記錄，廣西死於屠殺的人數遠遠多於廣東。1,530個縣誌樣本組成的數據顯示，全國平均的死亡人數是每縣80人。受傷人數和受迫害的人數也展現出相似形態（表8.1）。上述數據呈現的差異引出幾個關鍵性的問題，即：哪些因素導致兩廣與其他省份之間在屠殺事件上的巨大差異？而廣西又為何比廣東的情況更為嚴重？為什麼有些省份，比如湖北的死亡人數如此少？[9]

造成死亡人數差異的部分原因與革命委員會成立前衝突的不同路徑有關。根據徐友漁對全國省級衝突的綜述，湖北和兩廣代表了兩種不同的路徑。[10]在成立革命委員會之前，所有的省會都經歷了派系群眾動員

表8.1 三省各縣平均死亡、受傷和受到迫害的人數

	縣平均死亡人數	縣平均受傷人數	縣平均受迫害人數
廣西	574.0	266.4	12,616
廣東	311.6	28.1	6,788
湖北	10.8	44.5	2,317
全國各省	80	68	5,397

和無數次政府重組。各地都出現了兩個對立的聯盟，而且通常其中一個試圖顛覆文革前的政府，而另一個的立場相對溫和，甚至有時會為保衛政府而戰。在1967年「一月風暴」之後，權力常常在兩方之間來回搖擺，但在同年7月的武漢事件之後，湖北和其他大多數省份的權力平衡不再。中央或明或暗的支持與許可使得更為好鬥的派系被認為是「革命的」，成為了有利的一方。政府進行了徹底重組，溫和派聯盟失勢。好鬥派系的成員大量地加入新的政府。[11]

但也存在例外的情況，即更加激進的派系遭到排擠，比如兩廣。根據徐友漁的研究，出於國家安全的考慮，中央對於邊境地區的政策有所不同。這些省份包括內蒙古、新疆、西藏、廣東和廣西。[12] 在上述地區，那些更支持現任政府的派系被認為是「革命性」的並在革命委員會或新政府中被賦予核心位置。而革命委員會一獲得權力，便鎮壓更加好鬥的造反派。更為重要的是，這意味著派系鬥爭到1968年仍未停歇，而中央已對這一情況失去耐心。中央於是開始推動戰爭框架的構建，包括宣佈虛構出來的顛覆團體的存在，並指出他們曾參與武鬥。

在湖北等這類省份(我稱之為類型一)中，新政府吸納了很多曾極力反對文革前政府的人。於是出現了一條新的斷層線，將造反派成員中被納入革命委員會的成員和那些被排除在外的區隔開。另一方面，類型二中的省份(即溫和派被認為是「革命的」的省份)，比如兩廣，革命委員會與之前政府裏的官員以及來自溫和派系的領導人們聯合起來，形成合力打擊造反派。在表8.2中，我按1,530個縣的資料將所有省份歸入上述兩種類型。表格顯示，屬類型二的259個縣的死亡人數遠遠超過類型

表8.2　兩類省中各縣平均死亡人數

	縣平均死亡人數	縣總數
類型一	45.2	1,271
類型二	451.0	259
類型二(除去廣東及廣西)	70.3	135

一省份中的縣。類型二省份中的各縣平均死亡人數為451人，而類型一的省僅為45人，相差10倍之多。即使除去兩廣，類型二省份中各縣平均死亡人數雖然減少了很多，但仍然高出類型一省份中各縣的平均數50%。

一些人認為兩廣集體殺戮事件之所以如此暴力血腥，是因為這是「保守派」通過政府支持的民兵展開針對反對派的報復行動的結果。[13] 但就我所述，受害者大多是是所謂的四類分子。沒有證據顯示他們大量加入過造反派，實際上他們中的大多數被剝奪了政治權利並且受到嚴格的監視。在偏遠的農村和公社，那些集體殺戮事件最嚴重的地方，在集體殺戮之前也不可能存在派系動員。

我提出了不同的解釋。這些學者認為一個更具有代表性的政體可以抑制針對特定人群的毀滅行動。[14] 湖北和其他類型一中的省份的政府，比起兩廣政府，有更多的代表反對派的人。如第六和第七章中提到的，廣西發生集體殺戮事件的那一長段時間裏，「四二二」派很早便注意到其嚴重性並立即採取行動試圖制止。他們組織了街頭大會，通過遊行將暴行廣為傳播。如果省政府中有來自造反派的人，就像在類型一中的省份那樣，那麼他們的呼籲將會抑制屠殺的升級。

與眾不同的政治發展軌跡可能便是兩廣的死亡人數高於其他省份的原因之一。然而，造成差異的原因可能還要算上前述五個導致縣級集體殺戮的過程中尤其激烈的兩個過程。如第三章所述，兩廣宗族認同和宗族競爭的文化比起中國其他地方都要深厚。這一社會分化傳統為其後的過程提供了尤為強勢的起點。此外，如在第七章中提到的，由於中央對於兩廣在建立省級革命委員的滯後情況以及派系鬥爭持續不斷的不滿，中央領導引入針對這些鬥爭的戰爭框架。兩廣的領導層公開支持親政府派宣稱的存在所謂反動愛國團陰謀網絡的論斷。根除這些子虛烏有的支持者的運動開展得異常凶殘，戰爭框架則越發咄咄逼人。

就兩廣而言，廣西的集體殺戮事件遠比廣東多（見表8.1）。用分析跨省差異的方法考察預測集體殺戮死亡人數的因素後，造成上述差異的原因就變得明顯了。平均來說，廣西在所有與高死亡率顯著相關的變量上都得分很高。比如說，迴歸模型顯示死亡率與偏遠和貧窮程度成正相關關係。而與廣東相比，廣西的縣離城市更遠，也更窮，人口密度更低（表8.6）。此外，作為移民社會，廣西的歷史比廣東短，所以它的漢族人口更深地浸潤在宗族認同和宗族競爭的文化中。如第三章提及的，廣東的居民早在一千多年前便從北方南下，而絕大多數的廣西漢族則是在約一百年前後從廣東的社區遷移出來的。

解釋集體殺戮的縣際差異

最後我進一步審視廣西和廣東的情況，探究哪些縣發生了更多集體殺戮事件，並解釋造成縣際差異的原因。下列分析依據來自廣西的67個縣和廣東的57個縣縣誌中的數據。我之所以選擇這些縣作為進一步分析的個案，部分是因為這兩個省在我的社區模型的五個主要因素的測量值都居高。而即使是在這兩個省之中，縣之間也在文化與政治方面有著重要的差異性。

在分析中，我先使用交互表格檢視縣級集體殺戮事件與從國家政策模型和社區模型中的關鍵變量之間的雙變量關係。然後，我再討論兩廣屠殺事件總死亡人數的多元線性迴歸模型的結果。我之所以詳細說明雙變量分析的結果不僅是為了便於行文，而更主要的原因是下述討論的大多數雙變量關係在迴歸模型中依然顯著。

圖8.1　1967–1968年間廣東集體殺戮的地理分佈

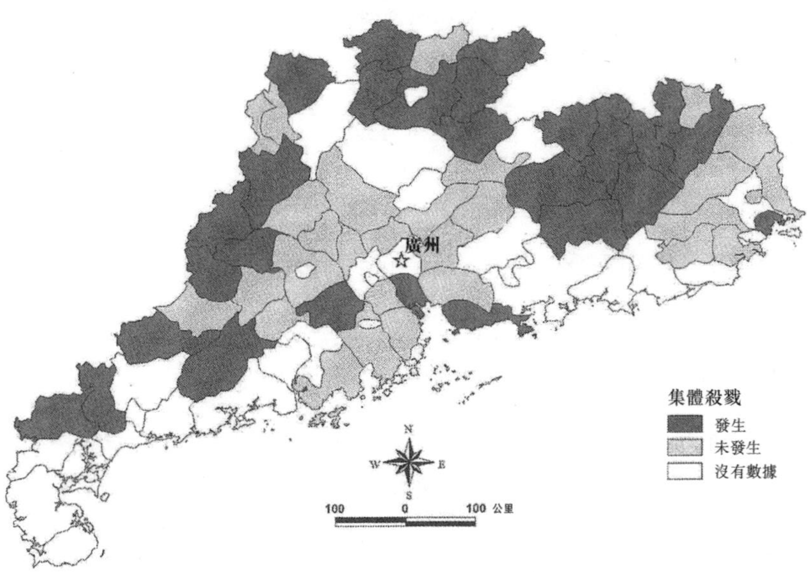

圖8.2　1967–1968年間廣西集體殺戮的地理分佈

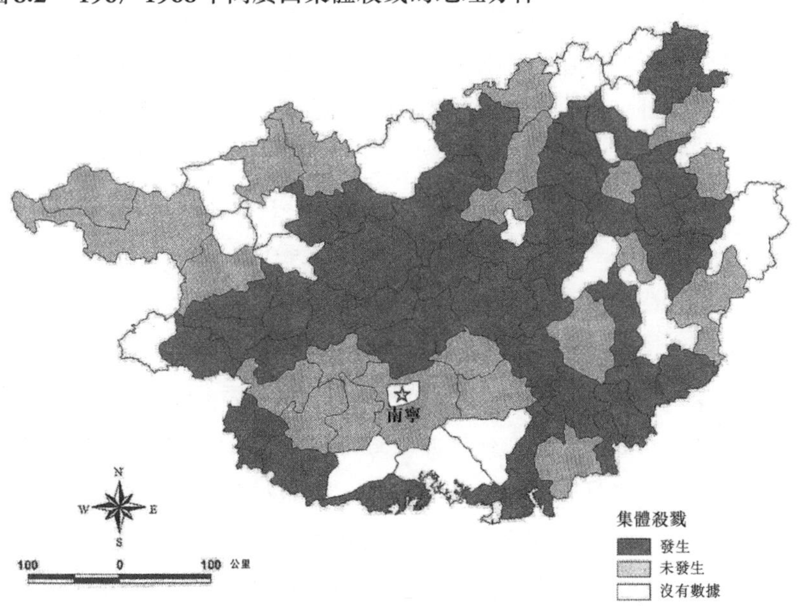

表8.3　廣東及廣西各縣的基本情況與是否發生集體殺戮的交互表

	發生集體殺戮的縣[a]	沒有發生集體殺戮的縣
與省會之間的平均距離（公里）	209.8	182.5
人口密度（每平方公里）	139.9	217.2
1965年縣政府的歲入（元／每人）	15.0	20.8
千人中共產黨員人數	19.5	19.6

註釋：(a) 定義參見第二章。

與城市中心之間的距離以及社會經濟因素

發生最多集體殺戮事件的縣是否靠近省會呢？圖8.1和圖8.2是兩個省的地圖，圖中的陰影部分是發生集體殺戮的縣。兩圖顯示發生屠殺的縣普遍來說遠離市中心，即省會城市廣州和南寧。這一直觀的印象在比較兩類縣距離省會的平均距離後獲得確認。如表8.3所示，發生集體殺戮的縣距離省會209.8公里，而沒有發生集體殺戮的縣離省會的平均距離是182.3公里，相差27公里。即是說，以平均值來看，離省會越近的縣，發生集體殺戮的可能性越小，距離省會越遠的縣則更有可能發生集體殺戮。此外，雖然無法在地圖上明顯地顯示出來，但發生集體殺戮的縣在另一意義上也較偏遠：相比之下，它們更有可能位於山區。

雖然離城市中心距離更遠這一情況基本與社區模型的假設相符，但這一初步的發現產生了一個疑問，即如何定義「**偏遠**」。它是否意味著缺乏信息流，造成錯誤詮釋來自高層政府的政策？是否代表來自黨中央的較弱的組織控制？距離市區的遠近還有可能掩飾了其他的社區特點。另兩個變量強化了物理距離有其社會經濟因素的影響。發生集體殺戮的縣人口較少，也較貧窮。在這方面的對比是極明顯的：發生集體殺戮的縣，每平方公里只有139.9人，而沒發生集體殺戮的縣，每平方公里則有217.2人。發生集體殺戮的縣也相對更窮，它們的年收入只相當於那些沒有發生集體殺戮縣的75%。總的來說，經歷過集體殺戮的縣坐落在條件艱苦的山區的可能性更大。本章之後的部分呈現的多元迴歸模型顯示，當加入人口密度和縣年收入兩個變量後，與市區之間距離產生的影響將大大減弱。

種族

我認為集體殺戮部分與強烈的宗族聯繫以及認同有關，而相比少數民族，這一情況在漢族中更為明顯。而在漢族中，客家族群則尤為突出。發生殺戮的縣大多分佈在山區的一個可能原因是與其他族群相比，客家人大量居住在山區。如在第三章中提及的，兩個省之中的縣可以按族群和次族群構成分類。我發現由相當少數民族組成的縣最不可能發生集體殺戮，緊隨其後的是幾乎沒有客家族群居住的縣。而那些混合著客家人和非客家人的縣以及那些完全由客家人組成的縣集體殺戮的情況是最嚴重的。這些發現顯示在表8.4中。我認為造成這些差別的原因是農村社區中宗族制度影響力的差異，以及由宗族認同導致的階級鬥爭衝突的加劇。這些發現得到了多元線性迴歸模型結果的支持。

此前縣領導層的結構

在奪權運動之前，每個縣有三名到六名高層領導擔任黨委書記或者副書記。在兩廣，每個縣都有外縣出身的領導，大多數是土地改革運動期間從北方來的(詳見第四章)。在一些縣，黨委書記和副書記都由外來移民擔任，在另一些縣則是外來者與本地人共同擔任。在另一個研究中，我發現混合的領導層促進了文革中群眾派系的組成和武鬥的發生。而我視這兩者皆為影響地方層次集體殺戮的因素。[15] 我還預測混合領導層這一因素獨立地影響著集體殺戮發生的可能性。

在中國地方政府中所有可能造成精英分裂的原因中，外來和本地出身的幹部之間的衝突是最顯著，且持續時間最久的。原因有二。文化上，出生地對於個人身分認同有相當大的意義。這部分是由於包括祖先

表8.4　比較各縣集體殺戮死亡人數中位數

	集體殺戮死亡人數中位數	縣的數量
少數民族人口是否達到或超過50%（廣西）		
是	552.7	32
否	792.9	32
客家人口佔全縣人口比例（廣東）		
全部是客家人口	439.7	12
客家與非客家人口混合	271.1	42
客家人口佔全縣人口比例（廣西）		
客家與非客家人口混合	821.7	18
全部為非客家人口	614.6	46
領導層是否是混合性的		
是	490.1	43
否	368.5	67
是否經歷過武鬥		
是	670.1	78
否	209.5	42

崇拜在內的宗教生活習俗的影響，部分則由於不同方言的使用為個人打上準族群性的標誌。歷史上，北方來的領導在土地改革時期被黨中央下派，取得南方地方社區的領導權。如我在第四章和第六章裏解釋過的，北方南下的領導們在土改中完全壓倒了當地土生土長的領導，由此而產生的兩派之間的分歧與派系鬥爭自此成為政治運動的長期議題。傅高義提及，反對「地方主義」（「地方主義」即地方領導抵制北方派領導的活動）的運動在廣東不斷發生。事實上，在文革之前的主要政治運動中，本地派和北方派幹部之間的摩擦一直都是衝突的主軸。海楓也提到，文革中反地方主義的主題在廣州再次興起。[16]

儘管1967年早期的奪權運動革除了這些黨支部書記的職務，還給他們扣上「當權派」的帽子，然而仍然有理由相信此前領導層的分歧繼續在後續的精英衝突中發揮著作用。群眾派系根據他們與此前領導的關係劃分斷層線。對待這些前領導的態度，即將他們批鬥到何種程度或者他們之中的哪些人會在新成立的政府中官復原位，成為了當時最富爭議的議題。如前述，在這一時期，幹部們對被指控對待敵人過於心慈手軟有一種恒常的恐懼。所以，精英出生的差異有深化衝突的趨勢，而精英之間的衝突相應地加劇了在「階級敵人」之中找替罪羊的趨勢。統計數據證實了這一推論。表8.4還顯示，在43個有著混合領導層的縣，平均的集體殺戮死亡人數是490.1人，而在67個完全由外來者擔任黨委書記的縣裏，平均人數是368.5人，即平均死亡人數相差130人以上。

此前的群眾衝突

此前縣城的群眾衝突也可能助長集體殺戮的發生，其三大原因與我的理論相吻合。首先，嚴重的群眾衝突往往表示存在嚴重的精英間衝突，群眾派系的斷層線大多按關於幹部和領導的議題劃分。而解決精英衝突一般都要找替罪羊。其次，如他們省裏的上級一樣，縣領導極力鼓吹階級鬥爭和戰爭論為的是解除群眾組織的武裝，並將其解散。第三，縣裏的武鬥，幾乎總是發生在縣城，這使得戰爭框架顯得更為真實，因為戰鬥已經離家咫尺之遙。儘管鄉鎮或者村中的群眾組織也會發生衝突，但是很少演變成街鬥，而在縣城，如同其他的城市地區，派系的武裝鬥爭則並不少見。在我收集到的118個縣的資料中，76個縣有上述經歷。數據顯示，發生過武鬥的縣中集體殺戮的死亡人數遠遠在其他縣之上。表8.4顯示，在經歷過武鬥的縣之中，平均每縣死亡人數是670.1人，而那些沒有經歷過的縣為209.1人。精英衝突意味著群眾武鬥的持續時間更長，於是不僅戰爭框架的解釋力更強，同時也意味著戰爭框架建立在群眾武鬥的背景下。

黨的組織力

中共幹部助長了集體殺戮事件，這一判斷似乎支持了國家政策模型。這一模型的推論主張黨在地方層級的控制越強，這些地區就更易開展滅絕性的政策。然而，如我所顯示的，中央並沒有鼓勵類似的政策，所以強大的黨組織對屠殺應當有抑制作用。然而，兩者之間的正相關符合社區模型的假設。因為黨組織越強，越容易使得地方社區採信戰爭論以及戰爭框架，而這種情況助長了集體殺戮事件。如表8.3所示，我以人均黨員人數測量的黨的組織力，在兩類縣中差別不大。但是一旦在多元迴歸中加入其他變量，便可以看到黨的組織力對集體殺戮顯著的促進效果。

屠殺事件的縣級差異：多元線性迴歸結果

為了保證在同時考慮所有因素時上述關係仍然成立，同時控制技術性因素，比如縣誌中相關描述的長短，我採用了多元迴歸分析。關於這一模型的詳細討論將在附錄中展開，在此簡述其操作方法。模型的因變量是被殺的總人數，即記錄在案的死亡人數減去死於武鬥的人數。[17] 如我已經論證過，記錄在案的死亡數量當中，幾乎所有非武鬥死亡都與屠殺平民有關。根據因變量的分佈形態，我將使用泊松迴歸模型（Poisson regression）。在加入控制變量之後，在迴歸模型中上述討論的雙變量效果依然成立。此外，加入所有的變量後，黨員人數和被殺人數之間呈現出顯著且正向的相關性（詳見附錄表A3）。表8.5羅列了這些效果的「勝算比」（odds ratios），即某一自變量一個單位的變化造成的因變量的增加或者減少的比率。以下是對這些結果的重點列舉。與省會之間的距離和人口密度仍然顯著。距離的勝算比大於1，顯示一個縣離市中心越遠，發生屠殺事件造成的死亡人數越多。而人口密度的勝算比小於1，顯示人口密度越高的地區屠殺事件造成的死亡人數越少。社會經濟因素方面，人均縣政府收入每增加1元，集體殺戮事件造成的死亡人數減少的

表8.5　預測廣東和廣西集體殺戮死亡人數的泊松模型部分變量的勝算比

與省會之間的距離(一百公里)	0.969
人口密度(千人/每平方公里)	0.757
縣政府人均歲入(元)	0.746
每千人中的共產黨員人數(人)	1.034
此前是否經歷過武鬥	2.268
縣黨委書記的非完全由本地人擔任	1.100
少數民族人口達到或超過50%	0.698
客家人口為主的縣	1.218

來源：附錄表A3模型二。

比率為0.746。換句話說，貧窮的縣引發集體殺戮死亡人數以1.340的比率增加。人均的縣政府收入每減少1元，集體殺戮死亡人數會增加34%。這些結果意味著落後和偏遠都會惡化集體殺戮的情況。我發現一個縣越貧窮，發生集體殺戮的範圍越廣，而一個縣離市中心越遠，屠殺的死亡人數也越多。這一結果支持了我的推論，這些偏遠地區的地方行動者在沒有統一的、滅絕性的中央政策的情況下，自行決定事態發展，同時錯過來自中央的叫停信號。

在解釋屠殺事件上，族群的因素仍然具有影響力。我的模型結果顯示，少數族群與屠殺事件死亡人數呈反向相關關係，而客家族群則呈顯著的正相關關係。在廣西，那些少數民族人口等於或者多於50%的縣集體殺戮的死亡人數以0.698的比率降低。換句話說，在漢族人口佔大多數的縣死亡人數是那些少數民族人口等於或者多於50%的縣的1.43倍。這一結果否定了少數民族的存在是導致了死亡以及少數民族中出現大量死亡的推論。而這一結論也支持了我的假設，即一旦政治條件發生變化，擬戰爭的環境被架構出來，客家人口中的宗族分裂便會助長衝突和集體殺戮事件。客家縣(在廣東即那些人口絕大多數為客家人的縣，在廣西即那些客家和非客家人混合居住的縣)的死亡人數以1.218的比率增加。

政治因素在解釋屠殺事件時也依然重要。外來領導和本地領導混合的情況會造成被殺人數增加10%。同時，武鬥的影響仍然顯著。在發生過武鬥的縣集體殺戮的死亡人數是那些沒有發生過的2.27倍。所以，這些武鬥在較偏遠的縣營造出了類似戰時的氣氛，這使得把四類分子當成替罪羊變得輕而易舉。當控制了其他變量，黨員人數顯著與屠殺死亡人數呈正相關關係。每多一個黨員，屠殺的死亡人數增加3.4%。貌似不多，其實這意味著每增加10名黨員，屠殺死亡人數將增加39.7%。兩省中各縣平均每千人中的黨員人數從2.7人至66.5人不等，而這一人數的差異意味著實質性的區別。這一結果似乎支持了國家政策模型的理論，因其預設黨員是執行中央滅絕性政策的核心力量。然而我們卻可以發現當得知其發生後，中央會試圖制止集體殺戮，而這一結果與我的另一種解讀相符，即黨員是戰爭論的傳達者，並協助在和平時期營造戰爭氛圍。

此外，綜合來看，縣級的多元迴歸分析結果支持我的假設中獨立的推論，即集體殺戮是國家動員和國家崩潰共同作用的結果。政治因素證實了動員的力量。武裝派系鬥爭和黨員助長了屠殺。由於從中央與偏遠地區間的溝通不暢，山區發生了大量的集體殺戮事件。族群因素同樣重要，它形成了一種衝突的根源。在文革政治運動的大環境之中，以及國家動員和崩潰的影響下，族群因素也獨立地影響著集體殺戮事件。

通過多元線性迴歸分析，確定了對集體殺戮人數有顯著影響的變量，現在可以再度檢視廣東和廣西之間的區別。表8.6顯示，平均來看，廣西的縣都遠離市中心，人口密度較低，較為貧窮，且此前經歷派系武鬥比例較高。所有這些因素都是導致廣西高死亡人數的原因。唯一例外的因素是，廣西的黨員網絡密度較低，不過這一例外的因素顯然無法抵消其他因素共同產生的影響力。

表8.6　廣東和廣西集體殺戮關鍵預測變量的平均值

	廣西	廣東	
與省會之間的距離（公里）	218.7	172.9	**
人口密度（人/每平方公里）	248.2	111.3	***
1965年縣政府的歲入（一千元/每人）	1.2	2.4	***
每千人中的共產黨員人數	17.8	19.6	***
此前發生過武鬥的縣的比例	70.7	52.6	**
為混合領導層的縣的比例	56.1	68.4	

** p >.05; *** p >.01, F檢驗（單因子方差分析）

結　論

如果屠殺是國家政策的結果，並是職業行刑人所為，或者是在職業殺手缺失的情況下，國家號召社會來協助完成這一骯髒的工作，那麼屠殺的發生和死亡人數在地理分佈上不一定是平均的。可以預期，少數嚴重的悲劇會發生在國家政策影響力最強，執行政策的組織性資源最多的地區。然而這不是1967年和1968年出現在中國的情況。實際上，從各種意義上來説，一個地區越是「偏遠」，集體殺戮的情況越嚴重，無論是看單純的發生次數還是死亡人數。大量的屠殺事件發生在低層級的行政區域（村莊和鄉鎮），而不是高層級地區（縣、市或省）；發生在農村社區而不是城市；發生在遠離而不是接近市中心的社區之中。有關偏遠性的發現還被兩個相關的發現進一步證明。(1) 人口密度較低的縣集體殺戮死亡人數更多。(2) 人均縣政府收入越少越容易導致瘋狂的屠殺，這反映了貧窮和羸弱的政府的影響。

同樣，關於四個政治變量的結果與社區模型的假設一致。首先，既有的精英分裂將衝突激化成一種極端的表達方式。集體殺戮在那些南下的北方領導和地方領導混合的縣情況更為嚴重。這一結果也呼應了在第三章關於精英衝突和群眾衝突的關係的討論。領導們時常擔心被指責對待「階級敵人」心慈手軟。一個常用的自保方法是把此前已經認定的目標當成替罪羊。其次，那些經歷過更加殘酷的群眾運動的縣，容易產生更多的屠殺死亡人數。[18] 發生武鬥的縣比那些縣城幾乎沒有派系武鬥的縣更明顯地凸顯出1968年的戰爭構建。

政治發展的不同軌道區分出兩種類型的省。黨中央特殊的政策在如廣東和廣西這樣的省中，製造出一種特殊的群眾聯盟以及與其相關聯的政府構成。缺乏來自敵對群眾派系的代表，使得這兩個省的鎮壓舉動在地方上演變成了極端的暴力行為。這似乎暗示著集體殺戮是中央政策導致的結果。然而，這一發現仍然支持著社區模型，因為黨中央之所以制定不同的政策是出於邊境省份對於國家安全的重要性的考慮，而並沒有下達任何針對農村四類分子的滅絕性政策。數據顯示，黨的組織能力與集體殺戮死亡人數有正相關關係。而一個地方社區中黨員人數越多，則它對上層政府倡導的戰爭框架越是沒有招架之力。因為所謂政策從未定義過一個具體的行動方案，而是地方上的黨員發起並組織了集體殺戮(詳見第五章)。

雖然其他地方也發生了集體殺戮，波及範圍遠沒有充分展開了上述五個過程的地區廣泛。在最為血腥的省份之中，情況最糟糕的縣和地點也正是這些過程展開得最為充分的地方。從理論上來說，這些模式敦促我們超越對國家政策本質的分析，而要意識到各地的實際情況的重要性。在同一個國家之中，無論是不是事關種族屠殺，不僅在各個地方社區中屠殺的結果各不相同，而且往往在國家最鞭長莫及的地方，屠殺事件越是猖獗。

註 釋

1 中華人民共和國民政部編：《1949–1997 中華人民共和國行政區劃》(北京：中國社會出版社，1998)。

2 在第二章，我討論過絕大多數的死亡出現在集體屠殺期間。武鬥則是另一個造成大量死亡的情況，但相比之下，人數少得多。

3 有報告稱在南寧和其他一些城市的武鬥戰士在被捕或者繳械之後一律被處死。但是這些死亡與戰事有密切關係，且成為受害者與否由其社會身分或血緣關係所決定。所以我的討論不涉及這類死亡。

4 對主要城市情況的描述參見Hong Yung Lee, *The Politics of the Chinese Cultural Revolution: A Case Study* (Berkeley: University of California Press, 1978); Elizabeth J. Perry and Xun Li, *Proletarian Power: Shanghai in the Cultural Revolution* (Boulder: Westview, 1997); Wang Shaoguang, *Failure of Charisma*; 海楓：《廣州地區文革歷程述略》(香港：友聯出版社，1972)。

5 《廣西文革大事年表》;《南寧文革大事記》;《欽州地區文革大事記》; 海楓：《廣州地區文革歷程述略》。

6 Elizabeth J. Perry, *Patrolling the Revolution: Worker Militias, Citizenship, and the Modern Chinese State* (Lanham, Maryland: Rowman & Littlefield, 2006).

7 《廣西文革大事年表》。

8 雖然在集體屠殺情況嚴重的省份，這方面的敘述在縣誌中佔的篇幅一般較長，由於數字之間的差異巨大，不能視為篇幅長短所造成的。這些數字顯示暴力的嚴重程度是國家政治和地方因素共同導致的。

9 基本的假設是，造成縣誌中各省之間記錄差異的原因不是歷史事實而是編纂縣誌時的編輯政策。縣誌的編纂和出版由各級政府機關統籌。一省的縣所參照的政策指引可能與另一省的不同。而這些指引在記錄文革歷史時都要遵循「宜粗不宜細」的原則。可能湖北省的編纂者更為保守，所以比起其他兩省的同僚略去了更多內容。事實上，關於文革的描述在湖北的各縣誌中的平均長度是2,361個字，還不到廣東(5,198個字)以及廣西(5,117個字)的一半。(參見：Walder and Su, "The Cultural Revolution in the Countryside," p. 81, 表格一。) 從另一方面來說，雖然湖北縣誌極少報道集體屠殺，但卻並沒有羞於記錄大量因遭到毆打以及致傷殘的人數。實際上，其記錄的傷殘人數多於廣東(參見表格5)。所以有理由推論縣誌中屠殺數字的差異反應了各省之間政治事件造成的真實差異。

10 徐友漁：《形形色色的造反：紅衛兵精神素質的形成及演變》(香港：中文大學出版社，1999)，頁86–108。

11 Wang Shaoguang, *Failure of Charisma: The Cultural Revolution in Wuhan* (Hong Kong: Oxford University Press, 1995), pp. 149–202.

12 根據徐的研究，在江西，政治事件以相似的形式展開，但是江西並非位居邊境的省。參見徐友漁：《形形色色的造反：紅衛兵精神素質的形成及演變》，頁100–108。

13 對這一解釋的支持包括，如廣西對被俘民兵的大規模處決明顯是報復行動。而且，廣西的反對派「四二二」派不斷地組織針對集體屠殺的抗議行動。《廣西文革大事年表》，頁61–63、71、75。

14 Barbara Harff, "No Lessons Learned from the Holocaust? Assessing Risks of Genocide and Political Mass Murder since 1955," *The American Political Science Review* 97(2003): 57–73.

15 Yang Su, *Tumult From Within: State Bureaucrats and Chinese Mass Movements, 1966–1971* (Ph.D. dissertation, Stanford University 2003), chapter 4.

16 Ezra F. Vogel, *Canton under Communism: Programs and Politics in a Provincial Capital, 1949–1968* (Cambridge, Mass.: Harvard University Press, 1969); 海楓：《廣州地區文革歷程述略》。

17 參見第二章更詳細的描述。

18 Yang Su, *Tumult From Within: State Bureaucrats and Chinese Mass Movements, 1966–1971*, chapter 4.

第9章

理解眾目睽睽下的暴行

本書的兩大使命是從歷史上和理論上分析文革期間農村的集體殺戮現象。我想要解釋發生了什麼以及為何會發生。從歷史的角度，我梳理了文革中1967和1968年兩個省的集體殺戮的事實和模式。同時，我記錄了從1949年革命至極端暴行發生前夕毛主義的幾個關鍵性因素。這些因素，如農村文化的形成與轉化、創造並維持階級劃分、農村人口的社會流動以及法律制度的解體，都為理解集體殺戮提供了歷史背景。這一歷史敘事的中心主題是「實際存在的毛主義」:[1]這一系列的實踐不僅受到共產主義意識形態的啟發，同時也被現實中的挑戰和矛盾性所塑造。領導、幹部以及普通民眾在革命轉型中，並不是遵從一個總規劃，而是依現實情況而動，在具體的時間和地點，按實際的，常常是特定的形式，在發展中即興發揮。在此背景下，集體殺戮如同許多集體行動一樣，是**突發行為**而不是常規政治的一部分。無論是政權總體的性質還是它的具體政策都不足以解釋突發行為的結果。

理論上，本書並不意在解釋為什麼毛時代的中國是暴力的。但在認同「暴力性」的前提下，本書試圖解釋為什麼暴力會發展至極端的形式，以及為何這一極端的暴力性能在眾目睽睽之下明目張膽地展示。這一極端的、公開的暴力形式無法僅由毛殘酷的性格或者國家的暴力性質來解釋。而就我在前幾章中做出的推論，這也無法由民族國家層次的種族滅絕政策解釋。因為事實上，並不存在這樣的政策。在國家的暴力性質和集體殺戮之間，在一個冷血的至高無上的領袖和農村鄉里之間，存在許多複雜的細節問題。對這些問題抽絲剝繭是本書要完成的任務。在本章中，我會用社會學的框架統合這些細節，並闡釋它們在更大背景中的意義。

中國集體殺戮的案例對現有文獻中的國家政策模型提出了挑戰。雖然這個模型對解釋根植於明確的滅絕性政策或者意識形態的種族滅絕和大屠殺有其適用性，比如猶太人大屠殺，然而，這一模型卻無法有效解釋那些源自於地方行動者自發性的屠殺。後者應被認為是突發性的、情境式的以及制度外的事件，而非體制內政治的一部分。即是說，大屠殺——在中國案例中我稱之為「集體殺戮」——最好被當作集體行動的一種特殊的形態。毫無疑問，體制內政治是使得集體行動事件產生、助其發展、塑造或阻礙它們的主要力量。然而這些集體行動事件有自身出現和發展的邏輯。所以，我為解釋集體殺戮事件而提出的社區模型，代表了對解釋種族滅絕和大屠殺的國家政策模型的一種偏離，而廣泛汲取了研究社會運動和集體行動的文獻的洞見。

但是，本書呈現的中國案例同樣對研究集體行動的文獻提出質疑。集體行動研究的核心概念是策略性動員，這部分研究在解釋集體行動事件的產生方面取得了巨大的成功，但是對於集體行動的性質卻很少涉及。集體殺戮需要組織性資源、政治機會以及框架的概念，所以它是典型的集體行動。而它的特別之處又在於行動的特殊性質，即它通常是被國家法律所壓制的、社會規範所禁止的非人行為。這一與一般集體行動相異的特殊之處使得集體動員理論不足以對其作出解釋。我提出的解釋借鑒了兩種社會運動研究的傳統理論，即動員模型和崩潰理論。在過去，這兩種理論被認為代表了兩種互相衝突的研究範式。而由於兩者各有值得借鑒之處，本書試圖為兩種理論之間的溝通提供實證基礎。

眾目睽睽下的暴行

為了概述我試圖解釋的社會現象，讓我重述此前章節提到過的兩個情景。從1967年10月2日開始接連兩天，廣西全州縣東山公社的村民兵共圍捕了76人，包括婦女、兒童和老人。他們被帶到山崖邊，並被強迫跳崖喪命。行兇者和受害者是鄰里關係。官方數據顯示在受害者中有34歲的劉香元和他的兩個兒子，一個一歲，一個三歲。劉是舊地主的兒子。[2] 1968年夏天，在廣東W縣杜坑村，六次迫害事件中共殺了63人。所有四類家庭中16歲以上的男性成員，除了兩個外，其他全部罹難。屠殺在光天化日之下進行，地點是村裏的一條河岸邊，全村人進行了圍觀。同村的民兵用農具來進行屠殺，受害者的尖叫聲傳遍整個村莊。恐怖持續了近一個半月，直到有來自上層的干預，才得以停止。[3]

這兩個事件的共同特點是，在一個相對獨立且自給自足的環境中，集體殺戮這一極端的行為不會受到譴責、干預或者懲罰。在一段較長時期中，這些行為的極端性被法律與秩序以及道德的新觀念所中和：社群的觀念發生了轉變。直到外界的干預重新樹立一種不同的秩序，殺戮才得以停止。這些發生在自給自足社群中的極端時刻並非僅見於中國的集體殺戮案例。在此前的章節中我引述了發生在17世紀末馬塞諸塞州的塞勒姆獵巫事件。在長達三個月的時間裏，塞勒姆地區比鄰而居的人們將無辜的男人、女人和孩子指控為可以處死刑的巫師與巫婆。1941年的夏天，在耶德瓦布內，一個被納粹佔領的波蘭村莊，鎮裏的一半人將另一半殺害，共1,600個男人、女人和孩子。全鎮的猶太人僅剩下7個倖免於難。屠殺社群範圍的界定可以超越此前的地域界線。比如19世紀美國南方動用私刑的群眾。發生屠殺的社區規模也可以很大。1994年的盧旺達大屠殺中，在100天裏，全國各地的胡圖族民眾殺害了數十萬圖西族人。這些胡圖族民眾都是普通人，卻在那段時間一致認可了這一行為。[4]

這些都是馬克．丹納(Mark Danner)和安德魯．蘇利文(Andrew

Sullivan）所謂的「眾目睽睽下的暴行」。[5] 從社群內部的視角來觀察，社群發展出了一套臨時的準則，使得暴行不僅可以發生且可以在眾目睽睽之下持續存在。而從群體外來看，暴行是一種脱離常規的社會情況。對於外部世界而言，發生屠殺的社群代表著一種失敗。無論國家或者組織是否頒佈過關於屠殺的「政策」，失敗的觀點都在廣為人知的越戰中美軍士兵行為不當的個案中顯而易見。其中之一是1968年3月16日越南戰爭期間的美萊村大屠殺，一個美軍小隊殺死了347至504個非武裝越南平民。事後，一些行兇者受到了軍事法庭的審判，顯示即使以戰爭行為的標準來衡量，集體殺戮也無法被接受。[6] 一個相類似的，導致軍事審判的個案發生在伊拉克戰爭期間。2005年11月19日夜間一隊美國海軍陸戰隊隊員在哈迪塞鎮遭到簡易炸彈裝置攻擊，一名士兵死亡。之後美軍士兵突襲了附近的民房，屠殺了24名伊拉克平民，死者中包括婦女和兒童。[7]

有兩種方法可以探究關於發生公共暴行的社群的謎題。在如同美國這樣的自由社會，在事件公諸於眾後，可以經由研究大量有關國家政策的資訊來獲得答案。在上述士兵行為不當的案例中，海量的檔案數據揭示屠殺並不僅僅是指揮鏈的失誤所造成的。取而代之的是，戰爭政策在一些方面負有部分責任。在越南美萊村的案例中，軍方清點「敵人屍體數量」的做法助長了對平民的非法屠殺。[8] 在哈迪塞鎮的個案中，布什政府將所有的抵抗都當作「恐怖主義」的鼓吹顯然使得士兵們產生了特定的思維模式。這是指揮鏈中斷的結果。[9]

另一種方法是探究地方上的情況。在波蘭的耶德瓦布內大屠殺中，格羅斯（Jan T. Gross）指出雖然納粹的大屠殺政策為屠殺提供了大環境，村莊此前的歷史也有助於解釋為什麼耶德瓦布內尤其容易受到影響。在納粹佔領之前不久，村莊被蘇聯軍隊佔領，而蘇軍依靠猶太人建立地方政府。而這一時期加劇了村裏非猶太人的波蘭人長期反猶太主義情緒。[10] 而在塞勒姆獵巫事件中，博耶和尼森鮑姆指出村民之中的地方派系政治是事件中的關鍵性因素。城鎮教堂牧師賽繆爾・帕瑞思（Samuel Parris）的終身任期受到一派村民的挑戰，這些村民來自一群投身商業貿易的較為富裕的家庭。在獵巫行動中，牧師散佈所謂巫師邪惡的威脅，並鼓勵另一派，即傳統農民們，站出來指控他們。[11] 一系列研究在美國南方對黑人使用私刑的作品中，托爾內（Stewart Tolney）和貝克（E. M. Beck）等用整理過的系統的數據解釋跨縣差異，並揭示了重要的因素，比如地理位置、人口組成、移民以及經濟發展。[12]

我遵循這兩個傳統，但更強調第二種方法，即建立地方性的模式和條件。儘管國家的角色是核心關注點，我必須通過基於屠殺模型和事件次序的推論來入手對其進行探討。我會在接下去的兩個小節中討論國家角色和地方條件，在此之前，我會簡述廣東和廣西集體殺戮事件的一些特點。

首先，集體殺戮發生在1967和1968年，正是文革期間。在毛澤東統治的超過27年的時間裏，沒有證據顯示相似的滅絕性屠殺事件在其他時期發生過第二次。而且，事件集中發生在大多數縣建立了新的革命委員會或者地方政府之後而省會城市仍然深陷群眾派系鬥爭之中的那幾個月裏。1968年7月黨中央下達兩個指示的同時，屠殺事件也達到高潮，這兩個文件分別關於禁止派系間武鬥以及解散群眾組織。這些發現有助於我們理解集體殺戮的性質和根源。文革前並不存在集體殺戮的事實促使我們在對毛時代的一般性意識形態的認識之外尋求解釋。而大多數的集體殺戮事件發生在新的革命委員會成立之後這一事實顯示事件是地方政府鎮壓的結果，而不是獨立的群眾團體之間衝突的後果。事件恰與省會城市瓦解反對派群眾組織同時發生，又說明省級領導層助長了對暴力論的宣傳，雖然地方公社和村裏的極端暴力可能並非他們所想見的。

其次，集體殺戮主要發生在農村。換句話説，事件發生在公社和村，並不是在省會或縣城。這與文革早期的群眾運動，比如針對知識分子和官僚的運動，以及派系間的街頭武鬥之間存在巨大的差異。上述運動主要發生在城市。自上而下的擴散這一意象並不適用於中國的集體殺戮事件的分析中。這説明自城市中心散播的階級鬥爭論在農村的鄉鎮和村轉化成了極端暴力這種表達形式，可能是由於國家無法控制基層官僚並對他們的行為問責。這一解釋得到了另一則證據的支持，即越是貧窮偏遠的縣越易發生大屠殺。

第三，集體殺戮的情況在省與省之間差異巨大。這一模式説明集體殺戮多是各省獨特的政治條件造成的，而非全國一致的政策所導致的。我將這些省際差異部分歸結於各省群眾派系聯盟與政府關係的模式。在情況嚴重的兩廣，反對派被排除在權力之外，兩省的革命委員會更為傾向於針對造反派使用暴力。相反，在湖北，一個在社會經濟條件上與兩廣相若的省，卻幾乎沒有發生集體殺戮。其反對派系因為有中央的支持，在此前的衝突中佔據主導，被納入了新成立的政府之中。

第四，即使在集體殺戮最為嚴重的廣西和廣東，縣與縣之間也存在著巨大差異。一個關鍵的發現是集體殺戮更有可能發生在那些遠離政治中心的、較為貧窮的山區。這意味著一個縣有條件自我隔絕，並發展出一套與外部世界迥異的地方現實和規範。這也使得來自中央的干涉變得困難。此模式也顯示在理解集體殺戮方面，政策分析方法的局限性。研究者應該對地方上的社會和政治條件給予更多的關注。

國家倡導，國家失靈，還是兩者皆是？

從上述這些模式中我們可以得出什麼結論呢？我們又該如何評價國家在集體殺戮中扮演的角色呢？為了回答這些問題，我將解釋我理解的中國語境下「國家」的概念。本書至此的分析一直受到這個概念的影響。我將國家分成三個層次，即中央、省級政府和地方政府(縣、公社和大隊)。北京的中央政府部署了階級鬥爭論，並用這一經受時間考驗的辦法來解決眼下的問題，即建立地方政府同時解散群眾運動。在這一層意義上，中央政府在屠殺事件中扮演了倡導性的角色。然而，政策公告同時又譴責地方上發生的極端暴力，認為這是無端失序的反映。此前，中央曾多次利用階級鬥爭論，但從未導致如此血腥的結果。這麼説來，出現集體殺戮這一事實代表國家在影響地方行動者行為上的失靈。

省級政府，特別是兩廣，有鼓勵階級鬥爭論的動機，可以借助它來對付城市中的群眾造反。比起中央，他們對暴力的使用有更大的容忍度，畢竟他們面對著特別嚴重的挑戰。在這一意義上，國家同樣是屠殺間接的倡導者。事實上，集體殺戮的高潮恰發生在省政府利用中央的兩個七月指示來鎮壓群眾造反運動的時候。然而，地方公社和村中大規模的、大多針對無組織四類分子的屠殺，不可能對城市中針對反動派的運動有什麼幫助。換句話說，對於省政府來說，發生在村中的集體殺戮也是無謂的，它們的存在是國家失靈在省一級的體現。

相較之下，地方政府(縣、公社和村級)顯然是集體殺戮事件直接的支持者，儘管他們的動機還不明顯。他們可能錯誤地詮釋了自上面下達的政策，並以極端狂熱的行為表現其對於上級的順從。亦或者他們視實施恐怖行為為鞏固其在地方社群中權力的捷徑。無論是出於什麼理由，實施暴力行為的正是這些地方上的官僚及其追隨者。然而與此同時，暴力行為的結果也暴露了國家的缺陷。國家安全和法院系統停止運作。在這一背景及時期中，實施暴力的正當性似乎相當明確。地方領導，尤其是那些處於基層並且身處偏遠地區的，不再向任何人問責。簡而言之，當國家被當作是各個層級行動者的集合，則並非僅僅因為國家倡導或者國家失靈便會導致屠殺，而是兩者相結合的結果。文革中集體殺戮的悲劇根植於國家倡導和國家失靈的弔詭之中。

對中國個案中國家角色的分析，其中有四點值得思考。首先，國家並非單一的、一致的、運作良好的鎮壓機器，而是不同部分的組合，彼此之間充滿著矛盾和衝突。換句話說，國家包含了由諸多個體組成的範圍廣泛的網絡，這些個體有著各異的利益，在不同的壓力下面對各自的挑戰。其次，國家政策聲明不等於政策的結果。組織研究的學者早就指出，分離，即地方行動者自發性的實踐對全局性的組織目標的偏離，在任何官僚組織中都存在。對於一個有著複雜金字塔結構、在群眾運動中被解體再重建的國家機器來說尤是。第三，控制機制有時會互相矛盾。

在文革期間毛澤東統治下的中國，群眾運動作為一種社會控制手段阻礙了法律和官僚控制的實施。最後，國家行動者同時集眾多身分於一身。其中包括新的自我構建出來的、原先並不包含在國家行動者的職責之中的身分。

跳脫出倚賴國家政策來解釋集體殺戮的傳統國家政策模型，我強調政策和政策結果的區別。政策僅僅是解釋的起點，僅僅依靠政策解釋力遠遠不夠充分。對於任何社會來説，政策可以產生未能預料到的後果，也是不言而喻的事。如同我在第一章中指出的，即使存在一個種族滅絕政策，其執行也可能不會如計劃般導致徹底的屠殺，而即使沒有這樣的政策，種族屠殺也可能會發生。另一個不言而喻的事實是任何國家的運轉都充滿矛盾與衝突。所以我同樣強調將國家機構按不同層次和部分分解開來分析的重要性。這樣的分解使得我能夠比較和分析在次國家層級產生不同結果的地方條件。最後構建出的社會學模型不僅包括國家層級的政治和制度因素，也包括地方層級的政治、社會和文化因素。同樣重要的是，該模型還考慮了國家和社會在地方層級上的互動。

地方條件

如果國家倡導和國家失靈為一個社群陷入屠殺提供了外部的推動力，那麼地方條件可以阻礙或助長這一過程。我對地理上差異性的檢視揭示了一系列可以預測中國個案中屠殺事件的因素。其中大多數是政治因素，但有一個重要的因素卻不是。首先，我發現屠殺的情況因所屬民族和亞族群群體的不同而各有差異。我將此詮釋為文化因素：傳統宗族認同越顯著，集體殺戮就越為嚴重。這背後的原因是宗族認同——在爭議中不斷形成，且在共產主義的信仰下繼續存在。此種認同為將社群外的個人視為仇恨對象提供了出發點。

另兩個因素圍繞地方政府與黨中央的政治聯繫。社群與政治制度之間整合的程度能產生威懾作用。這一論點包含在這一假設之中：集體殺戮不是國家政策的直接產物，而是控制失靈的結果。整合的程度按一系列的特性來衡量：社群處於農村還是城市、它的行政級別、距離政治中心的距離、經濟發展的程度等等。然而，當使用黨組織的強度來衡量整合程度時，整合度似乎成為為了助長集體殺戮的因素。而且，此前已經存在於地方政治中的派系主義使集體殺戮更加嚴重。我對兩類縣進行了比較，一類是所有的高層領導都非本地出身，另一類則是混合了本地派與外來派。領導層存在混合情況的縣集體殺戮造成的人數更多。這一發現可以從精英衝突和群眾中的階級鬥爭之間的關係來理解。如在第三章中所提及，由於擔心遭到「對階級敵人心慈手軟」的指責，政府官員時常要在鼓吹煽動性言論和升級鬥爭策略方面互相競爭。此前已經存在於地方政治中的派系主義更加劇了這一過程。

最後，地方政治過程的不同發展軌跡對集體殺戮事件也有著不同的影響。在省級，就集體殺戮來說，兩種類型的群眾派系聯盟產生了顯著的區別。對照組，即湖北省的縣，幾乎沒有發生集體殺戮。而廣東和廣西超過半數的縣經歷了集體殺戮。我將形成此中差異的原因歸結為黨中央不同政策之下產生的兩種類型的省政府。出於國家安全的考慮，中央對於邊境地區，其中包括廣東和廣西，採用了不同與一般省份的政策。[13] 在這一組省份中，那些更加支持現任政府的派系被認為是「革命的」，並在革命委員會或者新成立的政府中取得核心角色。革命委員會一旦掌權，會嚴厲制裁更好鬥的造反派。很明顯，兩廣在沒有任何有組織的反對的情況下，發生了極端恐怖的事件。而在湖北和其他大多數省份，相比之下，政府進行了徹底的再組織，溫和派被貶斥。更好鬥的派系成員被大量吸納入新政府之中。[14] 湖北省政府具有更多反對派的影子，這一特點似乎對於極端的暴力有抑制作用。

在縣級，一個經歷過派系街頭武鬥的縣，更容易發生集體殺戮事件。武鬥凸顯了政治危機的嚴重性，助長了地方領導利用恐怖和暴力儀式來顯示新成立政府權力的想法（詳見第五章）。而且縣裏武裝衝突的存在配合了黨中央倡導的戰爭框架並鼓勵了集體殺戮事件（詳見第七章）。

重溫動員範式

在所有試圖用社會科學的方法研究突發、陣發性的人類活動的學術研究中，關於社會運動和集體行動的文獻是最具影響力的。過去的三十多年出現了一個得到良好發展的研究範式。它建基於蒂利和甘姆森提出的簡單卻有力的概念：動員，並得到了麥卡錫、扎德、麥克亞當、斯諾、塔羅以及其他許多學者的闡釋。這個範式將其關注點完全置於有目的、有策略的行動者之上，並確定他們可獲得的，使他們可以集體行動起來的資源、機會、概念和行動劇目。學者們認為這一範式在相關研究中富有成效，尤其是在解釋西方民主社會中的集體行動時。[15]

到了世紀之交，這一範式的提倡者，如蒂利、塔羅以及麥克亞當開始對其成功進行反思和總結，並批判性的重新評估「經典的社會運動議程」。[16]他們適當地指出了西方民主中社會運動關注點的狹隘性並設計了一個新的術語，「抗爭政治」(contentious politics)，呼籲擴大研究範圍以容納不同的事例。這一努力是另一種範式轉移。不過新範式的確立還需要不同事例研究的不斷積累，特別是那些敢於挑戰動員範式最基本假設的研究。眾多對非民主體制中抗爭政治的研究響應著這一號召。從印度的公共騷亂、薩爾瓦多的游擊隊叛亂、阿根廷的搶劫風潮、埃及的政治伊斯蘭運動到共產黨統治下中國的農民抗爭。[17]這些研究提供的抗爭模型是「經典的社會運動議程」沒有涉及到的，其異常性使研究者能夠對舊範式的一些基本原則進行重新思考。

我對中國集體殺戮的研究得益於動員範式，但同時也發現了它的一些缺陷。經典社會運動理論是它的基石之一。我將所有涉及的行動者都當作是在可獲得信息及做出行動選擇程度內有目的、有策略的。我對解體法律以及製造出一場虛構的戰爭「現實」的討論，同樣植根於政治機會模型和對框架分析的認識。然而，在作為結論的本章中，讓我追隨托馬斯·庫恩讚賞異常是推動科學進步之動力這一精神，強調一些與經典理論相反的研究發現。[18]

要將集體殺戮納入集體行動的研究，首先不能忽視的差別就是前者的極端特性，即它是一種不應該被任何國家政府、社群以及人類容忍的集體行動。換句話來説，正是事件的本質代表了這一問題最重要的方面。處理集體殺戮這一問題時，研究者不應從套用既有的理論進路，即從策略性選擇開始，進而考察資源、機會等因素來解釋為什麼事件會發生；而是應該退一步解釋為什麼這一行為對於行動者來説是可以選擇的。解釋這一選擇的原因與其説在於行動者本身，實際上更在於作為環境或者社群的整體情況。一個屠殺社群的誕生不僅是參與者策略性動員的結果，而且也是一系列不同的，時常互相衝突的動員機制作用的結果。本質上集體行動不是一次動員的結果，而是一系列動員所產生的預料之外的結果。

常用的動員分析，將運動領袖作為主要的關注對象，他們通常活躍於社會運動組織(SMO)之中。討論中並沒有忽略環境，從社會運動組織的角度來看，它僅僅是被看作機會。因變量是運動的出現，或者一個集體行動事件的出現。而這一理論對集體行動的特點並不怎麼關心。行動者被認為不僅會理性地最大化他們的利益，且也清楚明瞭自己當下的所作所為，並有目的地積攢資源和創造機會以獲得成功。然而這個研究方法卻幾乎無法解釋為什麼在中國集體殺戮會成為一種集體行動的策略選擇。在引發集體殺戮的過程中，國家各層級的領導和地方社群中的村民進行著截然不同的動員。中央以及省的上層領導動員出一場虛構的戰時「現實」，卻並沒有鼓動進行集體殺戮，且當收到相關的風聲則立即派遣軍隊對事態進行干預。他們的目標是解決城市中心地區的政治問題。對縣及以下層級的地方領導來説，集體殺戮之所以成為一種可執行的策略，並非自發產生，而是一系列因素共同作用的結果，包括長期存在的針對所謂四類分子的歧視政策；自上而下的戰爭論調，以及對村民旁觀的默許。對絕大多數的村民來説，集體殺戮事件雖令人髮指，然而他們卻沒有任何集體性的手段來與之抗衡。

所以傳統的動員理論中有兩個因素需要被重新考慮。首先是假設行動者都是有目的性和策略性的。我不是說他們是憑一時的情緒或者興致而採取與其自身利益不符的行動，因此不理性；而是我建議將研究的關注點轉移到解釋為什麼這一行為對他們而言成為了可選擇的，即在這樣的情景下，行動者僅受到極小的約束或根本沒有約束。在一定程度上，就定義來看，集體殺戮本身就是一種非理性的選擇。其次，與上一條相關聯的是，我們不能將分析僅僅局限在集體殺戮的直接參與者上，而是應該擴大範圍以包含諸多直接或者間接地促成了屠殺社群的誕生的行動者。尤其，我們要避免將各類國家行動者機械地描述為觸法殺戮產生的「政治機會」。

在另一個更大的意義上，動員範式的解釋力也不夠充分。如前所述，集體殺戮是國家倡導和國家失靈共同作用的結果。在政治動員運動中，如果將國家看作一個巨大的動員機器，它的各個部分之間並不一致。來自上級的指示在地方上得到各不相同的詮釋，而政治運動時常會使得其他形式的地方權威失效。社會控制的失靈意味著結構性的崩潰。為了理解集體行動的本質，我們不僅應處理行動者的策略性動員，還需注意可能造成社會控制真空的社會條件。

我所謂的動員工具指黨國龐大的人事網絡和群眾參與者。從中央、省、縣到鄉鎮和村，各級地方領導之間有著互相衝突的利益。同樣重要的是，他們彼此之間無法清晰地溝通。考慮到一致性和連貫性，上級對下級實施著兩種類型的控制，即組織控制和信息控制。[19] 一些地方社群對中央推崇的階級鬥爭和戰爭框架十分重視，這是一種成功的信息控制，但是卻沒能預見針對極端暴力的懲罰，這一點只有組織控制可以實現。而且，在文革的高潮時期，兩種控制形式互相衝突，顯然戰爭論會削弱法律與秩序的組織性程序。事實上，行兇者直到十多年後文革結束之後才受到懲罰。[20] 無需將行兇者與國家機器分離開來檢視，相反，個人從某種意義上來說與黨國關係密切，他們更可能與黨所倡導的框架產生共鳴。所以，我在此所指的崩潰，是結構意義上的，而非心理上的。總之，我的社區模型處於策略性動員和結構性崩潰之間。從國家的視角出發，集體殺戮是國家倡導和國家失靈共同作用的結果。

傳統的崩潰模型指出社會解體導致不滿，繼而引發集體行動。實證上的解釋是那些遠離主流社會機制的個人更傾向於參與集體行動。圍繞資源動員和政治機會結構展開的整整一代人的研究提供了大量的證據，足以否定這些模型中最為極端的説法。然而近期研究崩潰的學者提出了兩個重要的觀點。首先，雖然不滿情緒不足以解釋動員，然而它不應當被忽略。心懷不滿的個人不一定要與社會組織結構隔離，當有適當的資源和機會時，這些人更易參與集體行動。[21] 其次，崩潰理論的批評者將關注點偏向「例行」的、由已經建立的社會運動組織開展的社會運動上，而忽略了如抗議和騷亂這類突發性的事件。[22] 而突發的威脅和混亂其實是足夠強大的，足以推動那些本來處於無組織狀態的個人集體行動起來。對於這類抗爭來説，社會張力有助於集體行動的出現。

對於向我的社區模型加入崩潰這一組成部分，我持中間態度。我區分了兩種類型的整合：信息上的和組織上的。集體殺戮的參與者在信息方面高度整合，得益於他們組織上的親和性或者是對於主導框架論述的完全信服。他們並不是遭到孤立、社會身分較低的一群人。但是集體殺戮發生在組織整合的真空期之中。與其説事關缺乏組織親和性，不如説是對原本有組織的行動者紀律性控制的失敗。這一組織間隙讓人聯想起經典的崩潰模型所定義的社會解體，然而兩者之間存在著關鍵性的差異。我的模型中所指的崩潰是**結構性的**，在這一狀態中行動者可以逃脱規訓和懲罰，經典的模型則用心理上的崩潰來將結構性條件和集體行動聯繫起來。我指出動員機器內部的崩潰，而存在爭議的是社會結構中的崩潰。在毛時代的中國，兩者的區別並不清晰，因為黨國開展的運動會涉及到整個社會。然而概念上，如果我提出的模型要適用於其他案例，那麼這一區別就很重要。就我在此處所指的崩潰來説，「破裂的」是上層政府和討論中的社群**之間**的聯動。在傳統的理論中，「破裂的」則是社群**之中**行動者「正常的」心理狀態，所以他們才會採取不尋常的行動來滿足心理上的需求。

走向種族滅絕和大屠殺的社會學模型

如果說種族滅絕和大屠殺的研究領域中國家政策模型佔據主導地位，那部分是因為大多數的研究者是接受政策分析訓練的政治學家。這一模型的分析效用毋庸置疑。舉例來說，在中國的集體殺戮案例中，政權的性質以及來自黨中央的政策要負上部分責任。然而，集體殺戮常常是政策制定者意料之外的結果。從國家政策到滅絕性屠殺的出現，這之間經歷了複雜的社會過程。正因如此，社會學家才大有作為。種族滅絕的定義便已經引起了無盡的討論，亦有很多研究被用來詮釋或修正《聯合國防止及懲治滅絕種族罪公約》，以鑒別近期發生在國際政治中的種族滅絕個案。[23] 相反的，我的研究方法更少涉及法律和政治上的考慮，而更多關注以資社會科學研究的理論上的概念化。我強調種族滅絕和大屠殺的關鍵點，這些要點在薩勒姆獵巫事件、耶德瓦布內大屠殺、美國南部用私刑處死黑人、美萊村屠殺、猶太人大屠殺和盧旺達種族滅絕中也都一一得到體現。這些事件中無一不製造出一個自成一體的地方社區，其中「眾目睽睽下的暴行」成為可能。此處的因變量也可被認為是一種特殊形式的集體行動，源於動員和社會崩潰的兩個過程。

如本書開始時提到過的，集體殺戮的社會結果並非社會政策的直接轉化。在國家的種族滅絕政策（或缺失種族滅絕政策）與種族滅絕的結果之間，扮演中介角色的是地方條件和地方化過程。其中尋找因果關係的邏輯遵循了麥克亞當所致力於推廣的政治過程論（political-process model）。[24] 它也應和了預測社會運動結果的政治中介模型（political-mediation model），雖然在後一個案例中，阿門塔等學者認為因果關係的方向是：集體行動的發生才導致了政策變化。[25] 然而，一旦我們不再簡化國家政策和一種特殊的社會結果之間的關係，並開始關注兩者之間的中介因素，社會學研究便打開了一片充滿機會的領域。

在那些存在明確的滅絕性政策的個案中（比如，猶太人大屠殺和盧旺達種族大屠殺），惟有當這些條件和過程均具備時，大規模的死亡才有可能發生。費恩的研究顯示滅絕性屠殺猶太人的計劃之所以會在納粹佔領下的國家得到不同程度的實施，是因為各地的社會和政治條件各有不同，各國領導人們的順從程度也不盡相同。[26]遵循同一思路，斯特勞斯記錄了在1994年頒佈了同一項種族屠殺政策後，盧旺達種族大屠殺中的地區差異。他將跨社區的不同程度的悲劇歸咎於三個因素：內戰的影響、黨國機構的地方構成以及在國家宣傳倡導屠殺的高潮時對種族進行分類的過程。[27]

而在那些沒有明確的滅絕性政策的個案中，國家政策，比如針對少數族群的歧視性政策以及對所謂國家敵人的污名化政策可能呈現種族屠殺的面向，並通過期間的中介因素導致大量人被殺害。這是我的研究試圖呈現的主要議題。建基於前文提到的研究作品，表9.1顯示的集體殺戮的社會學模型概述了引領我研究的理論觀點。

如在第八章中陳述的，文化和社會因素的例子包括宗族制度顯著性、地理位置、黨組織的力量、政治過程的軌跡以及此前的衝突。在前面的章節中，我指出了四個中介性的社會過程：指定潛在的受害者、行兇者的激勵結構、解體法律以及構建戰爭。國家政策正是結合了其他的文化、社會和政治因素才製造出了這些過程。因此，國家政策對於集體殺戮的發生起到的是間接而非直接的作用。為了回應當時特殊的政治局勢，中國鼓勵由來已久的歧視政策，並誇大了國家所面對的威脅。動員的努力虛構了一個戰時的「現實」情況。與此同時，地方行動者通過忽略既已存在的對暴力的道德和組織限制，回應著動員。所以，國家崩潰與國家動員攜手出現，集體殺戮接踵而來。

方法上，我使用社群作為分析單位，與國家—政策模型採用民族國家作為單位不同，[28]而這也使得我們可以收集和分析次國家層次中地區間差異的系統性數據。我的方法遵從社會學研究使用如轄區、縣、州以及人口普查區作為分析單位的長期傳統。[29]比較次國家層級單位還有一個附加價值：由於各分析單位都處於同一政權和統一的中央政策之下，這些因素等同於受到了控制。更重要的是，文革時期的中國以及在

圖 9.1　集體殺戮的社會學模型

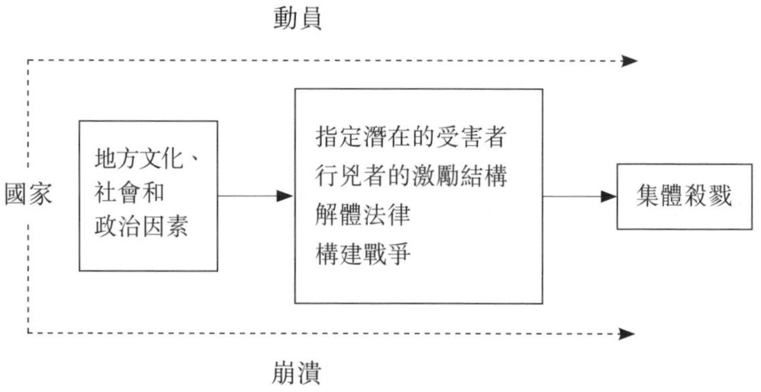

大多數集體殺戮事件中，大多數的屠殺決定發生於地方層級。這一點是我們所必須要探討的。而各地差異的模式則提醒著我們有必要超越國家政策層面去解釋種族滅絕和集體殺戮事件。

結束語：毛時代中國的鄉里及其他

在1948年，聯合國通過了《防止及懲治滅絕種族罪公約》。萊姆金和其他公約起草者清楚的記得猶太人大屠殺，所以當他們定義種族滅絕時將其定義為一個民族國家鏟除一個種族或者民族團體的行為。儘管存在大量理解上的差異，亦進行過無盡的討論，但聯合國的這一定義中的基本元素沿用至今。然而到目前為止聯合國公約的執行記錄並不亮眼，部分由於那些流氓國家否認任何顯而易見的種族滅絕政策，部分則因為大屠殺常發生在一個並未曾頒佈過這一政策的國家之中。如果說社區模型在某種程度上可以適用，那麼這些國家應該為非直接的行動和總體政策所產生的集體殺戮潛在的受害者而承擔責任，其中包括構建出虛張聲勢的戰爭情境以及摧毀社群中的法律制度。這樣的話，舉證責任被降低了，而預防措施可以包括協助管治能力弱的國家在發生危機時維持地方社群的治安。即便可以查明一個流氓國家確有種族滅絕政策，辨明社會因素及過程也有助於在不改變政權性質的情況，設計出方法以將該政策的影響降至最低。如同在毛時代的中國，虐待性的政策可以淪為種族滅絕，原因根植於政權的性質之中，但是若要策動推翻現有的政權，即便不是不可能的任務，也明顯是代價不菲的干預措施。

現今，國際干預的核心原則是對流氓國家的領導者進行刑事起訴。這得益於二次世界大戰之後成功起訴納粹戰爭罪行的先例。然而從此之後，這一做法很少取得成功。原因在於，二戰之後的情況，包括一個徹底失敗的流氓國家、國際上的共識、有關種族屠殺罪行的完整記錄以及具有權威性的國際法院，這些條件難以簡單地再次複製。相比之下，在上述條件缺失的情況下，特別是在種族屠殺事件(比如達爾富爾問題)仍然在不斷發生之時，進行種族屠殺的指控和起訴的嘗試不但無效，而且會將問題國家疏遠於國際社會。如果社區模型有其可取之處的話，則國際社會應該積極地採取另一種方法。首先，便應該停止對國家層面政策的指責，並且設計一些措施，在該國高層領導的協助下對事件進行干預。這些措施或許可以包括向相關地區派遣維和部隊、開放信息流、解除當地民兵的武裝等等。為了確保這些干預措施的有效性，對種族屠殺和大屠殺的社會學分析便有其存在的必要。

「這些罪行不盡相同，卻都是人們共同的所作所為。它們顯示出人間正義的瑕疵、人與人之間缺乏同情心以及我們對於同胞的苦難缺少感知力。但是我們或許可以記住，哪怕只是一時一刻，這些與我們生活在一起的人是我們的兄弟，他們與我們共享著生命中同一瞬間，他們與我們一樣無非是在尋找機會以活出意義、活得快樂並且獲得其所能夠得到的滿足感和成就感。」[30] 這段話出自羅伯特．肯尼迪(Robert Kennedy) 1966年的演講，一年後本書所描寫到的集體殺戮便開始了。那之後，「對同胞的苦難缺少感知力」的事件一再發生，包括在柬埔寨、波斯尼亞、盧旺達以及更為近期發生在達爾富爾的讓人難以形容的暴行。「愛汝鄰居」的戒律，無論是在過去還是在將來，都被一次又一次打破。

過去的教訓有其價值，發生在中國的事件也不例外。問題是：我們是否根據歷史事實總結出了正確的教訓？本書的一個主題是中國政府如何隱瞞了關於文革中發生暴力事件的規模和嚴重程度的資料。獲得相關資料的困難，部分導致了於對文革歷史的曲解。如我在書中提到的，絕大多數已經出版的研究圍繞著群眾衝突背後的目標和隱藏的利益，而這些衝突造成的結果，特別是群眾運動產生的強大影響則被低估了。這一疏忽使得對於當代中國出現的、被稱為新左派的思潮缺乏有力的批判。經歷過改革開放的中國，各種社會問題，尤其是工人階級的困境，在近十年來不斷增加。一群學者從毛主義的視角對當今的制度進行批判，且其人數還在不斷壯大。他們的思想根基之一是將毛時代詮釋成實行平均主義且有廣泛群眾參與的安然之世。對於他們來說，毛統治下的中國是值得復興的失落天堂。而且，有報道指出，這些學者的想法在中國的街頭抗爭中也得到了一些普通群眾的應和，一些工人抗爭者甚至在遊行時捧出了毛的肖像。[31]

另一種解讀中國過往的傾向是以一個思想上的捷徑作為前提：許多學者將毛時代的暴力過分簡化地歸因於一個罪行累累的政權。毛統治下的中國確實犯下了罪行，本書已經充分說明了這一點。然而，這個從法律和道德角度出發的解讀方法卻也無法揭示政權的全貌。如前所述，政權的性質以及它的核心政策僅僅揭開了歷史教訓的一角。只有當這些具體細節得到記錄，並從中發現模式，我們才能真正理解毛主義的罪惡本質。更重要的是，只有這樣，發生在中國的，血淋淋的教訓才能跨越國界，給予全世界以啟示。

當代西方社會倡導的民主價值和人權——所有人，無論其種族、宗教或政治傾向，皆平等——這一主張在很大程度上可以歸功於從猶太人大屠殺中獲得的教訓。「永遠不再發生！」成為了一句格言。但是與此同時，「永遠不再發生」的願望卻遠未實現。自二戰之後，猶太人大屠殺的翻版事件便不斷侵入我們的生活和記憶，挑戰著我們的良知和智慧。對於社會科學學者而言，活在發生波斯尼亞大屠殺和達爾富爾問題的時代，我們需要捫心自問：我們真的從猶太人大屠殺中吸取了教訓嗎？而同樣重要的是，當遇到其他種族滅絕和大屠殺事件時，我們在心智上是否已經做好深入研究的準備了呢？

註 釋

1　這個說法借鑒自魏昂德。參見 Andrew G. Walder, "Actually Existing Maoism," *The Australian Journal of Chinese Affairs* 18, July (1987), pp. 155–166.

2　參見唐楚英編：《全州縣誌》(南寧：廣西人民出版社，1998)；也可參考《廣西文革大事年表》(南寧：廣西人民出版社，1998)，加州洛杉磯中文出版服務中心1995年重印版。

3　2006年在廣西和廣東的訪談。

4　參見Marion Lena Starkey, *The Devil in Massachusetts: A Modern Enquiry into the Salem Witch Trials* (Garden City, NY: Doubleday & Co., 1969); Paul S. Boyer and Stephen Nissenbaum, *Salem Possessed; The Social Origin of Witchcraft* (Cambridge, MA: Harvard University Press, 1974); Mary Beth Norton, *In the Devil's Snare: The Salem Witchcraft Crisis of 1692* (New York: Alfred A. Knopf, 2002); 以及 Jan T. Gross, *Neighbors: The Destruction of the Jewish Community in Jedwabne, Poland* (Princeton, NJ: Princeton University Press, 2001). 後期的論述中對確切數字提出爭議，尤其是一篇由一群波蘭歷史學家寫的報告。參見 Antony Polonsky and Joanna B. Michlic, (eds.), *The Neighbors Respond: the Controversy over the Jedwabne Massacre in Poland* (Princeton, New Jersey: Princeton University Press, 2004). 以及 Philip Gourevitch, *We Wish to Inform You that Tomorrow We Will Be Killed with Our Families: Stories from Rwanda* (New York: Picador, 1998).

5　Mark Danner, "Abu Ghraib: The Hidden Story," *The New York Review of Books*, October 7, 2004; and Andrew Sullivan, "Atrocities in Plain Sight," *The New York Times*, January 13, 2005.

6　Herbert C. Kelman and V. Lee Hamilton, *Crimes of Obedience: Toward a Social Psychology of Authority and Responsibility* (New Haven, CT: Yale University Press, 1989), pp. 1–20.

7　"U.S. Military Mourns 'Tragic' Haditha Deaths," 見www.cnn.com, 2006年6月1日登入。

8　Seymour M. Hersh, *Cover-Up: The Army's Secret Investigation of the Massacre at My Lai 4* (New York: Random House, 1972).

9 參見注釋5。

10 Gross, *Neighbors.*

11 Boyer and Nissenbaum, *Salem Possessed.*

12 參見 Stewart E. Tolnay and E. M. Beck, *A Festival of Violence: An Analysis of Southern Lynchings, 1882–1930* (Urbana: University of Illinois Press, 1995); E. M. Beck and Stewart E. Tolnay, "A Season for Violence: The Lynching of Blacks and Labor Demand in the Agricultural Production Cycle in the American South," *International Review of Social History* 37 (1992), pp. 1–24; Stewart E. Tolnay and E. M. Beck, "Black Flight: Lethal Violence and the Great Migration, 1900–1930," *Social Science History* 14 (1990), pp. 347–370; and Stewart E. Tolnay, Glenn Deane, and E. M. Beck, "Vicarious Violence: Spatial Effects on Southern Lynchings, 1890–1919," *The American Journal of Sociology* 102 (November 1996), pp. 788–815.

13 根據徐友漁的論述，在江西也出現過類似的政治事件，但是江西並不處於邊境地區。參見徐友漁：《形形色色的造反：紅衛兵精神素質的形成及演變》(香港：香港中文大學出版社，1999)，頁100–108。

14 Shaoguang Wang, *Failure of Charisma: The Cultural Revolution in Wuhan* (Hong Kong and Oxford: Oxford University Press, 1995), pp. 149–202.

15 Charles Tilly, *From Mobilization to Revolution* (Reading, MA: Addison-Wesley Publishing Co., 1978); William A. Gamson, *The Strategy of Social Protest* (Homewood, IL.: Dorsey Press, 1975); John D. McCarthy and Mayer N. Zald, "Resource Mobilization and Social Movements: A Partial Theory," *American Journal of Sociology* 82 (1977), pp. 1212–1241; Doug McAdam, *Political Process and the Development of Black Insurgency, 1930–1970* (Chicago: University of Chicago Press, 1982); David A. Snow, E. Burke Rochford, Jr., Steven K. Worden, and Robert D. Benford, "Frame Alignment Processes, Micromobilization, and Movement Participation," *American Sociological Review* 51 (1986), pp. 464–481; and Sidney G. Tarrow, *Power in Movement: Social Movements, Collective Action, and Politics* (Cambridge: Cambridge University Press, 1998).

16 Doug McAdam, Sidney G. Tarrow, and Charles Tilly, *Dynamics of Contention* (New York: Cambridge University Press, 2001).

17 Javier Auyero, *Routine Politics and Violence in Argentina: the Gray Zone of State Power* (New York: Cambridge University Press, 2007); Steven Wilkinson, *Votes and Violence: Electoral Competition and Ethnic Riots in India* (New York: Cambridge University Press, 2004); Roger V. Gould, *Insurgent Identities: Class, Community, and*

Protest in Paris from 1848 to the Commune (Chicago; London: University of Chicago Press, 1995); Beth Roy, *Some Trouble with Cows: Making Sense of Social Conflict* (Berkeley: University of California Press, 1994); Ashutosh Varshney, *Ethnic Conflict and Civic Life: Hindus and Muslims in India* (New Delhi and Oxford: Oxford University Press, 2002); Gilles Kepel, *Jihad: The Trail of Political Islam* (translated by Anthony F. Roberts) (Cambridge, MA: Belknap Press of Harvard University Press, 2002); Charles D. Brockett, "The Structure of Political Opportunities and Peasant Mobilization in Central America," *Comparative Politics* 23 (1991), pp. 253–274; Elisabeth Jean Wood, *Forging Democracy from Below: Insurgent Transitions in South Africa and El Salvador* (Cambridge, U.K and New York: Cambridge University Press, 2000); Elisabeth Jean Wood, *Insurgent Collective Action and Civil War in El Salvador* (Cambridge: Cambridge University Press, 2003); 還有Kevin J. O' Brien and Lianjiang Li, *Rightful Resistance in Rural China* (Cambridge: Cambridge University Press, 2006).

18 Thomas S. Kuhn, *The Structure of Scientific Revolutions* (Chicago: University of Chicago Press, 1996). 亦見George Ritzer, *Sociology: A Multiple Paradigm Science* (Boston: Allyn and Bacon, 1974).

19 這種分類受到弗蘭茲・舒曼的經典描述：黨國由組織和意識形態這兩個維度組成的啟發。參見 Franz Schurmann, *Ideology and Organization in Communist China* (Berkeley, CA.: University of California Press, 1968).

20 使用一個美國讀者熟悉的例子來說明。小布什政府在反恐戰爭中使用的「敵方戰鬥人員」的說法被士兵們爛熟於心，這便是成功的信息控制。這卻助長了一些事件的發生，比如伊拉克戰爭期間的阿布格萊布監獄虐囚事件以及哈迪塞屠殺事件。這些事件體現了組織控制的失敗。

21 Ronit Lentin and Robbie McVeigh, *After Optimism? Ireland, Racism and Globalisation* (Dublin: Metro Eireann Publications, 2006).

22 Useem 1998; Snow et al. 1998.

23 Frank Robert Chalk and Kurt Jonassohn, *The History and Sociology of Genocide: Analyses and Case Studies* (New Haven: Yale University Press, 1990), pp. 3–53; Helen Fein, *Genocide: A Sociological Perspective* (London: Sage Publications, 1993).

24 Doug McAdam, *Political Process and the Development of Black Insurgency, 1930–1970* (Chicago, IL: University of Chicago Press, [1982], 2003).

25 Edwin Amenta, *Bold Relief: Institional Politics and the Origins of Modern American Social Policy* (NJ: Princeton University Press, 1998); *When Movements Matter: The*

Townsend Plan and The Rise of Social Security (Princeton, NJ: Princeton University Press, 2006); Edwin Amenta and Jane D. Poulsen, "Social Politics in Context: The Institutional Politics Theory and Social Spending at the End of the New Deal," *Social Forces* 75 (1996), pp. 33–60; Edwin Amenta, Neal Caren, and Sheera Joy Olasky, "Age for Leisure? Political Mediation and the Impact of the Pension Movement on U.S. Old-Age Policy," *American Sociological Review* 70 (2005), pp. 516–538; Edwin Amenta and Drew Halfmann, "Wage Wars: Institutional Politics, WPA Wages, and the Struggle for U.S. Social Policy," *American Sociological Review* 65 (2000), pp. 506–528.

26 Helen Fein, *Accounting for Genocide: National Responses and Jewish Victimization during the Holocaust* (New York: Free Press, 1979).

27 Straus, *The Order of Genocide.*

28 民族國家在特定情況下可以被視為一種社群。

29 參見Edwin Amenta and Jane D. Poulsen, "Social Politics in Context: The Institutional Politics Theory and Social Spending at the End of the New Deal," *Social Forces* 75 (1996), pp. 33–60; Edwin Amenta, Neal Caren, and Sheera Joy Olasky, "Age for Leisure? Political Mediation and the Impact of the Pension Movement on U.S. Old-Age Policy," *American Sociological Review* 70 (2005), pp. 516–538; Edwin Amenta and Drew Halfmann, "Wage Wars: Institutional Politics, WPA Wages, and the Struggle for U.S. Social Policy," *American Sociological Review* 65 (2000), pp. 506–528. Also see Sarah A. Soule and Y. Zylan, "Runaway Train? The Diffusion of State-Level Reform to AFDC Eligibility Requirements, 1950–1967," *American Journal of Sociology* 103 (1997), pp. 733–762; Sarah Soule, and David Strang, "Diffusion in Organizations and Social Movements: From Hybrid Corn to Poison Pills," *Annual Review of Sociology* 24 (1998), pp. 265–290. 以及Rory McVeigh, "Structural Influences on Activism and Crime: Identifying the Social Structure of Discontent," *American Journal of Sociology* 112 (2006), pp. 510–566; 和Rory McVeigh and Juliana Sobolewski, "Red Counties, Blue Counties, and Occupational Segregation by Sex and Race," *American Journal of Sociology* 113 (2007), pp. 446–506.

30 出自羅伯特・肯尼迪1966年在開普敦大學向南非年輕人進行的演講，引自愛德華・肯尼迪(Edward Kennedy) 1968年為羅伯特・肯尼迪所致的悼詞。

31 崔之元：〈毛澤東文革理論的得失與「現代性」的重建〉，《中國與世界》，1997年第2期；崔之元：《第二次思想解放和制度創新》(香港：牛津大學出版社)；〈中國同志向國際毛澤東主義同志緊急呼籲〉，http://www.red-sparks.com/ssos.htm，2008年8月1日登入；張倩夫：〈「鄭州四君子」縴夫刑滿獲釋——致全國全球思想同志友人感謝信〉，http://blog.dwnews.com/?p=32583，2007年8月1日登入。

附 錄

方法上的問題以及統計分析

在附錄中，我會詳細討論第八章中提及的，對廣東和廣西各縣的集體殺戮所做的定量分析。我使用的兩個因變量是：該縣是否發生了集體殺戮事件（在表8.3和8.4的雙變量分析中使用）以及集體殺戮造成的死亡人數（在表8.5和附錄中表A3的泊松迴歸模型中使用）。第一個變量的資料來源在第二章中有詳述。我在閱讀縣誌的過程中根據死亡人數（即一次事件中有10人或者以上死亡）和殺人的方式判斷該縣是否發生了集體殺戮事件。在統計集體殺戮的死亡人數時，首先我取得了整個文革期間的死亡人數總數，然後減去因此前的迫害和武鬥而導致的死亡人數。

我的分析基於廣西65個縣和廣東57個縣的數據，數據來自各縣的縣誌（在1965年，兩省共有162個縣，但除上述各縣外，無法獲得其餘縣的縣誌）。所以，我的數據庫囊括了超過四分之三的縣，那些未被納入數據庫的縣沒有理由在殺人事件或他們的共變量（covariates）上存在偏差。由於一些共變量中存在缺失值，在一些統計分析中，縣的總數可能少於122個。

我通讀每一本縣誌以編纂相關各縣的各類基本情況，並將它們作為自變量納入分析之中。表A1羅列了這些變量的定義和統計摘要。

表A1　關鍵變量的描述和統計摘要

變量名	操作化	平均數	標準差	最小值	最大值	樣本容量
因變量						
集體殺戮事件	1＝縣誌中記錄了集體殺戮 0＝其他	0.57	0.50	0	1	122
死亡人數	集體殺戮造成的死亡人數	506.13	695.34	0.00	3,914.00	118
自變量						
與省會的距離	與省會的距離，單位：100千米	1.98	1.01	0.29	0.48	118
人口密度	1965年每平方公里內的居民（千人）	0.17	0.18	0.02	0.97	118
縣人均稅收	縣人均稅收，單位：1,000元。	1.76	1.18	0.45		114
每千人中黨員人數	每千人中黨員人數	19.51	6.96	2.66	66.50	115
是否發生過武鬥	1＝是　0＝其他	0.62	0.49	0	1	122
混合的領導層	1＝縣委書記既有外來的，也有本地的。 0＝縣委書記全部是外來的。	0.62	0.49	0	1	114
少數民族人口為50%或以上	1＝是 0＝其他，廣西。	0.26	0.44	0	1	122
客家人口比例	廣東： 1＝全部為客家人； 0＝混合: 廣西： 1＝混合； 0＝沒有客家人	0.25	0.43	0	1	122
控制變量						
縣誌中文革相關描述長度	縣誌中關於文革的描述的字數，單位：千字。	5.13	3.12	0.84	27.04	116
廣西	1＝廣西的縣; 0＝廣東的縣	0.53	0.50	0	1	122

表A2　關鍵變量的描述和統計摘要

	(1)	(2)	(3)	(4)	(5)	(6)	(7)	(8)	(9)	(10)
(1) 縣誌中文革相關描述長度	1.00									
(2) 廣西	0.01	1.00								
(3) 與省會的距離	-0.04	0.27	1.00							
(4) 人口密度	-0.02	-0.35	-0.08	1.00						
(5) 縣人均歲入	-0.05	-0.47	-0.15	0.41	1.00					
(6) 每千人中黨員人數	-0.03	-0.25	-0.16	-0.01	0.54	1.00				
(7) 是否發生過武鬥	0.17	0.17	0.16	-0.10	-0.27	-0.27	1.00			
(8) 混合的領導層	0.08	-0.16	-0.02	0.28	0.18	0.08	0.10	1.00		
(9) 少數民族人口為50%或以上	0.09	0.58	-0.14	-0.28	-0.30	-0.06	0.12	-0.09	1.00	
(10) 客家人口比例	0.00	0.12	0.16	-0.10	-0.22	-0.11	0.07	-0.10	-0.14	1.00

表A3 泊松迴歸模型對廣西和廣東集體殺戮事件的預測

	迴歸係數			
自變量	模型1	注	模型2	注
截距	5.369	***	4.826	***
縣誌中文革相關描述長度	0.063	***	0.065	***
廣西	0.787	***	0.332	***
離開省會的距離			-0.031	***
人口密度			-0.278	***
縣人均歲入			-0.322	***
每千人中黨員人數			0.033	***
是否發生過武鬥			0.819	***
混合的領導層			0.095	***
少數民族人口為50%或以上			-0.360	***
客家人口比例			0.197	***
-2Log Likelihood	80,782.830		55,075.992	
縣的數量	116		102	

** p <.05; *** p <.01

各縣的縣誌中描寫文革部分的長度不盡相同。在廣東和廣西的各縣，該長度與該縣的死亡人數直接相關(r=0.2)。我在預測死亡人數的分析中加入這一變量作為控制變量。

表A2顯示了因變量和控制變量之間的係數相關性矩陣。由於所有的相關性呈弱相關或適度相關，所以迴歸模型並不存在多重共線性(multicollinearity)的問題。

由於因變量是集體殺戮的死亡人數，所以死亡人次被視為一個泊松過程，符合泊松模型的分佈。平均數和方差分別是506.1和695.3，所以過度離散(over-dispersion)較小。[1] 我在此提供兩個主要模型。第一個模型中包括縣誌記錄長度和省份的控制變量。第二個模型中包括表A2和

第八章中提到的其餘各個原因變量。每一個變量的系數都符合社區模型所預期的方向，並且在0.01的水平上具有顯著性。表8.5中的勝算比(odds ratio)是根據表A3中的模型結果計算出來的。以「該縣是否發生了集體殺戮」的分析中，由於因變量是定類變量，我也嘗試了一系列邏輯迴歸模型(Logistic regression)(未在此顯示)。儘管因為因變量的性質和樣本容量小的緣故，大多數的系數在統計上並不顯著，但是模型所揭示的模式與上述結果相似。

註 釋

1 J. Scott Long, *Regression Models for Categorical and Limited Dependent Variables* (Thousand Oaks; CA, and London: Sage Publications, 1997).

參考文獻

中文專著與論文

曹樹基(1997):《中國移民史》,第五卷。福州:福建人民出版社。

陳揚勇(2006):《苦撐危局:周恩來在1967》。重慶:重慶出版社。

陳益元(2006):《革命與鄉村:建國初期農村基層政權建設研究:1949–1957,以湖南醴陵縣為個案》。上海:上海社會科學院出版社。

重慶市水利志編輯室(1982):〈值得深思的一篇文章——《記敘「文化大革命」宜細不宜粗》〉,《四川地方誌通訊》,第5期,頁40–41。

崔之元(1997):〈毛澤東文革理論的得失與「現代性」的重建〉,《中國與世界》,第2期。

———(1997):《第二次思想解放和制度創新》。香港:牛津大學出版社。

丁抒(2006):《陽謀:反右派運動始末》。香港:《開放雜誌》社。

———(1993):《陽謀:「反右」前後》。香港:九十年代出版社。

高華(2000):《紅太陽是怎樣升起的:延安整風運動的來龍去脈》。香港:香港中文大學出版社。

葛劍雄(1997):《中國移民史》,第二卷。福州:福建人民出版社。

———(1997):《中國人口發展史》。福州:福建人民出版社。

葛劍雄、吳松弟、曹樹基(1997):《中國移民史》,第一卷。福州:福建人民出版社。

郭德宏、林小波(2005):《四清運動實錄》。杭州:浙江人民出版社。

國防大學黨史黨建政工教研室（1988）：〈北京大學革命委員會勝利誕生〉，《人民日報》，1969 年 10 月 6 日。轉引自《文化大革命研究資料》（中），頁 373。

《廣西文革大事年表》（1995）。南寧：廣西人民出版社，洛杉磯中文出版服務中心重印本。

海楓（1972）：《廣州地區「文革」歷程述略》。香港：友聯研究出版社。

湖南省道縣縣誌編纂委員會（1994）：《道縣誌》。北京：中國社會出版社。

胡希張、莫日芬、董勵、張維耿（1997）：《客家風華》。廣東：廣東人民出版社。

華林山（1996）：〈文革期間群眾性對立派系成因〉，載劉青峰編：《文化大革命：史實與研究》。香港：香港中文大學出版社，頁 191–208。

華縣地方誌編纂委員會：《華縣誌》，文化大革命誌。未出版文稿。

黃榮華（2006）：《革命與鄉村：農村地權研究：1949–1983，以湖北省新洲縣為個案》。上海：上海社會科學院出版社。

黎自京：〈中共暗承毛暴政害國殃民：二千六百萬人慘死〉，《爭鳴》，第 228 期，頁 14–17。

劉平（2003）：《被遺忘的戰爭——咸豐同治年間廣東土客大械鬥研究》。北京：商務印書館。

羅香林（1992）：《客家研究導論》。上海：上海文藝出版社。

———（1979）：《客家源流考》。台北：世界客屬總會秘書處。

———（1971）：《中國族譜研究》。香港：中國學社。

馬繼森（2003）：《外交部文革紀實》。香港：香港中文大學出版社。

錢穆（1994）：《中國文化史導論》。台北：商務印書館。

曲江大縣誌辦公室（1982）：〈記敘「文化大革命」宜細不宜粗〉，《四川地方誌通訊》，第 1 期，頁 7–9。

逄先知、金衝及編（2006）：《毛澤東傳（1949–1976）》。北京：中共中央文獻研究室。

宋永毅編（2002）：《文革大屠殺》。香港：《開放雜誌》社。

蘇陽（1992 年 2 月）：〈敬祖祭祖活動中的村民與組織——1992 年對中國西北孔姓山村的實地調查〉，《社會學與社會調查》。

王年一（1998）：《大動亂的年代》。河南：河南人民出版社。

王友民（2006）：《革命與鄉村：解放區土地改革研究：1941–1949，以山東莒南縣為個案》。上海：上海社會科學院出版社。

王友琴：〈文革受難者——關於迫害、監禁與殺戮的尋訪實錄〉，http:www.xindoor.comzhuanyeziliaoShowSoft.asp?SoftID669，2008 年 8 月 26 日登入。

聞於樵：〈文革七二五講話：不僅僅是造反組織的終結〉，《華夏文摘》，第 287 期增刊，www.cnd.org，2003 年 8 月 11 日登入。

吳松弟（1997）：《中國移民史》，第四卷。福州：福建人民出版社。

肖東連、謝春濤、朱地、喬繼寧（1999）：《求索中國：文革前十年》，上下冊。北京：紅旗出版社。

徐友漁（1999）：《形形色色的造反：紅衛兵精神素質的形成及演變》。香港：中文大學出版社。

閻崇年編（1991）：《中國市縣大字典》。北京：中共中央黨校出版社。

楊奎松（2006）：〈中國「鎮壓」反革命運動研究〉，《史學月刊》，第 1 期。

———（2004）：〈上海「鎮反」運動的歷史考察〉，《華東師範大學報》，第 9 期。

楊立編（1997）：《帶刺的紅玫瑰：古大存沉冤錄》，中共廣東省委黨史研究室。

遇羅文（2002）：〈北京大興縣慘案調查〉，載宋永毅編：《文革大屠殺》。香港：《開放雜誌》社，頁 13–36。

章成（2001）：〈道縣大屠殺〉，《開放雜誌》，7 月、8 月、9 月和 12 月刊。

張連和（1998）：〈五進馬村勸停殺〉，載者永平編：《那個年代中的我們》。呼和浩特：圓方出版社，頁 398–404。

趙力濤（1999 年 10 月）：〈家族與村莊政治（1950–1970）：河北某村家族現象研究〉，《二十一世紀》，第 55 期。

鄭笑楓、舒玲（1992）：《陶鑄傳》。北京：中國青年出版社。

鄭義（1997）：〈兩個文化大革命芻議〉，《華夏文摘》，第 83 期（增刊），頁 1–14 ，www.cnd.org，2003 年 8 月 23 日登入。

———（1993）：《 紅色紀念碑 》。台北：華視文化公司。

———（1993）：〈廣西吃人狂潮真相：流亡中給妻子的第八封信〉，《華夏文摘》，第 15 期（增刊），www.cnd.org，2003 年 8 月 23 日登入。

鄭正西（廣西通誌館）（1988）：〈「粗」記「文革」與粉飾「太平」〉，《四川地方誌》，第 2 期，頁 13–14。

中共中央組織部人事部（1999）：《中國幹部統計五十年：1949–1998 年幹部統計資料匯編》。北京：黨建讀物出版社。

中共興寧縣委組織部、中共興寧縣委黨史資料徵集研究委員會辦公室、興寧縣檔案館合編（1998）：《中共廣東省興寧縣組織史資料》、《廣東省興寧縣政軍統群組織史資料》。未出版文稿。

中國人民解放軍國防大學黨史黨建政工教研室（1988）：《文化大革命研究資料》，上、中、下冊。北京：中國人民解放軍國防大學黨史出版社。

中華人民共和國民政部編（1998）：《1949–1997 中華人民共和國行政區劃》。北京：中國社會出版社。

鍾文典（2005）：《廣西客家》。廣西：桂林師範大學出版社。

———（2005）：《福建客家》。廣西：桂林師範大學出版社。

朱健國：〈廣東為何「反地方主義」〉，載《朱健國文集》，http:www.boxun.com/herozhujianguo2_1.shtml，2008 年 8 月 20 登入。

朱正（2004）：《反右派鬥爭始末》，上下冊。香港：明報出版社。

最高人民法院研究室（2000）：《全國人民法院司法統計歷史資料匯編：1949–1998》，刑事部分 。北京：人民法院出版社。

縣誌

賓陽縣誌編纂委員會（1987）：《賓陽縣誌》。南寧：廣西人民出版社。

蒼梧縣誌編纂委員會（1997）：《蒼梧縣誌》。南寧：廣西人民出版社。

大埔縣地方誌編纂委員會（1992）：《大埔縣誌》。廣州：廣東人民出版社。

德保縣誌編纂委員會（1998）：《德保縣誌》。南寧：廣西人民出版社。

都安瑤族自治縣地方誌辦公室（2002）：《都安縣誌》。南寧：廣西人民出版社。

恭城瑤族自治縣縣誌編纂委員會（1992）：《恭城縣誌》。南寧：廣西人民出版社。

廣東省地方史誌編纂委員會（2004）：《廣東省誌》，總述。廣州：廣東人民出版社。

———（2001）：《廣東省誌》，中共組織誌。廣州：廣東人民出版社。
和平縣地方誌編纂委員會（1999）：《和平縣誌》。廣州：廣東人民出版社。
河源縣地方誌編纂委員會（2000）：《河源縣地方誌》。廣州：廣東人民出版社。
橫縣縣誌編纂委員會（1989）：《橫縣縣誌》。南寧：廣西人民出版社。
湖南省道縣縣誌編纂委員會（1994）：《道縣誌》。北京：中國社會出版社。
華縣地方誌編纂委員會（1992）：《華縣誌》。西安：山西人民出版社。
化州縣地方誌編纂委員會（1996）：《化州縣誌》。廣州：廣東人民出版社。
懷集縣誌辦公室（2005）：《懷集縣誌》。廣州：廣東人民出版社。
臨桂縣誌編委（1996）：《臨桂縣誌》。北京：方誌出版社。
陸川縣誌編纂委員會（1993）：《陸川縣誌》。南寧：廣西人民出版社。
蒙山縣誌編纂委員會（1993）：《蒙山縣誌》。南寧：廣西人民出版社。
番禺市地方誌編纂委員會（1995）：《番禺縣誌》。廣州：廣東人民出版社。
平南縣誌編纂委員會（1993）：《平南縣誌》。南寧：廣西人民出版社。
曲江縣地方誌編纂委員會（1999）：《曲江縣誌》。北京：中華書局。
唐楚英編（1998）：《全州縣誌》。南寧：廣西人民出版社。
田東縣誌編纂委員會（1998）：《田東縣誌》。南寧：廣西人民出版社。
五華縣地方誌編纂委員會（1998）：《五華縣誌》。廣州：廣東人民出版社。
武鳴縣誌編纂委員會（1998）：《武鳴縣誌》。南寧：廣西人民出版社。
咸豐縣誌編纂委員會（1990）：《咸豐縣誌》。武昌：武漢大學出版社。
興寧縣地方誌編修委員會（1998）：《興寧縣誌》。廣州：廣東人民出版社。
信宜縣地方誌編纂委員（1993）：《信宜縣誌》。廣州：廣東人民出版社。
張秀清編（1992）：《澄海縣誌》。廣州：廣東人民出版社。

未出版的中文文章

蒼梧整黨辦公室（1987 年 8）：〈造成嚴重後果的「三個會議」〉。
蒼梧整黨辦公室（1987 年 7 月 31）：〈株連一家七口的命案〉。
廣西文革大事年表編寫小組（1995）：《廣西文革大事年表》。洛杉磯：中文出版服務中心。
吳若愚：〈中共機密文件記錄的文革廣西大屠殺〉，http://www.boxun.comherowenge88_1.shtml.

曉明：〈廣西文革列傳〉，http://www.fireofliberty.org/oldsite/level4/issue3/4-wengeliezhuan-cover.htm

小平頭：〈廣西「反共救國團」冤案始末——文革機密檔案揭密之一〉，https:67.15.34.207newsgbkanshihaishishi20061101172175.html.

———：〈廣西「上石農總」冤案始末——文革機密檔案揭密之三〉，http:news.epochtimes.comgb738n1639613.htm.

———：〈廣西軍區圍剿鳳山「造反大軍」真相——文革機密檔案揭密之四〉，http:boxun.comhero2007xiaopingtouyehua63_1.shtml http:boxun.comhero2007xiaopingtouyehua63_2.shtml.

———：〈廣西融安大屠殺 ——文革機密檔案揭密之二〉，http:www.xianqiao.net:8080gb716n1581000.htm.

———：〈廣西文革人吃人事件揭密——文革秘檔揭密之五〉，「六四天網」首發，http:www.64tianwang.comArticle_Show.asp?ArticleID2319.

———：〈廣西文革人吃人事件揭密 ——文革秘檔揭密之五〉，博訊 2007 年 3 月 14 日轉載，http:boxun.comhero2007xiaopingtouyehua17_1.shtml與 http:boxun.comhero2007xiaopingtouyehua17_2.shtml.

———：〈「青山遮不住，畢竟東流去」——「共特」封殺文革資訊陰謀破產記〉，http:www.peacehall.comnewsgbpubvp200702200702041005.shtml.

中共廣西整黨辦公室（1987）：〈廣西文化大革命大事記 1968 年〉。未出版文稿。

中共南寧地委整黨辦公室（1987）：〈1966–1976 南寧地區文化大革命大事記 1966–1976〉。未出版文稿。

英文文獻

Amenta, Edwin. 1998. *Bold Relief: Institutional Politics and the Origins of Modern American Social Policy.* Princeton: New Jersey: Princeton University Press.

2006. *When Movements Matter: The Townsend Plan and the Rise of Social Security*. Princeton: New Jersey: Princeton University Press.

Amenta, Edwin and **Jane D. Poulsen**. 1996. "Social Politics in Context: The Institutional Politics Theory and Social Spending at the End of the New Deal." *Social Forces* 75:33–60.

Amenta, Edwin, Neal Caren, and **Sheera Joy Olasky.** 2005. "Age for Leisure? Political Mediation and the Impact of the Pension Movement on U.S. Old-Age Policy." *American Sociological Review* 70 :516–538.

Amenta, Edwin and **Drew Halfmann**. 2000. "Wage Wars: Institutional Politics, Wpa Wages, and the Struggle for U.S. Social Policy." *American Sociological Review* 65:506–528.

Andreopoulos, **George J.**, editor. 1994. *Genocide: Conceptual and Historical Dimensions.* Philadelphia: University of Pennsylvania Press.

Annas, George J. and **Michael A. Grodin**, editors. 1992. *The Nazi Doctors and the Nuremberg Code: Human Rights in Human Experimentation.* New York, New York: Oxford University Press.

Arendt, Hannah. 2006. *Eichmann in Jerusalem: A Report on the Banality of Evil.* New York: New York: Penguin Books.

Auyero, Javier. 2007. *Routine Politics and Violence in Argentina : the Gray Zone of State Power*. New York: Cambridge University Press.

Barnett, A. Doak. 1967. *Cadres, Bureaucracy, and Political Power in Communist China.* New York: Columbia University Press.

Baum, Richard. 1971. "The Cultural Revolution in Countryside: Anatomy of a Limited Rebellion." in *The Cultural Revolution in China*, edited by Thomas W. Robinson. Berkeley: University of California Press.

Beck, E. M. and **Stewart E. Tolnay**. 1992. "A Season for Violence: The Lynching of Blacks and Labor Demand in the Agricultural Production Cycle in the American South." *International Review of Social History* 37:1–24.

Benford, Robert D., and **David A. Snow.** 2000. "Framing Processes and Social Movements: An Overview and Assessment." *Annual Review of Sociology* 26: 611–639.

Bernstein, Thomas P. 1984. "Stalinism, Famine, and Chinese Peasants: Grain Procurements During the Great Leap Forward." *Theory and Society* 13.3: 339–77.

Blossfeld, Hans-Peter and **Gotz Rohwer**. 1995. *Techniques of Event History Modeling: New Approaches to Causal Analysis.* Mahwah, New Jersey: Lawrence Erlbaum Associates.

Boyer, Paul S. and **Stephen Nissenbaum.** 1974. *Salem Possessed; The Social Origin of Witchcraft.* Cambridge, Massachusetts: Harvard University Press.

Brockett, Charles D. 1991. "The Structure of Political Opportunities and Peasant Mobilization in Central America." *Comparative Politics* 23: 253–274.

Browning, Christopher. 2004. *The Origins of the Final Solution: The Evolution of Nazi Jewish Policy, September 1939–March 1942.* Lincoln: University of Nebraska Press.

1992. Ordinary Men: Reserve Police Battalion 101 and the Final Solution in Poland. New York: HarperCollins.

1978. The Final Solution and the German Foreign Office: A Study of Referat D III of Abteilung Deutschland, 1940–43. New York: Holmes & Meier.

Brundage, W. Fitzhugh. 1993. *Lynching in the New South.* Urbana and Chicago: University of Illinois Press.

Chalk, Frank and **Kurt Jonassohn**, editors. 1990. *The History and Sociology of Genocide: Analyses and Case Studies.* New Haven: Yale University Press.

Chan, Anita, Richard Madsen, and **Jonathan Unger**. 1992 (Second Edition). *Chen Village under Mao and Deng.* Berkeley: University of California Press.

Chan, Anita, Stanley Rosen, and **Jonathan Unger**. 1980. "Students and Class Warfare: The Roots of the Red Guard Conflict in Guangzhou." *China Quarterly* 3(September): 397–446.

Chang, Iris. 1997. *The Rape of Nanking: The Forgotten Holocaust of World War II.* New York: Penguin Book.

Chen, Yung-fa. 1986. *Making Revolution: The Communist Movement in Eastern and*

Central China, 1937–1945. Berkeley: University of California Press.

Cohen, Jean L. 1985. "Strategy or Identity: New Theoretical Paradigms of Contemporary Social Movements." *Social Research* 54.4: 663–716.

Conquest, Robert. 1990. *The Great Terror: A Reassessment.* New York: Oxford University Press.

1986. *Harvest of Sorrow: Soviet Collectivization and the Terror-Famine*. New York: Oxford University Press.

Constable, Nicole, editor. 1996. *Guest People: Hakka Identity in China and Abroad.* Seattle: University of Washington Press.

Courtois, Stephane, Nicolas Werth, Jean-Louis Panne, Andrzej Paczkowski, Karel Bartosek, and **Jean-Louis Margolin**, editors. *The Black Book of Communism: Crimes, Terror, Repression.* Cambridge: Harvard University Press.

Crook, Isabel and **David Crook**. 1979. *Ten Mile Inn: Mass Movement in a Chinese Village*. New York: Pantheon Books.

1959. *Revolution in a Chinese Village: Ten Mile Inn*. London: Routledge and Kegan Paul.

Dallin, Alexander and **George W. Breslauer.** 1970. *Political Terror in Communist Systems*. Stanford: Stanford University Press.

Danner, Mark. 2004. "Abu Ghraib: The Hidden Story." *The New York Review of Books*, October 7.

Dower, John W. 1986. *War without Mercy : Race and Power in the Pacific War.* London: Faber.

Du, Xichuan and **Lingyuan Zhang**. 1990. *China's Legal System: A General Survey.* Beijing: New World Press.

Duara, Prasenjit. 1988. *Culture, Power, and the State: Rural North China, 1900–1942*. Stanford: Stanford University Press.

Dutton, Michael R. 1992. *Policing and Punishment in China: From Patriarchy to "the People."* New York: Cambridge University Press.

2005. *Policing Chinese Politics: A History. Durham*, North Carolina: Duke University Press.

Eisenhardt, Kathleen M. 1985. "Control: Organizational and Economic Approaches." *Management Science* 31:134–49.

Emerson, Richard M. 1962. "Power-Dependence Relations." *American Sociological Review* 27: 31–41.

Esherick, Joseph W. 1987. *The Origins of the Boxer Uprising*. Berkeley: University of California Press.

Esherick, Joseph W. and **Mary Backus Rankin**, editors. 1990. *Chinese Local Elites and Patterns of Dominance*. Berkeley: University of California Press.

Etzioni, Amitai. 1975. *A Comparative Analysis of Complex Organizations: On Power, Involvement, and Their Correlates* (Second edition). New York: The Free Press.

Fein, Helen. 1993. *Genocide: A Sociological Perspective*. Newbury Park: Sage.

1979. *Accounting for Genocide: National Responses and Jewish Victimization During the Holocaust*. New York: Free Press.

First National People'sCongress of the People'sRepublic of China. 1954. *The People's Republic of China Constitution*. Beijing: Foreign Language Press.

Fitzpatrick, Sheila. 1994. *Stalin's Peasants: Resistance and Survival in the Russian Village after Collectivization*. New York: Oxford University Press.

Forster, Keith. 1990. *Rebellion and Factionalism in a Chinese Province: Zhejiang, 1966–1976*. Armonk: M.E. Sharpe.

Foucault, Michel. 1979. *Discipline and Punish: The Birth of the Prison*. New York: Vintage Books.

Freedman, Maurice. 1966. *Chinese Lineage and Society: Fukien and Kwangtung*. New York: Humanities Press.

1965. *Lineage Organization in Southeastern China*. New York: Humanities Press.

Friedlander, Saul. 2006. *Nazi Germany and the Jews 1939–1945: The Years of Extermination*. New York: Harper Perennial.

1997. *Nazi Germany and the Jews, Volume I: The Years of Persecution, 1933–1939*. New York: Harper Perennial.

Friedman, Edward, Paul G. Pickowicz, and **Mark Selden**. 2005. *Revolution, Resistance, and Reform in Village China*. New Haven: Yale University Press.

1991. *Chinese Village, Socialist State*. New Haven: Yale University Press.

Funnel, Victor. 1970. "The Chinese Communist Youth Movement, 1949–1966." *China Quarterly* (April-June): 105–30.

Gamson, William. A. 1995. "Construction Social Protest," pp. 85–106 in *Social Movements and Culture*, edited by Hank Johnston and Bert Klandermans. Minneapolis: University of Minnesota Press.

1992. *Talking Politics*. New York: Cambridge University Press.

1975. *The Strategy of Social Protest.* Homewood: Dorsy.

Gao, Yuan. 1987. *Born Red: A Chronicle of the Cultural Revolution*. Stanford: Stanford University Press.

Geertz, Clifford. 1980. *Negara: The Theatre State in Nineteenth-Century Bali.* Princeton: Princeton University Press.

Goldhagen, Daniel J. 1996. *Hitler's Willing Executioners: Ordinary Germans and the Holocaust*. New York: Vintage Books.

Goldman, Merle, Timothy Cheek, and **Carol Lee Hamrin.** 1987. *China's Intellectuals and the State: In Search of a New Relationship*. Cambridge: Harvard University Council on East Asian Studies.

Gould, Roger V. 1999. "Collective Violence and Group Solidarity: Evidence from a Feuding Society." *American Sociological Review* 64.3: 356–80.

1996. "Patron-Client Ties, State Centralization, and the Whiskey Rebellion." *American Journal of Sociology* 102.2: 400–29.

1995. *Insurgent Identities: Class, Community, and Protest in Paris from 1848 to the Commune.* Chicago: University of Chicago Press.

Gourevitch, Philip. 1998a. *We Wish to Inform You that Tomorrow We Will Be Killed with Our Families: Stories from Rwanda*. New York: Picador.

1998b. "The Genocide Fax: The United Nations Was Warned About Rwanda. Did Anyone Care?" *The New Yorker*, May 11, 1998, p. 42.

Gross, Jan T. 2001. *Neighbors: The Destruction of the Jewish Community in Jedwabne, Poland.* Princeton: Princeton University Press.

Han, Dongping. 2000. *The Unknown Cultural Revolution*. New York: Garland Publishing.

Harff, Barbara. 2003. "No Lessons Learned from the Holocaust? Accessing Risks of Genocide and Political Mass Murder since 1955." *American Political Science Review* 97.1: 57–73.

Hannum, Emily. 1999. "Political Change and the Urban-Rural Gap in Basic Education in China, 1949–1990." *Comparative Education Review*, May: 193–211.

Harding, Harry. 1981. *Organizing China: The Problem of Bureaucracy 1949–1976*. Stanford: Stanford University Press.

He, Jiangsui. 2006. "The Death of a Landlord: Moral Predicament in Rural China, 1968–1969," pp. 124–152 in *China's Cultural Revolution as History*, edited by Esherick, Joseph W., Paul G. Pickowicz, and Andrew G. Walder. Stanford: Stanford University Press.

Hechter, Michael. 1975. *Internal Colonialism: The Celtic Fringe in British National Development, 1536–1966*. Berkeley: University of California Press.

Hersh, Seymour M. 1972. *Cover-Up : The Army's Secret Investigation of the Massacre at My Lai 4*. New York: Random House.

Hilberg, Raul. 1985. *The Destruction of the European Jews. Vol. 1, 2, and 3*. New York: Holmes & Meier Publishers.

Hinton, William. 1997. *Fanshen: A Documentary of Revolution in a Chinese Village*. Berkeley: University of California Press.

Huang, Philip, C. C. 1985. *The Peasant Economy and Social Change in North China*. Stanford: Stanford University Press.

Jing, Jun. 1996. *The Temple of Memories: History, Power, and Morality in a Chinese Village*. Stanford: Stanford University Press.

Johnson, Chalmers A. 1962. *Peasant Nationalism and Communist Power: The Emergence of Revolutionary China 1937–1945*. Stanford: Stanford University Press.

Johnston, Hank and Bert Klandermans, editors. 1995. *Social Movements and Culture*. Minneapolis: University of Minnesota Press.

Kalyvas, Stathis N. 1999. "Wanton and Senseless?: The Logic of Massacres in Algeria Rationality and Society." *Rationality and Society* 11.3: 243–285.

2003. "The Ontology of 'Political Violence': Action and Identity in Civil Wars." *Perspectives on Politics* 1.3(Sep., 2003): 475–494.

2006. *The Logic of Violence in Civil War*. New York: Cambridge University Press.

Kelman, Herbert C. and **V. Lee Hamilton.** 1989. *Crimes of Obedience: Toward A Social Psychology of Authority and Responsibility*. New Haven: Yale University Press.

Kepel, Gilles. 2002. *Jihad : The Trail of Political Islam* (translated by Anthony F. Roberts). Cambridge: Belknap Press of Harvard University Press.

Kiernan, Ben. 2002. *The Pol Pot Regime: Race, Power, and Genocide in Cambodia under the Khmer Rouge, 1975–79.* (Second Edition) New Haven: Yale University Press.

1985. *How Pol Pot Came to Power: Colonialism, Nationalism, and Communism in Cambodia, 1930–1975.* (Second Edition) New Haven: Yale University Press.

Kuhn, Thomas S. 1996. *The Structure of Scientific Revolutions.* Chicago: University of Chicago Press.

Kuper, Leo. 1985. *The Prevention of Genocide.* New Haven: Yale University Press.

1981. *Genocide: Its Political Use in the Twentieth Century.* New York: Penguin Books.

Ladany, Laszlo. 1992. *Law and Legality in China: The Testament of a China-watcher.* London: Hurst & Company.

Lee, Hong Yung. 1978. *The Politics of the Chinese Cultural Revolution: A Case Study.* Berkeley: University of California Press.

Lemkin, Raphael. 1944. *Axis Rule in Occupied Europe.* Washington D.C.: Carnegie Endowment.

Lentin, Ronit and **Robbie McVeigh**. 2006. *After Optimism?: Ireland, Racism and Globalisation.* Dublin: Metro Eireann Publications.

Lubman, Stanley B. 1999. *Bird in a Cage: Legal Reform in China after Mao.* Stanford: Stanford University Press.

Maass, Peter. 1997. *Love Thy Neighbor: A Story of War.* New York: Vantage Books.

Macfarquhar, Roderick. 1997. *The Origins of the Cultural Revolution: 3, The Coming Cataclysm 1961–1966.* New York: Columbia University Press.

1991. "The succession to Mao and the end of Maoism," pp. abc-de in *The Cambridge History of China, Volume 15: The People's Republic, Part 2: Revolutions within the Chinese Revolution, 1966–1982,* edited by John Fairbank and Roderick Macfarquhar. Cambridge: Cambridge University Press.

1983. *The Origins of the Cultural Revolution: 2, The Great Leap Forward 1958–1960.* New York: Columbia University Press.

1974. *The Origins of the Cultural Revolution: 1, Contradictions Among the People, 1956–1957.* Oxford: Oxford University Press.

1960. *The Hundred Flowers*. London: Stevens and Sons.

MacFarquhar, Roderick and **Michael Schoenhals**. 2006. *Mao's Last Revolution*. Cambridge: The Belknap Press of Harvard University Press.

Mann, Michael. 2005. *The Dark Side of Democracy: Explaining Ethnic Cleansing*. New York: Cambridge University Press.

2000. "Were the Perpetrators of Genocide 'Ordinary Men' or 'Real Nazis'? Results from Fifteen Hundred Biographies." *Holocaust and Genocide Studies* 14.3: 331–66.

Mao, Zedong. 1994. "Report on the Peasant Movement in Hunan," pp. 429–64 in *Mao's Road to Power: Revolutionary Writings 1912–1949 (Vol. II),* edited by Stuart R. Schram. Armonk: M.E. Sharpe.

1962. *On Guerrilla Warfare.* New York: Prager.

Markoff, John. 1997, *The Abolition of Feudalism: Peasants, Lords and Legislators in the French Revolution,* University Park: The Pennsylvania State University Press.

1985. "The Social Geography of Rural Revolt at the Beginning of the French Revolution." *American Sociological Review* 50: 761–781.

Marx, Karl. 1978. "Manifesto of the Communist Party," pp. abc-de in *The Marx-Engels Reader, edited by Robert C. Tucker.* New York, New York: W.W. Norton Company.

1959. "Eighteenth Brumaire of Louis Bonaparte," pp. abc-de in *Marx and Engles: Basic Writing on Politics and Philosophy* edited by Lewis S. Feurer. Garden City: Doubleday.

Mazian, Florence. 1990. *Why Genocide? The Armenian and Jewish Experiences in Perspective*. Ames: Iowa State University Press.

McAdam, Doug. [1982] 2000 (second edition). *Political Process and the Development of Black Insurgency, 1930–1970.* Chicago: The University of Chicago Press.

"On the International Origins of Domestic Political Opportunities," pp. abc-de in *Social Movements and American Political Institutions,* edited by Anne N. McFarland and Andrew S. Costain. Rowman and Littlefield.

1983. "Tactical Innovation and the Pace of Insurgency." *American Sociological Review* 48.6: 735–754.

McAdam, Doug, John D. McCarthy, and **Mayer Zald**, editors. 1996. *Comparative*

Perspectives on Social Movements: Political Opportunities, Mobilizing Structures, and Cultural Framings. New York: Cambridge University Press.

McAdam, Doug, Sidney Tarrow, and **Charles Tilly**. 2001. *Dynamics of Contention.* New York: Cambridge University Press.

McCarthy, John D. and **Mayer N. Zald**. 1977. "Resource Mobilization and Social Movements: A Partial Theory." *American Journal of Sociology* 82:1212–41.

McGovern, James, R. 1982. *Anatomy of a Lynching: The Killing of Claude Neal.* Baton Rouge: Louisiana State University Press.

McVeigh, Rory. 2006. "Structural Influences on Activism and Crime: Identifying the Social Structure of Discontent." *American Journal of Sociology* 112: 510–566.

McVeigh, Rory and **Juliana Sobolewski**. 2007. "Red Counties, Blue Counties, and Occupational Segregation by Sex and Race." *American Journal of Sociology* 113: 446–506.

Meyer, David S. 1995. "Framing National Security: Elite Public Discourse on Nuclear Weapons During the Cold War." *Political Communication* 12: 173–92.

1990. *A Winter of Discontent: The Nuclear Freeze and American Politics.* New York: Prager.

Meyers, Daniel. 2000. "The Diffusion of Collective Violence: Infectiousness, Susceptibility, and Mass Media Networks." *American Journal of Sociology* 106: 173–208.

Milgram, Stanley. 1974. *Obedience to Authority: An Experimental View.* New York: Harper and Row.

1963. "Behavioral Study of Obedience." *Journal of Abnormal and Social Psychology* 67: 371–378.

Norton, **Mary Beth**. 2002. *In the Devil's Snare : The Salem Witchcraft Crisis of 1692.* New York: Alfred A. Knopf.

O'Brien, Kevin J. and **Lianjiang Li**. 2006. *Rightful Resistance in Rural China.* Cambridge: Cambridge University Press.

Oi, Jean C. 1989. *State and Peasant in Contemporary China: Political Economy of Village Government.* Berkeley: University of California Press.

Olzak, Susan. 1992. *The Dynamics of Ethnic Competition and Conflict.* Stanford: Stanford University Press.

1989a. "Analysis of Events in Study of Collective Action." *Annual Review of Sociology* 15: 119–41.

1989b. "Labor Unrest, Immigration, and Ethnic Conflict in Urban America, 1880–1914." *American Journal of Sociology* 94: 1303–33.

Ouchi, William G. 1979. "A Conceptual Framework for the Design of Organizational Control Mechanisms." *Management Science 25*: 833–48.

1978. "The Transmission of Control through Organizational Hierarchy." *The Academy of Management Journal* 21(issue no): 173–92.

1977. "The Relationship between Organizational Structure and Organizational Control." *Administrative Science Quarterly* 22: 95–113.

Perry, Elizabeth J. 2006. *Patrolling the Revolution: Worker Militias, Citizenship, and the Modern Chinese State*. Lanham: Rowman & Littlefield.

Perrow, Charles. 1979. *Complex Organizations: A Critical Essay. (Second Edition).* Glenview: Scott, Foresman and Company.

Perry, Elizabeth J. and **Xun Li.** 1997. *Proletarian Power: Shanghai in the Cultural Revolution.* Boulder: Westview Press.

Polonsky, Antony and **Joanna B. Michlic,** editors. 2004. *The Neighbors Respond: the Controversy over the Jedwabne Massacre in Poland.* Princeton: Princeton University Press.

Potter, Pitman B. 2003. *From Leninist Discipline to Socialist Legalism: Peng Zhen on Law and Political Authority in the PRC.* Stanford: Stanford University Press.

Potter, Sulamith Heins and **Jack M. Potter**. 1990. *China's Peasants: The Anthropology of A Revolution.* New York: Cambridge University Press.

Power, Samantha. 2002. *A Problem from Hell: America And The Age of Genocide.* New York: Basic Books.

Prunier, Gerard. 2007. *Darfur: The Ambiguous Genocide.* Ithaca, New York: Cornell University Press.

Ragin, Charles C. 1987. *The Comparative Method: Moving Beyond Qualitative and Quantitative Strategies*. Berkeley: University of California Press.

2000. *Fuzzy-Set Social Science*. Chicago; London: University of Chicago Press.

Ritzer, George. 1974. *Sociology: A Multiple Paradigm Science.* Boston: Allyn and Bacon.

Rosen, Stanley. 1982. *Red Guard Factionalism and the Cultural Revolution in Guangzhou (Canton).* Boulder: Westview Press.

1979. *The Origins and Development of the Red Guard Movement in China, 1960–1968.* Ph.D. Dissertation, Department of Political Science, University of California, Los Angeles.

Rosenthal, Bernard. 1993. *Salem Story: Reading the Witch Trials of 1692.* New York: Cambridge University Press.

Ross, Lee and **Richard E. Nisbett.** 1991. *The Person and the Situation: Perspectives of Social Psychology.* Philadelphia: Temple University Press.

Roy, Beth. 1994. *Some Trouble with Cows : Making Sense of Social Conflict.* Berkeley: University of California Press.

Rule, James. 1988. *Theories of Civil Violence.* Berkeley, California: University of California Press.

Rummel, R. J. 1990. *Lethal Politics: Soviet Genocide and Mass Murder since 1917.* New Brunswick, New Jersey: Transaction Publishers.

Schoenhals, Michael, editor. 1996. *China's Cultural Revolution, 1966–1969: Not a Dinner Party.* Armonk, New York: M.E. Sharpe.

Schurmann, Franz. 1968. *Ideology and Organization in Communist China.* (Second Edition). Berkeley: University of California Press.

Scott Straus. 2006. *The Order of Genocide: Race, Power and War in Rwanda.* Ithaca, New York: Cornell University Press.

Selden, Mark. 1995. *China in Revolution: The Yenan Way Revisited Armonk*, New York; London: M.E. Sharpe.

1971. *The Yenan Way in Revolutionary China.* Cambridge: Harvard University Press.

Shirk, Susan L. 1982. *Competitive Comrades: Career Incentives and Student Strategies in China.* Berkeley: University of California Press.

Shirer, William L. 1967. *The Rise and Fall of the Third Reich: A History of Nazi Germany.* Greenwich: A Fawcett Crest Book.

Short, Philip. 2005. *Pol Pot: Anatomy of a Nightmare.* New York: Henry Holt and Company.

Siu, Helen F. 1989. *Agents and Victims in South China: Accomplices in Rural*

Revolution. New Haven: Yale University Press.

Skinner, G. William. 2001. *Marketing and Social Structure in Rural China.* Ann Arbor: Association for Asian Studies.

1985. "Rural Marketing in China: Repression and Revival." *The China Quarterly* 103: 393–413.

1978. "Vegetable Supply and Marketing in Chinese Cities." *The China Quarterly* 76: 733–93.

Skocpol, Theda. 1979. *States and Social Revolutions: A Comparative Analysis of France, Russia, and China.* New York: Cambridge University Press.

Smelser, Neil J. 1962. *Theory of Collective Behavior.* New York: The Free Press.

Snow, David A., and **Robert D**. Benford. 1992. "Master Frames and Cycles of Protest," pp. 133–155. In *Frontiers in Social Movement Theory,* edited by Aldon D. Morris and Carol McClurg Mueller. New Haven: Yale University Press.

Snow, David A., E. Burke Rochford, Jr., Steven K. Worden, and **Robert D. Benford.** 1986. "Frame Alignment Processes, Micromobilization, and Movement Participation." *American Sociological Review* 51(4): 464–481.

Snyder, David and **Charles Tilly.** 1972. "Hardship and Collective Violence in France 1830 to 1960." *American Sociological Review* 37: 520–32.

Solinger, Dorothy J. 1999. *Contesting Citizenship in Urban China: Peasant Migrants, the State, and the Logic of the Market.* Berkeley: University of California Press.

1977. *Regional Government and Political Integration in Southwest China, 1949–1954, A Case Study.* Berkeley: University of California Press.

Solzhenitsyn, Aleksandr. 1974–1978. *The Gulag Archipelago, 1918–1956: An Experiment in Literary Investigation, I-VII.* New York: Harper & Row.

Song, Yongyi, editor. 2002. *The Chinese Cultural Revolution Database* (CD-ROM) Hong Kong: Universities Service Centre for China Studies, Chinese University of Hong Kong.

Soule, Sarah A. and **Y. Zylan.** 1997. "Runaway Train? The Diffusion of State-Level Reform to AFDC Eligibility Requirements, 1950–1967." *American Journal of Sociology* 103: 733–62.

Soule, Sarah and **David Strang.** 1998. "Diffusion in Organizations and Social Movements: From Hybrid Corn to Poison Pills." *Annual Review of Sociology*

24:265–90

Spence, Jonathan D. 1996. *God's Chinese Son: The Taiping Heavenly Kingdom of* Hong Xiuquan. New York: W.W. Norton.

Starkey, Marion Lena. 1969. *The Devil in Massachusetts : A Modern Enquiry into the Salem Witch Trials*. Garden City, New York: Doubleday & Co.

Su, Yang. 2006. "Mass Killings in the Cultural Revolution: A Study of Three Provinces." In Paul Pickowicz, Joseph Esherick and Andrew Walder (eds.) *China's Cultural Revolution as History*. Stanford: Stanford University Press.

2003a. *Tumult from Within: State Bureaucrats and Chinese Mass Movement*, 1966–71. Ph.D. dissertation. Stanford: Stanford University.

2003b. "State Sponsorship or State Failure? Mass Killings in Rural China, 1967–68." *Irvine, CA: Center for the Study of Democracy*, University of California, Irvine. (Working paper)

Sullivan, Andrew. 2005. "Atrocities in Plain Sight." *The New York Times*, January 13.

Sutton, Donald S. 1995. "Consuming Counterrevolution: The Ritual and Culture of Cannibalism in Wuxuan, Guangxi, China, May to July 1968." *Comparative Studies in Society and History* 7.1(January 1995): 136–172.

Tanigawa, Shinichi. 1999. "The Danwei and the Cultural Revolution: A Review Essay." *Ritsumeikan Journal of International Relations and Area Studies* 14:197–216.

Tarrow, Sidney. 1994. *Power in Movement : Social Movements, Collective Action and Politics*. New York, New York: Cambridge University Press.

Thogersen, Stig and **Soren Clausen**. 1992. "New reflections in the mirror: local Chinese gazetteers (difangzhi) in the 1980s." *The Australian Journal of Chinese Affairs* 27: 161–184.

Tilly, Charles. 2003a. *The Politics of Collective Violence.* New York: Cambridge University Press.

2003b. "Social Movement as Political Struggle," pp. abc-de in *Encyclopedia of American Social Movements*, edited by Immanuel Ness. Armonk: Sharpe Reference, 2003).

1978. *From Mobilization to Revolution*. Reading: Addison-Wesley.

1964. *The Vendee*, Cambridge: Harvard Universyt Press.

Tolnay, Stewart E. and **E. M. Beck**. 1995. *A Festival of Violence: An Analysis of Southern Lynchings*, 1882–1930. Urbana: University of Illinois Press.

1990. "Black Flight: Lethal Violence and the Great Migration, 1900–1930." *Social Science History* 14: 347–370.

Tolnay, Stewart E., **Glenn Deane,** and **E. M. Beck.** 1996. "Vicarious Violence: Spatial Effects on Southern Lynchings, 1890–1919." *The American Journal of Sociology* 102(Novermber): 788–815.

Unger, Jonathan. 2007. "The Cultural Revolution in at Grass Roots." *The China Journal* 57(January).

2002. *The Transformation of Rural China*. Armonk: M. E. Sharpe.

2000. "Cultural Revolution in Villages." *The China Quarterly* 153(March): 82–106.

1982. *Education Under Mao: Class and Competition in Canton Schools, 1960–1980*. New York: Columbia University Press.

Useem, Bert. 1985. "Disorganization and the New Mexico Prison Riot of 1980." *American Sociological Review* 50: 677–688.

Valentino, Benjamin. 2004. *Final Solutions: Mass Killing and Genocide in the Twentieth Century*. Ithaca: Cornell University Press.

Varshney, Ashutosh. 2002. *Ethnic Conflict and Civic Life: Hindus and Muslims in India*. New Haven: Yale University Press.

Vermeer, Edward. 1992. "New county histories: a research note on their compilation and value." *Modern China* 18 (4): 438–67.

Vogel, Ezra F. 1969. *Canton under Communism: Programs and Politics in a Provincial Capital, 1949–1968*. Cambridge: Harvard University Press.

Walder, Andrew G. 2006. "Ambiguity and Choice in Political Movements: The Origin of Beijing Red Guard Factionalism." *American Journal of Sociology* 112: 710–50.

2002. "Beijing Red Guard Factionalism: Social Interpretations Reconsidered." *Journal of Asian Studies* 61(2):437–71.

2000b. "Implications of Loss Avoidance for Theories of Social Movements." *Hong Kong Journal of Sociology* 1: 83–102.

"Collective Behavior Revisited: Ideology and Politics in the Chinese Cultural

Revolution." *Rationality and Society* 6.3: 400–21.

"Cultural Revolution Radicalism: Variations on a Stalinist Theme," pp.41–62 in Joseph, W., C. W. Wong and David Zweig (eds.) *New Perspectives on the Cultural Revolution*. Cambridge: Harvard University Press.

1987. "Actually Existing Maoism." *The Australian Journal of Chinese Affairs* 18: 155–166.

1986. *Communist Neo-Traditionalism: Work and Authority in Chinese Industry.* Berkeley: University of California Press.

1978. *Chang Ch'un-ch'iao and Shanghai's January Revolution.* Ann Arbor: Center for Chinese Studies of the University of Michigan.

Walder, Andrew G. and **Yang Su.** 2003. "The Cultural Revolution in Countryside: Scope, Timing and Human Impact." *The China Quarterly* 173: 74–99.

Wang Shaoguang. 1995. *Failure of Charisma: The Cultural Revolution in Wuhan.* Hong Kong: Oxford University Press.

Watson, James, L., editor. 1984. *Class and Social Stratification in Post-revolution China*. New York: Cambridge University Press.

1975. *Emigration and the Chinese Lineage: the Mans in Hong Kong and London.* Berkeley: University of California Press.

Watson, James L. and **Evelyn S. Rawski,** editors. 1988. *Death Ritual in Late Imperial and Modern China*. Berkeley: University of California Press.

Watson, Rubie S. 1985. *Inequality among Brothers: Class and Kinship in South China.* New York: Cambridge University Press.

Weber, Max. 1978. *Economy and Society: An Outline of Interpretive Sociology.* Berkeley: University of California Press.

1958. "Politics as a Vocation," pp. 84–85 in *From Max Weber: Essays in Sociology*, edited by H. H. Gerth and C. Wright Mills. New York: Oxford University Press.

White III, Lynn T. 1991. *Policies of Chaos: The Organizational Causes of Violence in China's Cultural Revolution*. Princeton: Princeton University Press.

Whyte, Martin. 1974. *Small Groups and Political Rituals in China.* Berkeley: University of California Press.

Wilkinson, Steven. 2004. *Votes and violence : Electoral Competition and Ethnic Riots in India.* New York: Cambridge University Press.

Wittfogel, Karl A. 1981. *Oriental Despotism: A Comparative Study of Total Power*. New York: Vintage Books.

Wood, Elisabeth J. 2003. *Insurgent Collective Action and Civil War in El Salvador*. New York: Cambridge University Press.

2000. *Forging Democracy from Below: Insurgent Transitions in South Africa and El Salvador*. New York: Cambridge University Press.

Yang, C. K. 1959. *A Chinese Village in Early Communist Transition*. Cambridge: The Technology Press.

Yang, Dali L. 1996. *Calamity and Reform in China: State, Rural Society, and Institutional Change Since the Great Leap Famine*. Stanford: Stanford University Press.

Yang, Guobin. 2000. "China's Red Guard Generation: The Ritual Process of Identity Transformation, 1966–1999." Ph.D dissertation, New York University.

Zhang Ning. 2008. "The Political Origins of Death Penalty Exceptionalism: Mao Zedong and the Practice of Capital Punishment in Contemporary China." *Punishment & Society* 10: 117–36

Zheng, Shiping. 1997. *Party vs. State in Post-1949 China: The Institutional Dilemma*. New York: Cambridge University Press.

Zhou, Xueguang. 1993. "Unorganized Interests and Collective Action in Communist China." *American Sociological Review* 58: 54–73.

Zimbardo, Phil. G. 1991. *Quiet Rage: The Stanford Prison Experiment.* (Videorecording). Stanford: Psychology Department, Stanford University.